Was die Alten so erzählen...

Bernd Oeljeschläger (Hrsg.)

Was die Alten so erzählen...

Geschichte(n) aus Wildeshausen

Unter Mitarbeit von Christina Reinsch,
Peter Heinken und Matthias Iken
(Materialerhebung)
sowie Alfred Panschar (Bildauswahl)

ISENSEE VERLAG
OLDENBURG

Gedruckt mit freundlicher Unterstützung der Volksbank Wildeshausen (aus den Zweckerträgen des Gewinnsparens), der Stadt Wildeshausen, der Mittelstandsvereinigung und des Heimatvereins Düngstrup

Titelbild: Pumpe in der Burgstraße um 1930

Die Deutsche Bibliothek – CIP-Einheitsaufnahme

Was die Alten so erzählen ... : Geschichte(n) aus Wildeshausen / Bernd Oeljeschläger (Hrsg.). Unter Mitarb. von Christina Reinsch ... Oldenburg : Isensee, 1995
ISBN 3-89598-303-9
NE: Oeljeschläger, Bernd [Hrsg.]

Druck: Druckerei Runge GmbH, Cloppenburg

In Erinnerung an die Erzählungen und Geschichten
von Opa Willi und Opa Frost

Inhalt

Dank

Zuallererst und vor allem danke ich den Gesprächspartnern, ohne deren Erinnerungsarbeit die Durchführung dieses Projektes nicht möglich gewesen wäre. Ich danke Christina Reinsch, Peter Heinken und Matthias Iken für ihre Mithilfe und Unterstützung bei der Materialerhebung. Vor allem Peter Heinken war bei der Absicherung der Erzählungen und deren Vergleich mit anderen Quellen eine wertvolle Hilfe.

Ein besonderer Dank gilt den Institutionen und Personen, die die Realisierung des Projektes und die Herausgabe des Buches finanziell förderten. Von der Volksbank Wildeshausen danke ich den Vorstandsmitgliedern Adolf Kienke und Lothar Klawonn, sowie dem Marketingleiter Jörg Petersen, die einen Betrag aus den Zweckerträgen der Gewinnspargemeinschaft Niedersachsen vermittelten. Bei der Stadt Wildeshausen haben Stadtdirektor Klaus Römer sowie Herr Heiner Hegeler und Herr Willi Blenski meine Arbeit unterstützt. Vom Heimatverein Düngstrup war mir der Vorsitzende Helmut Sander außerdem bei der Erweiterung des Gesprächskreises behilflich. Von der Mittelstandsvereinigung danke ich dem Vorsitzenden Reinhold Stöver.

Dank gilt den Mitarbeitern der Volkshochschule für die Übernahme des Projektes in ihr Kursprogramm und die freundliche Betreuung durch Frau Karin Köpke und Herrn Hinrich Ricklefs. Besonders Frau Rita Wrobel danke ich für die flexible Schlüsselvergabe.

Ich danke Herrn Alfred Panschar und Herrn Heinrich Aufderheide für die Unterstützung bei der Suche nach geeignetem Bildmaterial. Vor allem Alfred Panschar war für die Herstellung der Repros in unermüdlichem Einsatz.

Mein persönlicher Dank für die geduldige Mithilfe und tatkräftige Unterstützung bei den zeitintensiven Transkriptionsarbeiten gilt Wiveka und meiner Mutter.

Zuletzt danke ich allen, die direkt oder indirekt zum Gelingen dieser Arbeit beigetragen haben. Vor allem von Freunden und Bekannten, die nicht an dem Projekt beteiligt waren, habe ich aus Gesprächen und Diskussionen immer wieder kritische Anregungen zur Überprüfung meiner methodischen Vorgehensweise erfahren.

Bernd Oeljeschläger

Einleitung

Die Lebensgeschichten älterer Generationen sind reich an Wissen von vergangenen Zeiten – wenn die Alten einmal zu erzählen beginnen, kann man so einiges aus früheren Jahren erfahren. Immer häufiger beziehen sich daher Geschichtsforschung und insbesondere die Volkskunde auf Lebenserinnerungen und alltägliche Erzählungen als Quellen für eine Geschichtsschreibung aus Sicht der Betroffenen. Unter der Bezeichnung „Oral History" wurden in Erweiterung historischer Arbeitsfelder und Fragestellungen seit Ende der 70er Jahre zunehmend methodische Fragen der Erhebung und Auswertung von Lebenserinnerungen reflektiert.

Vor allem Untersuchungen alltagsgeschichtlicher Zusammenhänge stützen sich in Ermangelung schriftlicher Quellen auf mündliche Überlieferung in Form von Lebenserinnerungen: Die persönlichen Erlebnisse der Menschen stehen für das, was wirklich geschehen ist. Dabei geht es nicht um repräsentative Daten und Fakten einer Geschichte großer Begriffe, Ereignisse und Strukturen, sondern um die exemplarischen Lebensgeschichten der „kleinen Leute" (Vgl. Niethammer 1985, 7f.), die den Zahlen großer Geschichte Farbe, Namen und Gesichter geben. Erinnerungen machen Geschichte gegenwärtig und stellen die Vergangenheit in einen Zusammenhang, der über die Gegenwart hinaus von Dauer ist – Geschichte ist Vergangenheit und „ohne Erinnerung gibt es keine Vergangenheit" (Guth 1991, 305).

In dem Geschichtswerkstattprojekt der Wildeshauser Volkshochschule „Was die Alten so erzählen. . ." wurden solche Erinnerungen und Lebensgeschichten von Wildeshausern zusammengetragen und liegen nun in dieser Buchveröffentlichung vor. Von August 1994 bis April 1995 haben sich zwanzig Senioren im Alter von 60 bis 99 Jahren ihres vergangenen Alltagslebens erinnert und in Gruppendiskussionen sowie Einzelinterviews persönliche Erlebnisse und eigene Erfahrungen geschildert und ausgetauscht. Dabei ging es nicht um die Erfassung vollständiger Biographien, sondern um die Befragung von Zeitzeugen zu besonderen Ereignissen und bestimmten Themen ihres vergangenen Lebens. Die Gliederung der Erinnerungen sollte mit den Erzählgegenständen Kindheit und Jugend, Liebe, Hochzeit und Ehe, Familie und Haushalt, Arbeit und Beruf, Freizeit und Vergnügen, Geld und Politik, Nationalsozialismus, Krieg, Nachkriegszeit und Stadtentwicklung ein möglichst breites Spektrum früheren Lebens umfassen. Die große Altersspanne der Projektteilnehmer setzte den Erinnerungszeitraum von der Kaiserzeit bis in die Nachkriegszeit vom Zweiten Weltkrieg. Die Erinnerungen wurden mit Tonband aufgezeichnet und für die Veröffentlichung selektiv transkribiert – die Namen der Projektteilnehmer werden dabei nicht genannt. In den Erinnerungen sind Namen und Daten für die Authentizität der Darstellungen unverändert geblieben – nur in wenigen Fällen wurden Namen, auf Wunsch des Erzählers, weggelassen. Die Kennzeichnung der Erinnerungen mit einem G oder E stehen für Gruppendiskussion bzw. Einzelinterview.

Bei Projektbeginn gab es auf der Suche nach Gesprächspartnern keine besonderen Auswahlkriterien oder Beschränkungen auf eine bestimmte Teilnehmergruppe. Die relative Offenheit der Erinnerungsabfrage begünstigte ein weites Untersuchungsfeld und stellte lediglich in zeitlicher und örtlicher Hinsicht Voraussetzungen an die Projektmitarbeit: Die Gesprächspartner mußten Zeitzeugen für Wildeshauser Lebensumstände und Ereignisse der ersten Hälfte dieses Jahrhunderts sein. Die Institutionalisierung des Projektes als Volkshochschulkurs, die damit verbundene Ausschreibung im Kursprogramm sowie Aufrufe in den Lokalzeitungen brachten erste Bekanntschaften mit Senioren, die bereit waren, ihre Erinnerungen in der Gruppe zu erzählen oder sich zu bestimmten Themen im Einzelinterview befragen zu lassen. Durch die weitere Vermittlung der ersten Kursteilnehmer kamen andere hinzu und bald fand sich für die Gruppengespräche eine mehr oder weniger feste Zusammensetzung von maximal acht Senioren. Zur Gewinnung anderer Gesprächspartner für die Einzelinterviews bin ich Hinweisen von Freunden und Bekannten genauso nachgegangen wie meinen eigenen Vorstellungen zur Erweiterung des Gesprächskreises.

Die Realisierung der Erinnerungsarbeit in der Gruppe ergab sich sowohl aus arbeitsökonomischen Gründen, wie aus der Überzeugung, daß sich in der gemeinsamen Erinnerung einer Gruppe bestimmte Themen ergänzen könnten und aus den unterschiedlichen Blickwinkeln der verschiedenen Teilnehmer erschließen lassen. Sicher kann eine Gruppenzusammensetzung auch die Offenheit der Teilnehmer blockieren, aber oft sind Erinnerungen an Zusammenhänge gebunden, die sich am besten in der sozialen Situation einer Gruppendiskussion erheben lassen: Der eine erzählt, dem anderen fällt noch etwas ein, man hilft einander gegenseitig auf die Sprünge und kontrolliert sich im wechselseitigen Dialog – Zwiegespräche bei Meinungsverschiedenheiten und die Darstellung gemeinsamer Einstellungen vervollkommnen die Erinnerung.

Die unentbehrliche Grundlage für die gemeinsame Projektarbeit war das gegenseitige Vertrauensverhältnis: Klärende Vorgespräche, die Erläuterung der Konzeptionsgrundlagen, für die Gruppentreffen eine günstige Wahl des Ortes und eine gewisse Regelmäßigkeit der Terminansetzungen sowie der „Heimvorteil" (Fuchs 1984, 238) für den Befragten im Einzelinterview waren in den vorbereitenden Planungen des Projektes unbedingt zu berücksichtigen. Schließlich sollte der „Erfahrungsschatz" (Brednich 1979, 279) der Gesprächspartner bestmöglich erfaßt und durch die Tonbandaufzeichnungen weithin verfügbar gehalten werden. Das Vertrauen in die Erinnerung und Gedächtnisleistung der Senioren war ebenso grundlegende Voraussetzung – ohne dies würde es wohl auch keine „Oral History" geben.

Für die Durchführung der Erinnerungsarbeit war mein Selbstverständnis als Interviewer immer auf die Anerkennung der Gesprächspartner als „Experten" für ihr eigenes Leben (Lehmann 1979/80, 43) sowie die Wahrung ihrer Persönlichkeit gerichtet. Mit der offenen, halbstrukturierten Befragung wurde dem Gesprächspartner für seine Erinnerung zu einer bestimmten Themenstellung möglichst viel Raum zur freien Darstellung gelassen. Ein Rechtfertigungs- oder Legitimationsdruck sollte auch bei Themen mit eventuellem Konfliktpotential nicht entstehen. Als „Träger ihrer Geschichte" mußte den Gesprächspartnern lediglich zur Artikulation derselben verholfen werden: die entsprechenden Hilfestellungen und Fragen sollten Suggestivformulierungen, Wertungen und Interpretationen der Erinnerungen vermeiden. Diese Offenheit hatte einerseits den Vorteil, daß der Befragte besser Zusammenhänge verdeutlichen und größere Strukturen entwickeln konnte, andererseits birgt sie aber immer auch das Risiko, einer sehr subjektiven Selbstdarstellung und möglichen Übertreibung des Erzählers zu erliegen. Von einer teilweisen Standardisierung der Befragung, die ohne Zweifel eine Vergleichbarkeit mehrerer Interviews erleichtert und auch die Vielfalt der Erinnerungen zu gleichen Themen erhöht hätte, habe ich abgesehen. In der Praxis hat sich sehr schnell gezeigt, daß eine standardisierte Erinnerungsabfrage insgesamt wohl nur eine Verengung statt möglicher Vertiefung der individuellen Darstellungen bewirkt hätte.

Nicht zuletzt war die Erinnerungsarbeit für alle Beteiligten eine besondere Situation, die ausschließlich im Rahmen des Projektes stattfand und der mündlichen „Produktion" von Erinnerungen diente. Als Ergebnis dieser gemeinsamen Anstrengung sind die „künstlich" herbeigeführten Erinnerungen (Galinski/ Herbert/ Lachauer 1982, 21) vor allem von der Mitwirkung des Interviewers und den Bedingungen der Gesprächssituation geprägt. Die befragten Senioren haben nie nur zu sich selbst gesprochen und sich alleine erinnert, sondern ihre Erzählungen durch das Einverständnis für die Weiterverwendung und spätere Drucklegung immer schon an die unsichtbare Zuhörerschaft der späteren Leser gerichtet. Möglicherweise blieb Unangenehmes ausgespart, Unwegsamkeiten wurden geglättet und das übliche Repertoire an vorführbaren Standardgeschichten wurde erzählt. Im guten wie im schlechten Sinne waren die Erinnerungen durch den Anlaß ihrer Abfrage, durch das Wissen um den Verwendungszusammenhang sowie von den Fragen und Eingriffen im Interview beeinflußt.

Auch die schriftliche Übertragung der mündlichen Erinnerungen bedeutet immer eine Beeinflußung der ursprünglichen Darstellung der Zeitzeugen. Die Umsetzung eines mündlichen Gespräches in geschriebenen Text kann die Form und den Inhalt so verändern, daß Informationen aus dem Zusammenhang verloren gehen. Unterbrechungen in der Erzählung, Betonungen, Auffälligkeiten wie Lachen oder wütendes und trauriges Reden sowie zustimmendes Gemurmel der anderen gehen in der Transkription nach den Regeln grammatischer Schriftsprache verloren. Im Hinblick auf die Veröffentlichung der Erinnerungen wurden die Interviews unter Inkaufnahme dieser Verluste transkribiert. In seltensten Fällen wurden Stil und Grammatik geglättet.

Den wohl größten Eingriff in die Erinnerung der befragten Senioren stellt jedoch die Verarbeitung und Präsentation ihrer Erzählungen in der vorliegenden Buchform dar. Schon mit der selektiven Transkription ist eine Vorauswahl der Erinnerungen hinsichtlich ihrer Verwertbarkeit für die Veröffentlichung getroffen worden. Die Zusammenstellung der Erzählungen nach den genannten Gliederungspunkten erfolgte in der Absicht, wichtige Aspekte alltäglicher Lebensbereiche genauso zu erfassen wie die politischen und wirtschaftlichen Ereignisse und Entwicklungen des behandelten Zeitraumes. Daß es bei dieser Vorgehensweise zur ständigen Zusammenhangstrennung der Erinnerungen kommt und z.B. im Falle von Kindheitserinnerungen im Nationalsozialismus Schwierigkeiten in der thematischen Zuordnung (im Sinne der Buchgliederung) gibt, ist wohl selbstverständlich.

Einen „objektiven“ Quellenwert gibt es in den Erinnerungen und Lebensgeschichten dieses Buches jedenfalls nicht. Erinnerungen erfolgen immer aus gegenwärtiger Perspektive und sind von einem Bewußtseinsstand geleitet, der „keineswegs identisch mit der eigenen Einschätzung der Verhältnisse während der Handlungs- und Erlebnissituation“ ist (Lehmann 1979/80, 37). Meistens versucht man im Rückblick, einen nachträglichen Sinn seiner Lebensgeschichte zu finden. Dabei geht die Erinnerung als gegenwärtige Darstellung von Vergangenheit durch den Filter subjektiver Selektion: Zahlreiche Formen des Behaltens, Vergessens und Verdrängens sowie Rechtfertigungen (Lehmann 1980; Kuntz 1989) und Legitimationen bestimmen die Lebensgeschichte damaliger Handlungen und früherer Entscheidungen – ihr Erinnerer erinnert nur, was er erinnern will. Ein Mitglied der ehemaligen Judengemeinde, der frühere NSDAP-Ortsgruppenleiter oder ein zuschauender Bürger würden sich wohl in unterschiedlichster Weise an die Vorgänge des Wildeshauser Synagogenabriß erinnern.

In diesem Zusammenhang lassen sich die Bedeutung und Verwertbarkeit von Lebenserinnerungen für die historische Forschung einordnen: Erinnerungen definieren sich nicht als exakte Wiedergabe von Vergangenheit und stellen nur einen Ausschnitt und Teilaspekt historischer Realität dar. Sie ergänzen die Geschichte der großen Linie als „Geschichte von unten“ (Lehmann 1979/80, 37) im Detail und können ein facettenreiches Bild sprechender Geschichte zeichnen. Charakteristische wie besondere Vorgänge, Handlungen und Ereignisse vergangenen Lebens werden in der „erinnerten Geschichte“ erzählt und sind für jeden auch ohne weiterführende Untersuchung und historische Analyse verständlich. Gewissermaßen sind solche Darstellungen eine Wiederkehr von Geschichte zu denjenigen, die sie machen, leben und gestalten.

Der Wiedererkennungswert im Sinne von „Genauso war es damals!“ kann aber nie in alleiniger Gültigkeit bestehen und sollte im richtigen Verständnis für den Umgang mit Erinnerungen und Lebensgeschichten auch nicht erhoben werden. Ohne die Sicherheit quantifizierbarer Daten und die Möglichkeit repräsentativer Absicherung können Ergebnisse von „Oral History“ nur in der Berücksichtigung ihrer Entstehungszusammenhänge verwendet werden.

Kindheit und Jugend

Kinder hatten sich immer schon in die soziale Ordnung von Familie und Gesellschaft einzufügen: In den Erinnerungen der befragten Senioren waren Gehorsam und Pflichterfüllung wichtige Ideale früherer Charakterbildung. Die elterliche Erziehung war von entsprechenden Wertvorstellungen geprägt und auf die Erhaltung und Übertragung dieser Ordnung ausgerichtet. Auch in der Schule waren autoritäre Druckausübung und Disziplinierung dafür wohl übliche Erziehungsmaßnahmen.

Der Nationalsozialismus erhob diese Ideale zur nationalen Tugend. In den NS-Jugendorganisationen wurde eine auf die Identifizierung mit dem „Volk" ausgerichtete Gruppeneinordnung praktiziert, die durch ihre Prinzipien und die kameradschaftliche Verbundenheit zwar ein gewisses Selbstbewußtsein der Kinder und Jugendlichen prägte, für viele aber auch einen gewissen Verlust an Individualität bedeutete.

Im Kinderspiel zeigte sich oft schon die Einübung späteren Verhaltens sowie eine geschlechtsspezifische Rollenfixierung. In den Erinnerungen wurden viele „Kriegsspiele" der Jungen dargestellt – besonders während des Ersten Weltkrieges, als die Jungen wohl die gesellschaftlichen Einflüsse und die gestiegene Bedeutung der Uniform verarbeiteten. Die Mädchen richteten sich einen imaginären Haushalt ein und spielten mit Puppen.

In der Regel hatten die Kinder sehr wenig Spielzeug, eingerichtete Kinderzimmer gab es schon wegen der sozialen Bedingungen und beengten Wohnverhältnisse nicht. Stattdessen fanden die meisten Kinderspiele im Freien statt, das geringe Verkehrsaufkommen ermöglichte gefahrlose Spiele auf allen Wildeshauser Straßen. Durch die frühe Einbindung der Kinder in die Arbeit in Haus, Garten und Landwirtschaft gab es weniger freie Zeit zum Spielen. In Erinnerung blieben dafür vor allem die abendlichen Lese- und Erzählstunden der Familiengemeinschaft. Mit der Konfirmation oder der zweiten Kommunion gingen die Kinderjahre und die Schulzeit zu Ende und der Eintritt in das Arbeitsleben erfolgte. Die allmähliche Loslösung vom elterlichen Haushalt vollzog sich mit der Heirat als Emanzipation der Kinder von den Eltern.

1

In der Kirchstraße früher, da war eine Frau Vögele. Weib von Mann, Mann von Weib, das kann man wohl sagen. Von Statur groß und kräftig, hatte eine Stimme wie so ein Münsterländer. Ihr Mann, das war so ein kleiner Kerl, der hat viel leiden müssen. Ich überlege noch, also wenn der Frau 'was nicht passte, dann hat sie ihm immer Prügel angedroht. Der haute dann ab, nach hinten 'raus zum Hof hin durch die Tür.

Gerade diese hochbetagte Frau, die war Friseuse, rasierte die Männer und zog Zähne. Die Zähne wurden damals in der Kaiserzeit ja noch von den Friseuren gezogen, ohne Betäubung und dergleichen.

Dann hatten wir im Elternhaus bei meinem Vater einen Lehrling, ein ganz frecher Kerl. Wir waren noch Schuljungs und uns wollte er auch immer verprügeln. Er war größer und stärker, aber wir ärgerten ihn auch immer.
Eines Tages mußte er dann zum Zahnarzt und ich wußte das schon. Dann ging das Gejammere los und wir lachten alle – Kinder sind ja schadenfroh.
Dann ging der also 'rein und die Tortur fing an. Wir sahen dann den Stöver kommen und wenn der 'reinging. . . der mußte nämlich die Patienten in Schwitzkasten nehmen und dann ging es richtig los!
Die Gardinen, das waren so halbe Gardinen früher, dann setzte sich der Eine hin und der Andere huckepack, so konnten wir darein gucken. Und der hat geheult!
„Komm, lass' mich mal 'rauf!" – „Lass' mich auch mal!" – "Nö!" So ging das dann und wir amüsierten uns draußen.
Dann kam der wieder 'raus: „Oh! Ah!" – So gejammert hat der!
Herr J, Jg. 1908, E.

2

Wir Jungs, wir hielten zusammen. Wir spielten gerne Fußball, Schlagball – das machten wir an der Herrlichkeit. Auch auf der großen Fahrbahn. Wenn da ein Pferdewagen kam, das war selten. Naja, und wenn wir da Fußball spielten, das konnte Frau Bulling, die Pastorenfrau, die konnte das nicht haben. Die war Lehrerin und Lehrerinnen, die haben ihre eigenen Ansichten. Die konnte wohl den Krach nicht ab. Und wenn wir da Fußball spielten, ruckzuck kam sie und nahm uns den Ball weg! Dann standen wir ganz bedröpelt da.
Dann kam Pastor Bulling vorbei: „Na Jungs, wie geht das denn?" Ach, wir wollten erst gar nicht damit 'rauslassen. Frau Pastor sagte man damals noch und dann sagten wir: „Frau Pastor hat uns den Ball gerade weggenommen. Wir dürften hier nicht spielen." – „Ach, seid man unbesorgt, den habt ihr gleich wieder." Dann ging er ins Haus und das dauerte nicht lange, da brachte er uns den Ball wieder zurück: „Nun spielt mal schön weiter."
Also da konnte man wirklich wunderbar Fußball und Schlagball spielen. In der Mitte war die Fahrbahn und zu beiden Seiten die Bäume und die Fußgängerwege.
Wir spielten auch gerne Räuber und Gendarm. Von der Allee 'raus über die ganze Herrlichkeit, über den ganzen Wall, Westertor, bei der Hunte vorbei und wieder zurück zur Herrlichkeit.
Herr J, Jg. 1908, E.

3

Unser Spielplatz war der Krandel und da spielten wir dann hauptsächlich Räuber und Gendarm. Das kam daher, 1914 brach der Krieg aus und man sah nur Soldaten und man erzählte nur vom Krieg. Da wuchsen wir so mit auf und wollten das dann auch nachspielen.
Herr B, Jg. 1903, E.

4
Die Mädchen, die spielten viel Hausfrau. Da lag viel Laub an der Herrlichkeit, das wurde dann zusammengefegt und aufgetürmt, da war ein Bett und eine ganze Wohnstube, Wohnzimmer, Schlafzimmer, da wurde alles 'draus gemacht.
Herr J, Jg. 1908, G.

5
Wir haben uns am Wall aus Laub immer eine Wohnung gemacht und brachten dann unser Puppengeschirr mit. Da hatten wir dann verschiedene Kammern, ein Eßzimmer und im Schlafzimmer war dann immer unser Nachbar, der kam dann und spielte mit uns, wollte aber eigentlich immer nur schlafen.
Frau E, Jg. 1908, G.

Geschwister Abrahams 1907.

6
Im Winter sind wir am Wall immer gerodelt, Schlitten hatten wir ja gar nicht, einfach Pappe unter den Hinter und dann los.
Frau H, Jg. 1927, E.

7
Im Winter früher, wenn die Hunte Hochwasser hatte und es dann alles gefroren war, sind wir oft am alten Amt unten an der Herrlichkeit Schlittschuhlaufen gewesen – da standen die alten Weiden und wir konnten immer von Baum zu Baum laufen.
Frau D, Jg. 1910, G.

8
Winters, während der Kaiserzeit, hatte die Stadt einen Schneepflug, der war aufgebaut an der Glaner Straße/Ahlhorner Straße, dort an der Ecke. Damit fuhren die dann mit Pferden davor durch die Straßen, um den Schnee beiseite zu schaffen. Manches Mal hatten wir wirklich solche Schneemassen... als Kinder war dieser Schneepflug unser Haus, für mich und meine Schwester, da spielten wir dann immer und oft kamen auch die Nachbarjungs und wir verteidigten unser Haus und machten ordentliche Schneeballschlachten.
Frau P, Jg. 1896, E.

9
Früher war die Treppe zum Ratskeller parallel zu der zum Rathausaufgang – das war noch nicht so seitlich wie heute. Und das Treppengeländer war 'ne pri-

Familie Hermann Frost 1909. Von links: August, Mutter Charlotte, Käthe, Alfred, Hermann und Ernst.

ma Turnstange, die war ganz blank gescheuert von unserer Turnerei. Und sie glauben ja nicht, wie oft ich da unten vor dem Rathauskeller gelegen hab'.

Frau D, Jg. 1910, G.

10

Also die Brauerei war unser Hauptspielplatz damals, wir waren ja da die Nachbarn ... das kann ich mir noch genau vorstellen, ich bin 1903 geboren und bis nach dem Ersten Krieg war ja Hochbetrieb bei der Brauerei – es kam der Krieg, aber gebraut wurde weiter. Wir spielten damals immer da, auf dem Brauereigelände. Heute ist das die Ecke Brauereiweg/Krandelstraße. Hauptsächlich spielten wir aber hinten auf der Wiese, da waren die Belgier, die kräftigen Pferde für die Brauereiwagen und die Gespanne. Zwischen dieser Weide und der Brauerei war ein Graben und da sind wir dann immer hin und her gesprungen – da habe ich das Springen gelernt.

Herr B, Jg. 1903, G.

11

Meine Jugend habe ich viel in Knaggens Garten verbracht, gleich neben meinem Elternhaus an der Ahlhorner Straße, da war 'ne Hecke mit großen Unterbrechungen und da brauchten wir nur unter durch zu steigen und dann waren wir schon in dem großen Garten. Das war für uns als Kinder wie ein riesiger Park... und der Knagge war selbst ja nicht hier, der wohnte in einem Dorf bei München und hatte hier nur einen Gärtner beschäftigt.

Im Winter, wenn dann die Nüsse reif waren, der hatte ja eine riesige Nußstrauchhecke in seinem Garten, habe ich da morgens vor der Schule immer Haselnüsse gesucht und dann kamen auch immer die anderen Jungs in Knagges Garten, die waren ja nicht dumm, die wußten auch, was es da gab und ich und meine Schwestern, wir waren nur vier Mädels zu Hause, wir verteidigten dann immer unsere Nüsse aus Knaggen Garten – die gehörten eben uns!
Besonders hartnäckig waren immer die Frost-Jungens vom Krandel, die kamen oft in den Garten und wollten ernten, aber wir haben sie auch manchmal in die Flucht schlagen können.
Frau P, Jg. 1896, E.

12
Unsere Kinderzeit verbrachten wir an der Ahlhorner Straße, das habe ich ja schon gesagt. Und dann waren wir viel in Knaggens Garten, den habe ich damals als Kind immer so groß empfunden ... und irgendwann viel später, als ich schon erwachsen war und dort gar nicht mehr wohnte, bin ich da nochmal hin, da war jemand im Garten und da habe ich dann gefragt, ob ich da nochmal 'rein dürfte, ich hätte meine Jugend dort liegen. Naja, und dann bin ich da durch, mensch, was fand ich den klein, der Garten war so klein und auch unser Haus habe ich von hinten liegen sehen, mensch, war das klein! Ach, da war ich so enttäuscht! Als Kind hatte ich das immer alles viel größer in Erinnerung!
Frau P, Jg. 1896, E.

13
An der Ahlhorner Straße durften wir abends gar nicht mehr 'raus, das war eine Seltenheit, das wir mal die Erlaubnis kriegten, noch in die Stadt zu gehen. Hinter Knaggens Villa war das schon weit draußen aus der Stadt und damals dann im Dunkeln.
Frau P, Jg. 1896, E.

14
Ganz große Lümmels, na, Lümmel will ich gar nicht mal sagen, die, die viel Streiche gemacht haben, das waren die Söhne von Dr. Strahlmann und Dr. Jacobi. Die haben immer 'ne ganze Menge Blödsinn im Kopf gehabt. Ernst und Fritz Strahlmann waren richtige Lausbuben! Später ist der Eine dann Bibliothekar geworden, der Fritz, und Ernst wurde Arzt. Der Adolf Jacobi war ja auch Arzt geworden – also so sind die dann doch noch zu ganz anständigen Menschen herangewachsen.
Frau P, Jg. 1896, E.

15
Und dann waren wir als Kinder früher viel an der Bahnüberführung an der Ahlhorner Chaussee... wenn da ein Zug kam, da waren natürlich noch keine richtigen Schranken wie heute, dann wurde immer mit Holzbohlen abgesperrt, da kamen die Leute und zogen an dem großen Mast, der kam quer über die ganze

Straße und so wurde abgesperrt – und an diesem Mast, da haben wir Kinder immer liebend gern geturnt.
Frau P, Jg. 1896, E.

16
Oft haben wir früher auch Schlagballweitwurf um die Wette gespielt, Huntestraße gegen Zwischenbrücken, und dann haben wir dort auf der Huntestraße gespielt – das stell' sich heute mal einer vor, wenn da plötzlich Kinder anfangen, Ball zu spielen, das ist doch gar nicht mehr 'drin.
Frau D, Jg. 1910, G.

17
Bei dem alten Put-Mallü im Garten haben wir mal Äpfel geholt. Also der alte Mallü, der hat auch Geld gehabt, war aber auch ziemlich kniepig, der wohnte ja in der Herrlichkeit. Mein Bruder und die älteren Jungs waren dann mal bei ihm im Garten und haben Äpfel geholt, Äpfel gegessen und kamen dann nach Hause und mein Vater hörte das: „Was? Du gehst sofort hin und bringst den ganzen Korb voll Äpfel wieder zurück." Er bringt den Korb voll Äpfel wieder hin und sagt: „Hier bringe ich Äpfel." Der alte Mallü sagt dann: „Ja, die sind aber nicht so schön wie unsere."
Der alte Mallü wurde auch immer vergrellt, wenn man sagte: „Opa, Polen ist verloren." Er war Kriegsteilnehmer, war auch im Kriegerverein und wenn wir sagten „Opa, Polen ist verloren", dann wurde er vergrellt, dann kam er mit dem Stock. Und mein jüngster Bruder Alex, das war so ein lieber Junge, dem

Schlittenfahrt im Winter 1939.

schnackten wir mal an, als der alte Mallü kam, sage ihm man: Polen ist verloren. „Opa?" „Ja." „Polen ist verloren." Und dann ging das los.
Herr J, Jg. 1908, G.

18
In der Herberge „Zur Heimat", da wo jetzt das Altenheim an der Goldenstedter Straße ist, da waren früher alle die Landstreicher drin. Die, die sich besoffen hatten, wurden ja damals von der Polizei abgeführt und hier an der Herrlichkeit eingesperrt. Als Kinder hatten wir da immer einen Spaß dran, solange die Polizei da war, sind wir auch immer mit hinterher und neckten die Leute, die sollten hinter uns herlaufen und konnten ja nicht. Zu Hause erzählten wir das nicht, sonst wäre ja was losgewesen. Da waren echte Originale bei, einen nannten wir das „Fräulein von Düsseldorf". Der hatten einen großen Schlapphut und Vollbart, und mochte auch gerne einen. Also der war so oft in Wildeshausen... im Sommer schlief der immer hinter der Alexanderkirche seinen Rausch aus, bis die Polizei kam. „Fräulein von Düsseldorf, hast fein klein Hütlein auf, aber kein Geld", sangen wir dann immer. Dann wollte er den Bär machen, hatte den Hut bis tief in die Stirn gezogen und tanzte dann, brummte: „Brooooah."
Die wurden ja immer nur solange eingesperrt, bis sie ihren Rausch ausgeschlafen hatten und wurden dann wieder auf die Straße gesetzt.
Herr J, Jg. 1908, E.

19
Als Kinder hatten wir ja eine schlechte Zeit von 1914 bis 18. Als der Krieg zu Ende war, wir kannten ja keine Bananen, Schokolade, Apfelsinen, das kannten wir ja alle gar nicht, da weiß ich noch, da war ein kleines Geschäft an der Huntestraße, das war wohl so zwei, drei Jahre nach dem Krieg, da waren ein paar Riegel ausgestellt, so Schokolade, die lag im Fenster und da komme ich nach Hause und sage zu meiner Mutter: „Du, der Mann da, der das Geschäft hat an der Huntestraße, der hat Schokolade und da möchte ich wohl auch gerne ein Stück haben, das kostet 2 Mark!" Da guckte meine Mutter mich an, als wollte sie sagen: „Ach, das kennt sie ja nun auch noch nicht", und meinte: „Ja, geh' man hin und kauf Dir eins!"
Als ich die Schokolade dann hatte, habe ich sie angeguckt und habe gedacht: „Hmmh, das ist komisch!" Zu Hause sagte ich dann: „Mama, ich habe die Schokolade gekauft, aber da sind ja schon die Würmer drin!" „Was sind da drin?" „Würmer! Hier guck', da sind alle die Löcher drin!"
Da war die Schokolade gegossen und davon sind die Bläschen gekommen und da meinte ich, da wären Würmer drin! So dumm war man, weil man ja gar nichts kannte!
Frau F, Jg. 1909, E.

20
Fahrradfahren habe ich früher auf Sandwegen gelernt, das war gar nicht so einfach. Wir hatten ein Fahrrad mit Spiralen bei den Felgen und wenn die in den

Sand kamen, dann ging das ganz schwer, da ging ja der Sand alle 'rein. Das waren auch alle Sandwege hier, da waren ja keine Straßen, gepflastert war nur mit den dicken Steinen, Kopfsteinen – also das war gar nicht so einfach.

Frau F, Jg. 1909, E.

21

Ich bin immer mit Frau Müller, Hedwig Horstmann, losgezogen, wenn wir Sonntagsmittags die Küche fertig hatten. Wo wir überall gewesen sind... und abends zum Abendbrot waren wir wieder da. Fast jeden Sonntag haben wir das gemacht. Räder – wer hatte denn schon damals ein Rad? Ich weiß, ich kriegte später eins zu Weihnachten, so 1926/27, da habe ich so strampeln müssen, das war so eine kleine Übersetzung, ich hatte immer einen knallroten Kopf. Das war aber ein Altes, kein Neues.

Frau D, Jg. 1910, G.

22

Ich hatte eine Karbidlampe an meinem Fahrrad, weil meine Eltern meinten, daß sei zu anstrengend mit einem anderen Fahrrad mit Licht zu fahren, da kriegte ich dann als erstes eine Karbidlampe.

Das mußte man so anzünden, da waren Stücke, da kam Wasser drauf und dann kam ein ganz jämmerliches Licht. Und das roch so, diese Gase, die brannten.

Frau A, Jg. 1923, G.

23

Auch mit dem Baden, was war das denn früher? Wir liefen hier über das freie Feld und dann waren wir an der Hunte, da bei der Burgwiese. Erst ging das immer so und nachher wurde da eine Bretterbude aufgestellt, da konnte man sich dann entkleiden. Auf der anderen Seite der Hunte war so ein kleines Brett, wo man 'runterspringen konnte und wer nicht schwimmen konnte, konnte da auch nicht hin und war dann vorne am planschen. Ich war immer viel schwimmen und weiß noch, wie ich das erste Mal über die Hunte geschwommen bin. Mein Vater hatte so ein Kissen gekauft, da waren so Blechdosen dran, die waren aufgeschnitten und das hat man sich so wie einen Schwimmgürtel umgebunden, vier Stück waren das und dann konnte ich schon ein bißchen und dann kam eine ab, neun Jahre war ich, glaube ich, als ich dann schwimmen gelernt habe.

Aber wir mußten uns das alles so stehlen, wenn die Eltern mittags, oder Mutter meistens, weil Vater sowieso nicht da war, wenn die dann schlief, sind wir schnell los, übers Land zur Hunte zum Baden. Wir mußten wieder zurück sein, wenn Mutter aufwachte, danach mußten wir ihr nämlich helfen, im Garten und auf dem Feld.

Frau F, Jg. 1909, E.

24

Schwimmen! Ganz viel an der Hunte gewesen! Immer an der Hunte gewesen, das war ja unser Ein und Alles hier in Wildeshausen. Als Kind, wie wir hier noch Schüler waren, da sind wir in den Ferien morgens zur Hunte und haben

uns da hingelegt und geschwommen und getan, an der Burgwiese. Und dann eben mittags nach Hause, gegessen, und um halb zwei oder zwei, dann ging es gleich wieder hin. Auf dem Wege mußten wir dann eben bei Bäcker Jüchter vorbei und so ein Rosinenstuten, ein Stück Rosinenkuchen, kaufen und dann lagen wir wieder an der Hunte. Bis abends um sieben, halb acht.
Das war am Burgberg, an der alten Hunte. Das war richtig abgetrennt mit Holzpfählen, für Schwimmer und Nichtschwimmer. Da floß die Hunte noch an der Wittekindstraße entlang und hinten bei Gebken wieder rein. Wo jetzt der See ist, da stand auch unser Sprungbrett, Drei-Meter-Sprungbrett hatten wir, das war eben so mit Holz, ein Holzturm und dann lag dieses schreckliche Kokoszeugs da drauf, das hat so wehgetan, wenn man mit Füßen da drauf kam.
Und dann kam unser Schwimmeister Poppe, der nahm einen dann an der Angel und dann hing man vom Turm, da ließ er die Angel so runter und man zappelte da rum und mußte schwimmen lernen.
Unseren schönen Badestrand hatten wir an der Mühle, hinter der Wassermühle, da sind wir auch gewesen. Bis nach dem Zweiten Krieg war das noch so, dann ist das erst aufgefahren worden. Das glauben sie nicht, wie schön das war: So gelber Sand, wie an der See.
Oben an der Burgwiese, wo jetzt die Konzertmuschel ist, da war ja eine richtige Umkleidekabine, die wurde später gebaut, ein richtig festes, großes Haus mit Backsteinen. An der linken Seite waren die Jungs, die Männer. Drei Einzelkabinen, wo man sich umziehen konnte, gab es auch, aber da kamen wir als Kinder gar nicht 'rein. Rechts war dann für die Frauen und in der Mitte war ein Glaskasten, da saß der Bademeister Heinz Biet, von Frau Hochkirch der Bruder. Wie weit der von der Hunte doch entfernt saß! Wenn ich mir das heute überlege, der konnte doch gar nicht so schnell dahin kommen! Und der war ja auch noch behindert, der hatte irgendwas am Bein. Und geärgert haben wir den auch.
Frau A, Jg. 1923, G.

25
Schwimmen gelernt habe ich bei Poppe, der war nachher Küster in der St. Peter Kirche. Morgens in den Ferien mußte ich da an der Hunte immer antreten und in der vierten Klasse von der Volksschule habe ich mich freigeschwommen.
Frau A, Jg. 1923, G.

26
Herrliche Schwimmkämpfe hatten wir hier auch, Schwimmfeste. Da kamen auch immer Bremer Clubs her, da mußten wir auch gegen schwimmen. Und gegen Schulen schwimmen, die Hunte runter, immer stromabwärts. Und Staffelschwimmen... mit der katholischen Volksschule, da gab es zwei ganz tolle Schwimmerinnen, Elfriede Beuck und Ischi Spindelmann. Mußte man dagegen schwimmen, also dann hatte man schon Schiß, wenn das noch gar nicht losging, oh Gott, oh Gott. Die katholische Volksschule hat uns sehr oft immer überholt, also da kamen wir nicht mit.
Frau A, Jg. 1923, G.

Badestelle in der Hunte am Burgberg um 1940.

27

Mit meinem Vater war ich Sonntagsnachmittags auch oft hinter dem Bahndamm in der Hunte am schwimmen und wenn ich das heute überlege, da kamen die ganzen Abwässer von der Heilstätte doch 'rein mit dem ollen Bach, mit der Flachsbäke... also früher haben wir da nie über nachgedacht.

Frau A, Jg. 1923, G.

28

Ich hatte mal zu meinem Geburtstag meine Freundinnen eingeladen und dann saßen wir da alle schön und die Torte kommt auf den Tisch, als mit einmal mein Bruder 'reinkommt mit seinem Freund Gerold Kuck, macht eine kleine Zigarrenkiste auf und da waren alles Heuschrecken 'drin. Die hauten dann natürlich alle ab und meine Freundinnen haben geschrien... die Heuschrecken hupften da überall 'rum im Zimmer.

Frau A, Jg. 1923, G.

29

Wir hatten ein Spielzimmer zu Hause, das war ja schon 'was besonderes, das hatte ja nicht jeder. So kamen also die Nachbarskinder immer zu uns, weil wir auch so ein Kino hatten, so ein altes, das hatte ich nämlich von meiner Mutter, die hatte das früher schon, wie nannte man das denn noch? Ich weiß es nicht mehr, aber das war so ein richtiges Kino, wo wir Glasplatten durchschoben und wenn man die schnell durchschob, dann bewegte sich das auch noch und das war also für uns immer ganz toll, auch für die Nachbarskinder. „Mach doch mal wieder Kino“, hieß es dann immer.

Frau A, Jg. 1923, G.

30

Ich weiß noch, daß es bei uns im Zimmer mal brannte, weil mein Bruder irgendwie ’rumgezündelt hat. Der Nachbar von gegenüber hat das dann gesehen und gleich die Feuerwehr verständigt.

Auf jeden Fall wollte mein Vater meinen Bruder anständig schelten und hat den Gendarmen Bamberger in vollem Wichs mit Säbel antreten lassen. Der hat meinem Bruder dann erst einmal eine Rede gehalten und ordentlich ’was erzählt, so daß der vor Ehrfurcht und Respekt fast erstarrte!

Frau A, Jg. 1923, G.

31

Bei Stegemann saßen wir als Jugendliche am Sonntagnachmittag auch viel. Oder eben bei Muhle, da waren wir auch viel. Die hatten hinten so eine Stube. Und da saß man dann. Nicht in der Gastwirtschaft, sondern hinten in der Stube. „Regina“ gab das da zu trinken – das war so ein schreckliches rotes Zeug.

Frau A, Jg. 1923, G.

32

Meine Eltern waren zur Funkausstellung nach Berlin gewesen, 1928/29 oder 1930, das weiß ich nicht mehr so genau. Und danach kriegten wir auf einmal ein Radio, da war der Apparat hier und der Lautsprecher oben auf dem Schrank,

Volksschulklasse vor der Wallschule mit Lehrer Theo Cohn 1924.

also bei uns war der Lautsprecher erst noch im Schlafzimmer. Morgens war dann „Hafenkonzert“ und dann wurde bei den Eltern ins Bett gekrochen.
Frau A, Jg. 1923, G.

33
Die Schulzeit, das waren nicht so schöne Tage wie jetzt, wie heutzutage. Da mussten wir ganz schön ’ran.
Frau F, Jg. 1909, E.

34
In der Kaiserzeit waren wir als Schüler alle sehr hörig. Wir saßen mit gefalteten Händen in den Bänken und taten das, was sie uns befohlen. Wenn auch mit Murren, aber wir haben nichts gesagt.
Herr B, Jg. 1903, E.

35
Ich hätte in der Schule viel besser aufpaßen müssen, das sage ich mir nachher, da hängt so viel von ab und ich freute mich damals immer nur über jeden freien Tag!
Frau P, Jg. 1896, E.

36
Meine Schulzeit war noch in der Kaiserzeit... und eines Tages kam ich zur Schule morgens: „Oh, was hast Du gemacht? Was hast Du gemacht?“ fragten mich die anderen Kinder. „Ja, was habe ich denn gemacht?“ fragte ich zurück. „Bei der Chemischen Fabrik,“ da wo heute Landmaschinen Schröder ist, „da sind die Scheiben eingeschmissen“. Die stand damals nämlich eine zeitlang leer. Ich sagte: „Ich hab’ keine Steine geschmissen.“ Hatte ich ja auch wirklich nicht! Dann kam auch der Lehrer, ein Lehrer Stratmeyer, der auch eine lose Hand hatte, und da wurde ich gefragt, ob ich das gemacht hätte.
„Nee, habe ich nicht gemacht!“ Und dann lief ich weg, nach Hause und erzählte das meinem Vater. Und wie das damals war, also wenn das heute gewesen wäre, wenn das mein Sohn gewesen wäre, wär’ ich eben mitgegangen zur Schule und hätte den Lehrer zur Rede gestellt. Aber mein Vater sagte zu mir, also wie das damals eben so war: „Geh man ruhig wieder hin, sag’ ihm mann, er soll Dir das erstmal beweisen, daß Du das getan hättest!“
Also bin ich wieder hin zur Schule und blieb vorne an der Tür stehen, die Anderen gingen alle ’rein, aber ich wollte den Lehrer ja sprechen. Dann sagte ich zu dem Lehrer Stratmeyer, wie der kam: „Herr Lehrer, Sie sollten mir das erstmal beweisen, daß ich das überhaupt gemacht habe!“
Und schon hatte ich – BATSCH – eine sitzen!
„Rein auf den Platz,“ schrie der und dann gab es auch noch Schläge dazu! Und trotzdem ich das meinen Eltern erzählte, mein Vater hätte ja den anderen Tag wieder hingehen müssen, den Stratmeyer zur Rede stellen und sagen: „Wenn

Sie das nocheinmal machen, dann kriegen Sie von mir aber Eine!" – hat mein Vater nichts weiter gemacht.

Herr B, Jg. 1903, G.

37

Die Eltern konnten sich ja manchmal auch nicht mit abfinden, wenn die Kinder Strafe kriegten. Das gibt es ja heute auch noch. Und die kamen dann an. Da kam der Schmied Brinkmann, das war so ein Ollen, solche Muskeln, der kam dann an, noch mit Lederschürze um, und wir wußten Bescheid, dann war Krach in der ganzen Schule. Der war noch nicht im Raum, da ging das schon los. Der brüllte da 'rum: „Meine Tochter habt ihr nicht zu prügeln!"
Das war sein Lieblingskind. Und wir hörten das durch die ganzen Klassen. Der Schmied bölkte da durch die Schule, da war immer große Unruhe. In den anderen Klassen wußten die schon, daß der Brinkmann wieder da ist.
Aber die Fälle waren selten, daß die Eltern da kamen. Meistens kriegte man als Kind gleich noch eine zu Hause, wenn man das erzählte. Also da gab es zweierlei: Es gab Eltern, die schimpften, wenn die Kinder bestraft wurden, es gab andere, da wagte man gar nichts zu sagen, weil es gleich noch eine gab.

Herr J, Jg. 1908, G.

38

Ich weiß, daß eine Freundin in der Schule eine Ohrfeige gekriegt hat und dann hat sie das zu Hause erzählt und dann hat sie gleich noch eine gekriegt. Also erzählen durften wir das gar nicht, weil es sonst noch eine gab.

Frau D, Jg. 1910, G.

Höhere Bürgerschule um 1925. Fotoarchiv Panschar.

39

In der Schule, unser Lehrer Rolfes, der wußte auch wohl Ordnung zu halten. Wenn es denn los ging und der hatte mal so eine Attacke zu bereinigen, dann kam er mit dem Stock und dann hielt er einen Fuß auf die Bank und dann immer weiter. . . naja, das waren aber auch Rabauken unter den Schülern. Da hatten wir drei, die Namen kann ich ja ruhig nennen, Tönjes und „Kattenschlachter" Wilke, na, das führt jetzt zu weit, aber die haben mal eine Katze geschlachtet und seitdem hat er den Namen „Kattenschlachter", der war ein Jahr älter als ich und wenn man später noch „Kattenschlachter" zu ihm sagte, dann bezog man gleich Prügel. Das aber nur am Rande.
Also der Rolfes war ein tüchtiger Lehrer. Der fragte immer: „Hast deinen Kasus nicht gelernt?" Und seitdem hieß der dann Hein Kasus. Da hieß das: Hein Kasus war der Lehrer Rolfes.
Der konnte wohl energisch sein. Also Zeugnisse gab es ja noch nicht, erst am Schulschluß. Wohl nachher, wie ich aus der Schule kam, da fing man mit Zeugnissen an.
Dafür wurde früher mit dem Stock gearbeitet. Stöcke konnten sie gar nicht gegen liefern. Die Jungs mußten immer Stöcke holen. Da waren auch mal welche bei, die haben sie leicht angekerbt und nachher flogen die Stöcke durch die Gegend. Und dann mußten die los einen neuen Stock holen.
Die Geräte in der Schule, das waren nicht so moderne Wandtafeln wie heute, das war ein Gestell, so mit zwei Leisten, die wurden angelehnt in den Ecken und das war dann alles. Und wenn dann die Sache wieder los ging, mit den Rabauken, Heini Beckmann und Ferdinand Wilke waren auch so zwei, dann hieß es gleich wieder: „Kommt ihr mal her!" Schulter in den Nacken und dann mit dem Stock! Die beiden hatten das aber schon fein 'raus, die waren derart frech, die rückten immer weiter zur Tafel hin und dann – SCHWUPP – zogen die unten an den Tafelbeinen und dann flog die Tafel zum Klassenraum 'rein. Das ist eine Tatsache! Das hatten die beiden 'raus.
Und ich muß sagen, also die Schüler, allgemein fanden die das nicht gut, aber einige, die brüllten dann natürlich: „Ja! Das ist endlich mal 'was!" Es waren viele, die waren da nicht mit einverstanden. Auch mit dem Schlagen, das war ja nicht schön. Aber was sollte der Lehrer machen? Der kam da nicht anders gegen an.
Das waren ja schon Kerle.

Herr J, Jg. 1908, G.

40

Ich habe da mal etwas erlebt, da hatte ich hier eine Warze und der Rolfes, der gibt mir 'was mit dem Stock und die Warze geht kaputt und platzt und blutete. Die ganze Klasse rief: „Hin, hin, hin zum Gendarmen!" Da sagte Rolfes: „Mal schnell hin zu meiner Marie. Die soll das abwaschen. Mal schnell hin zu meiner Marie." – „Geh zum Gendarmen hin," riefen die Anderen, „nicht zur Marie!" An die Hunte bin ich gegangen und habe das dort mit einem Taschentuch abgewaschen. „Bist du hin gewesen zum Gendarmen?“ fragten die anderen dann wieder. „Ruhig seid ihr, ruhig!“ sagte der Rolfes. Also da hat sich die ganze Klasse richtig aufgeregt, weil das blutete und blutete.

Herr J, Jg. 1908, G.

41

Es wurde ja manchmal wirklich ungerecht geprügelt. Ich denke da an einen Fall. Der Junge, der lebt noch. Der mußte vorlesen aus dem Lesebuch. Und zwar fing das folgendermaßen an: „Als Napoleon I. regierte, lebte in der Stadt Reims. . .“ Der mußte also vorlesen und las: „Als Napoleon eins regierte, lebte in der Stadt Reims. . .“ Der Lehrer sagte zu einem anderen: „Lies ihm das mal vor, wie das heißen muß.“ Der las natürlich: „Als Napoleon der Erste regierte. . .“ Dann kam er wieder: „Als Napoleon eins regierte. . .“ – „Vortreten! Herkommen! Nach vorne!“ Und nun mußte er nochmal lesen und jedesmal mußte ihm das ein anderer richtig vorlesen. Aber er kam da nicht hinter. Bringt nichts. Also was war das für eine Methode, wenn ich dadrüber nachdenke. Er hätte ihn doch nur einmal richtig aufklären müssen und hätte auch gleich die ganze Klasse aufgeklärt, wenn da ein Punkt hinter ist, daß das „der Erste“ und nicht „eins“ ist. Aber das waren so die Methoden.

Herr B, Jg. 1903, G.

Klassenraum der Höheren Bürgerschule mit Direktor Freytag (links) und Lehrer Behrens (rechts) um 1928.

42
Ich habe mal von unserem Lehrer, Bernhard Behrens, eine gewischt gekriegt, weil ich Ilse Burchard, die saß hinter mir und die konnte die Klassenarbeit nicht schreiben. Ich drehte mich also so und die konnte dann abschreiben. „Ihr beiden kommt sofort nach vorne!“ Da hatte der Lehrer das gesehen und dann kriegte ich auf Anhieb eine gelatscht, also so ’was fürchterliches!
Frau A, Jg. 1923, G.

43
Unser Lehrer Bernhard Behrens spielte jeden Sonntag bei den „Alten Herren“ Fußball und wir waren zu mehreren Jungs zum Rauchen nach Altona gegangen, am Bahndamm, wir hatten gerade die Stengel im Mund, auf einmal kam uns jemand entgegen – Bernhard Behrens, der machte da so Training, bevor seine Mannschaft anfing zu spielen. Wir Idioten rannten natürlich weg, aber er hatte uns erkannt!
Nächsten Morgen in der Schule: „Die drei oder vier vortreten!“ Keiner rührte sich. „Die drei oder vier vortreten“, dann ging er schon zum Katheder hin und holte den Rohrstock... naja, letzte Aufforderung und dann schlichen wir also nach vorne hin. „In einer Reihe aufstellen, Fingerspitzen auf die Fußspitzen!“ Und dann ging das: ZACK, ZACK, ZACK! – „Hinsetzen!“
Das war das Ganze! Wenn wir das zu Hause erzählt hätten, hätten wir noch welche dazugekriegt! So war die Erziehung damals! Wir akzeptierten das aber auch, wir hatten ’was getan, was nicht rechtmäßig war und akzeptierten das.
Herr K, Jg. 1923, G.

44
Daß wir früher so viel Schularbeiten wie die Kinder heute machen mußten, also das war wirklich nicht so. Und daß die Eltern noch helfen mußten, weil die Kinder nicht klarkamen und die Eltern dann auch nicht klarkamen, also das gab es gar nicht.
Herr B, Jg. 1903, g.

45
An der Kirchhofsmauer waren früher die Toiletten, als wir im Remter unterrichtet wurden. Da steht ja noch so ein alter Schuppen, das waren früher die Toiletten für die Schule. Von vorne herein, vom Torbogen aus, war für die Mädchen und von der anderen Seite für die Jungen. Ja, und das funktionierte alle nicht – das weiß ich noch, daß wir oft da drin gesessen haben und an die Tür geballert, weil wir da eingeschlossen waren und nicht mehr ’raus konnten. Da kam dann der alte Lehrer, der wohnte nach vorne ’raus und hat uns aus dem erlöst.
Frau P, Jg. 1896, E.

46
Bei der Alexanderkirche war ja ganz früher der Friedhof, um die Kirche herum – und da haben wir früher zuerst gespielt und nachher wurde ein Draht ’rumgezogen. Da kamen manchmal noch allerhand Knochen hervor und der Sohn vom

Volksschulklasse vor der Wallschule mit Lehrer Nietschke 1954.

Bürgermeister damals, der hat sogar noch ein Gebiß gefunden und klapperte dann damit 'rum. Und einmal sind wir auch auf dem Draht balanciert und dann ist der abgerissen. Unser Volksschullehrer, der wohnte da unten im Remter drin, da war ja auch eine Klasse der Volksschule, der fragte meine Freundin: „Hedwig, hast du gesehen, wer den Draht abgerissen hat?" Und Hedwig ist das tatsächlich gewesen und die dachte nun, die Lehrersfrau hätte das gesehen und sagte dann: „Ich war's." – „So, du warst das." Aber damit war die Sache erledigt.
Frau D, Jg. 1910, G.

47
Einer meiner besten Lehrer, wo ich wohl am meisten bei gelernt habe, das war Lehrer Immohr. Wir hatten Respekt vor ihm und er brachte uns auch 'was bei. Es gab wohl mal einen kleinen Klaps und dann war das auch erledigt. Wir waren so 40 Schüler in einer Klasse. Das würde heute ja unmöglich sein. Und wir haben 'was gelernt.
Herr B, Jg. 1903, G.

48
Für uns Katholiken war jeden Morgen gemeinsamer Kirchgang, bevor es zur Schule ging. Bei der Schule fing das dann mit einem Gebet an und dann kam Rechnen und Verschiedenes halt. Es wurde auch über den Krieg gesprochen, der wurde natürlich glorifiziert. Die Lehrer waren alle begeistert und verstanden es auch, die Jugend mitzubegeistern.
Herr J, Jg. 1908, G.

49
Es wurde auch öfter gegenseitig vorgesagt, aber das wurde auch ausgenutzt. Oft sagte man dann bewußt etwas Verkehrtes und der Nächste haute damit 'raus. Dann war das Gelächter groß.
Herr J, Jg. 1908, G.

50
Die Winterschüler in der Landwirtschaftsschule nannten wir die „Steckrübenschüler" und wenn wir das sagten, dann kamen die hinter uns her.
Herr J, Jg. 1908, G.

51
Und den Lehrer haben wir natürlich auch geärgert, das ist doch klar. Bernhard Behrens war unser Lehrer in der Bürgerschule und der konnte keinen Käse riechen. Der kam da morgens schon an und fragte: „Wer hat wieder Käse auf dem Butterbrot? Zeigt mal her!" Und dann war der schon wie angefaßt.
So haben wir uns überlegt, in Zwischenbrücken, da wo heute Meiser drin ist, war ein Kaufmannsladen und da haben wir einen Camenbert gekauft, der nur so gestunken hat. Und den haben wir ihm hinten auf das Fahrrad gemacht! Der mochte anschließend gar nicht mehr nach Hause! Da mußte tatsächlich seine Mutter kommen, die wohnte gleich nebenan auf der Hoffmanns Höhe und hat den Käse vom Fahrrad genommen.
Frau A, Jg. 1923, G.

52
Mein Bruder, der war immer so kränklich, ganz schwach und zart, der klagte oft über Bauchschmerzen und mußte dann immer das Bett hüten und brauchte nicht zur Schule. Eines Tages überlegte ich mir dann: „So, ich sage jetzt auch, ich habe Bauchschmerzen und bleibe dann im Bett liegen." Meine Mutter fragte am Morgen: „Willst Du nicht aufstehen?" – „Nein, ich habe Bauchschmerzen, ich bleibe im Bett liegen." Und dann kam mein Vater von der Visite aus dem Krankenhaus nach Hause: „Du hast Bauchschmerzen?" sah sofort, daß ich log, daß das wohl nicht ganz angehen konnte. „Raus aus dem Bett, jetzt gehst Du noch hin zur Schule!" Dann mußte ich mich anziehen und um 10 Uhr erschien ich dann in der Schule. Was ich da 'rumgestottert habe als Entschuldigung, weiß ich bis heute nicht mehr, aber jedenfalls, Papa sah sofort, daß das wohl nicht stimmte, was ich mir da ausgedacht habe, da kam ich nicht mit durch.
Frau A, Jg. 1923, G.

53
In der Bürgerschule, das war das spätere Stadtverwaltungsgebäude am Marschweg, gefielen mir am besten die Schulfeste, die in Altona gefeiert wurden. Da zogen wir von der Schule zu Fuß hin, wir marschierten pärchenweise und der Lehrer vorweg. Und dann wurde da allerhand aufgetischt, wir mußten da sin-

Schule in Holzhausen um 1935. Fotoarchiv Panschar.

gen, und Tanz war, die Eltern kamen – ach, das war wirklich immer schön, auch vorher schon, das mußte ja alles eingeübt werden, die ganzen Stücke.
Frau A, Jg. 1923, G.

54
In den kleinen Schulen, Holzhausen, Kleinenkneten und da überall so, da waren ja alle Jahrgänge in einer Klasse. Da waren doch alle. Und da mußte dann auch mal die höhere Abteilung die unteren mit unterrichten. So war das eingerichtet.
Frau D, Jg. 1910, G.

55
Zur Schule gingen wir immer in Holzschuhen – nur Sonntags bekamen wir mal anständige Schuhe an. Naja, manchmal hatten wir sie auch in der Woche an, so war das ja nicht... aber die wurden grundsätzlich immer zwei Nummern zu groß gekauft, damit man sie länger tragen konnte.
Ich denke immernoch, wenn ich mein Kommunionbild sehe, daß mein Bruder da so große Füße hat. Also die waren mindestens zwei Nummern zu groß.
Im Winter hatten wir sowieso immer Holzschuhe an. Zum Schlittenfahren und Glitschen, mit den Holzschuhen konnten wir so gut glitschen und rutschen.
Wir haben dann im Winter die Wollsocken über die Holzschuhe gezogen und in der Schule konnten wir dann Socken und Holzschuhe am Kanonenofen trocknen.
Frau H, Jg. 1927, E.

57
Wir wurden viel mehr eingespannt als die Jugend heute. Da hieß es: Arbeit, Arbeit, Arbeit. Da war man nicht heute hier und morgen dort.
Die Jungs konnten Sonntags wohl mal fischen gehen... dann machten sie sich eine Angel mit einem Stock und einem dicken Bindfaden. Dann machten sie einen Knoten daran, einen Haken, einen Korken und los gings.
Aber selbst sonntags war Arbeit und wir wurden eingespannt. Wir mußten mit in den Garten und wenn da nichts mehr zu tun war, mußten wir sticken, als wir älter waren. Wir waren immer beschäftigt.
Frau F, Jg. 1909, E.

58
Mit 12 Jahren mußte ich als junges Mädchen schon in der Landwirtschaft mithelfen, da hat meine Mutter mir das Melken beigebracht und wir machten dann die Landwirtschaft und mein Vater führte die Tischlerei.
Frau E, Jg. 1908, G.

59
Wir waren auch noch Schulkinder und mußten immer mit ran. Die Kuh an der Hand, am Tau, und dann von der Goldenstedter Straße an die Burgstraße zu Hiet-Meyer, mit einer Sau noch dabei, die da hintreiben. Da war ja noch so ein Extraweg an der Goldenstedter Straße 'runter, für Viehzeug und so. Wir mußten dann die Kaiserstraße 'runter und an der Kirche vorbei zur Burgstraße, da stand die Kirchentür auf und die Putzfrauen waren am putzen. Da ist uns die Sau dann 'reingelaufen in die Kirche! Und die haben uns hinterhergeschimpft und getan. Das war ein Erlebnis.
Beim Schlachten mußten wir auch mit Blut rühren oder wenn die aufgeschnitten wurden, da haben wir uns nichts bei gedacht.
Oder auch mit der Kuh bei Hiet-Meyer, die war ja zum Decken da, wir haben die festgehalten, der Bulle ist gesprungen und dann sind wir wieder nach Hause gegangen. Wir kannten das gar nicht anders, das gehörte eben dazu.
Frau H, Jg. 1927, G.

60
Wenn Kartoffelernte war, dann gingen die Jungs auch immer mit zum Kartoffeln suchen und verdienten sich was dabei. Je nachdem, wie groß der Acker war, wenn so zehn Jungs mitgingen, nach der Schulzeit ging das los, dann setzten die sich mit auf den Ackerwagen und fuhren meinetwegen zur Lehmkuhle, da wo eben die Äcker waren. Dann haben die Kartoffeln gesucht und was die verdienten, war damals Geld. Da wollten alle wohl ganz gerne hin. Nachmittags gab es Kaffee auf freiem Feld und Stutenkuchen, der war extra dafür gebacken. Das war ein Leckerbissen und alleine dafür lohnte sich das schon. Man sagte auch „Kartoffelstuten“. Und zusammensparen konnte man sich auch was dabei. Es gab Schuljungs, die sind die ganze Ernte unterwegs gewesen und haben Kartoffeln gesucht. Die Schularbeiten wurden manchmal vernachlässigt dadurch.

Kinderschützenfest 1956 mit Bürgermeister Mönnich und Kinderschützenkönig Klaus Spille. Fotoarchiv Panschar.

Aber so genau wurde das mit dem Lernen ja auch nicht genommen, wie heutzutage.
Man mußte wohl schnell suchen, denn hinter dir, wenn du erst unten am krabbeln warst, mußtest ja krabbeln, konntest ja gar nicht anders, wenn du noch lange in den Korb 'rein, dann kam schon bald die nächste Runde wieder. „Hüüh! Hüüh!" Dann mußtest du aber flott werden. Der ließ das Pferd natürlich nicht über dich 'rüberlaufen, aber du hattest doch Angst. Also lange sitzen konntest du da nicht, wenn einer faul war, der wurde weggejagt vom Pferd. Das war eine schwere Arbeit.
Herr J, Jg. 1908, G.

61
Bei uns in der Straße wohnte ein Bauer Meyer, der war gestorben. Und dann war das genauso wie heute, da bringt man einen Kranz hin. Selbstgemacht, nicht vom Gärtner. Unsere Mutter hatte auch einen Kranz gebunden und sagte: „Bring man eben hin." Ich war da noch jung, vielleicht 16 Jahre, ging da hin und von Meyer die Frau machte auf. „Ich wollte wohl den Kranz bringen." – „Ja, komm man eben her, du willst Vater doch noch sehen?!" Ich ging mit und da macht sie die Tür auf – also wie ich da wieder aus dem Haus 'rausgekommen bin, das weiß ich heute nicht. Ich habe ihn bloß gesehen und dann kehrtgemacht, 'raus, und nach Haus.

Ich habe nachher noch oft gedacht: „Das war ja nicht richtig von der Frau." Ich sah nur das blasse Gesicht, hatte ihn vorher immer gut gekannt und nun lag er da. Durch den Schreck bin ich dann 'raus und weg.

Herr B, Jg. 1903, G.

Liebe, Hochzeit und Ehe

Als intimer Bereich persönlicher Freiheit und Individualität kann Liebe heutzutage meist in freier Selbstbestimmung ausgeübt werden. Der frühere Liebes- und Ehealltag war dagegen vielmehr an öffentliche und soziale Abhängigkeiten gebunden sowie von gemeinschaftlichen Normen bestimmt.

Schon bei der Partnersuche schienen für viele der befragten Senioren teilweise noch die jahrhundertealten Auswahlkriterien materieller Motivation von beeinflußender Bedeutung: Zwar waren besitzmäßige Gleichwertigkeit, Aussteuer, Arbeitstauglichkeit und der Kinderwunsch keine absoluten Bedingungen oder zwanghafte Voraussetzungen für die Eheschließung, aber der Vorrang von Liebe und Zuneigung sowie die Bedeutung damit verbundener Gefühle blieb in der Erinnerungsarbeit schwer zu ergründen. Insgesamt nahmen Liebe und Partnerschaft in den Darstellungen der befragten Senioren keinen bevorzugten Stellenwert ein – eher noch bei den Frauen, die sich in den Erinnerungen mehr als die Männer an Aspekte von Liebe und Eheleben, vor allem aber am familiären Zusammenleben orientierten.

Liebe, Hochzeit und Ehe waren primär zweckgerichtet und von festen Regeln bestimmt. Noch in der Pubertät wurden Aufklärungswünsche und Erfahrungsbedürfnisse heranwachsender Jugendlicher zur Entdeckung ihrer Liebesemotionalität sowohl im elterlichen wie schulischen Erziehungsprozeß übergangen. Er-

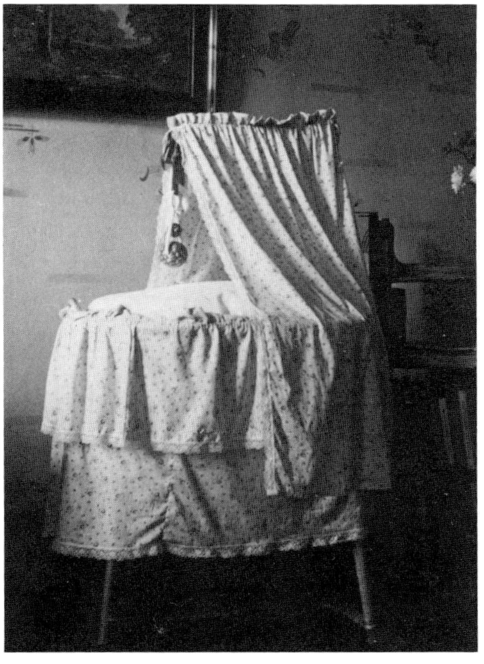

Kinderbett 1932

Kinderwagen 1943

fahrungen im Umgang mit Liebe und Partnerschaft wurden meist erst in der Ehe als institutionellem Rahmen rechtmäßiger Sexualität gemacht. Erst allmählich lösten sich die Strukturen dieser tradierten Liebes- und Ehevorstellungen auf.

62

Am Bahndamm an der Unterführung, da bei Schröder, hab' ich gestern gesehen, daß der Baum weg ist, an dem ich meinen ersten Kuß bekommen hab', den haben die jetzt für die neue Straße umgehauen.

Frau A, Jg. 1923, G.

63

1924 kam mein Mann nach Wildeshausen. Mit 16 Jahren habe ich ihn kennengelernt. Meine Freundin sagte, ihr Bruder war auch Lehrer: „Du, hier ist ein neuer Lehrer gekommen an der Volksschule. Der wohnt in der Huntestraße. Da müssen wir mal ein bißchen auf und ab gehen." Und dann gingen wir da auch immer, mit einmal kriegte ich Einen in die Rippen: „Das ist er!" Groß, mager, Hornbrille auf, Jackett ging ihm bis hier und ich sagte: „Mensch, was ist das für ein bräsigen Kerl! Da will ich nichts mit zu tun haben. Komm 'her und laß uns weitergehen." Das war schon ein Ereignis.
Nun war er auch ein Sporttyp und dann wurde er mit meinem Bruder Heinrich bekannt. Da ging er dann immer hin. „Du mußt dir ein Mädchen suchen. Ich habe eine Schwester. Wenn ihr heiratet, kriegst du von mir tausend Mark und einen Ziegenbock mit." Ziegenbock hatten die ja an der Burgstraße. So hat der also spekuliert, aber ich habe mich nicht weiter um ihn gekümmert.
Dann heiratete unser Nachbar und seine Frau kam aus dem Lindenhof, da mußten die von der Huntestraße hin und mein Mann war da ja Nachbar. Im Lindenhof wurde der Polterabend gefeiert und ich kam neben dem Hausdiener von Stührmanns Hotel, von gegenüber, da wo heute Selve ist, das war so ein Verwachsener, so ein Kleiner und neben dem kam ich zu sitzen. Der hatte sich Einen angetüddelt, sprang dann mit einmal auf und wollte mich umfassen und mir einen Kuß geben. Da fiel er aber – BUMMS – vom Stuhl... und ich ging gleich weiter. Da war gerade bei meinem Mann ein Stuhl frei und ich setzte mich dazwischen. Der Nachbar sagte noch: „Das gehört sich aber nicht." Da horchte mein Mann auf und fragte: „Sind sie nicht von Heini die Schwester?" Ich sagte: „Ja." – „Ach, die habe ich mir aber ganz anders vorgestellt." Dann ging er aber bald nach Hause und dann war Schluß wieder.
Wir waren dann mal zum Hermannsdenkmal im Teutoburgerwald und dann sagte eine Freundin, „Ach", sie wäre so in meinen Mann verliebt und hätte da Interesse 'dran, aber der wollte nicht so recht anbeißen. „Ich schicke ein Karte zu ihm, viele Grüße so und so." Wir hatten da noch allerhand dummes Zeug am Bahnhof gemacht, da mußte man auf den Knopf drücken und dann kamen die Gepäckträger hoch, guckten und holten das Gepäck dann 'runter. Das hatten wir mitgekriegt und wir mußten eine halbe Stunde da warten und wenn die Gepäckträger unten waren, sind wir schnell hin, haben auf den Knopf gedrückt und dann kamen die Köpfe wieder hoch und da war niemand... das hatten wir so

vier oder fünf mal getan und auf einmal kam der Bahnhofsvorsteher, da mußten wir Strafe bezahlen. Aber das hat uns allen viel Spaß gemacht.
Na, nun kommen wir denn nach Hause hin und auf dem Bahnhof steht mein Mann. Mensch, ich hätte wohl im Boden versinken können. Ich denke: „Mensch, wir schreiben da noch eine Karte und nun steht er da." Ich wußte überhaupt nicht, was ich sagen sollte. Dann nahm er den Koffer und ist mit mir nach Hause gegangen. . . und dann sind wir denn so zusammengeblieben. 1929 haben wir uns dann verlobt und 1931 geheiratet.
Frau E, Jg. 1908, G.

Hannes Pohlmann / Düngstrup 1933.

64
Mit den Jahren ging das da immer weiter in meiner Werkstatt in Blumenthal und ich wollte weg. Mein Chef sagte mir dann: „Bleib man bis Mai, dann kriegst du eine bessere Stelle." Aber da war ein anderer Haken dazwischen: Der hatte zwei Töchter und wollte mich da behalten. Da sollte ich einheiraten.
Zu Weihnachten kriegte ich von der ältesten Tochter, ein hübsches Mädchen war das, da kriegte ich eine Uhr geschenkt, die habe ich gleich zurückgesteckt. Vorher habe ich auch schon mal einen Brieföffner gekriegt. . . aber ich Dussel, ich war so 18 bis 20 Jahre alt, da dachte ich doch gar nicht an Heiraten! Da dachte ich überhaupt nicht dran, auf den Gedanken bin ich überhaupt nicht gekommen! Und deswegen bin ich da solange geblieben.
Wie ich dann wegging, sagte die Oma zu mir: „Ob ich die Berta denn nicht heiraten wollte?" Mensch, ich fiel vom Glauben ab, da bin ich in den Jahren überhaupt nicht drauf gekommen. Da war ich noch viel zu jung.
Herr C, Jg. 1901, G.

65
1924 bin ich dann von Hamburg zurück nach Wildeshausen, habe da angefangen zu arbeiten und dann kam das so mit meiner Frau. Wir waren ja Nachbarn und als Kinder schon zusammengewesen, obwohl wir uns da gar nicht vertragen konnten, aber dann haben wir geheiratet und das Geschäft zusammengemacht, mit meinem Schwiegervater.
Herr C, Jg. 1901, G.

Trauung von Fritz Gerdes und Lilli, geb. Jedebrock am 22.12.1951 in Dötlingen.

66

Am Kinderschützenfest 1930 im Ratskeller, da habe ich meine Frau kennengelernt und dann haben wir uns verabredet, daß wir uns die Woche mal treffen können. Die hatte aber einen anderen Freund auch noch, der war als Vertreter bei Kolhoff & Wappler und den mußte sie erst einmal abwimmeln. Unser Treffpunkt war hinter der Alexanderkirche, da war so ein Kriegerdenkmal von 1917, das war ein Weg, den nannte man „Philosophenweg", da konnte man hinten von Müller Dierßen den Berg hochlaufen und dann am Wall entlang... das war unser Treffpunkt und so sind wir beieinander geblieben.

Herr N, Jg. 1909, E.

67

Ja nun, das Kennenlernen kam dann so mit der Zeit. Wir hatten zweimal im Jahr einen Ball von der Kolping und von Euphonia, da waren ja auch die Töchter alle dabei mit ihren Eltern. Und die Töchter saßen alle bei ihren Eltern mit am Tisch. Wenn du tanzen wolltest, dann mußtest du da hin und schön deine Verbeugung machen, erstmal den Eltern zunicken und die waren dann entweder fröhlich oder nicht fröhlich. Dann wurde getanzt und dann gingen die mit den Eltern auch wieder nach Hause. Von wegen nach Hause bringen, das kam nicht in Frage.

Herr J, Jg. 1908, E.

68

Auf einem Ball habe ich meine Frau kennengelernt, wie das so kommt. Das war 1926, nein, eher schon, 1925 war das. Aber früher war das ja nicht so wie heute mit dem Zusammensein vor der Hochzeit und so weiter. Also an Zusammenwohnen war ja gar nicht zu denken, wenn das jemand gemacht hätte, der wäre ja gesteinigt worden, so etwas war ja unmöglich. Wir haben dann geheiratet 1931, und bis dahin war ich in Wildeshausen und meine Frau eben in Neerstedt. Vorher noch, 1929, hatten wir uns verlobt.

Und wenn ich ehrlich sein will, ich hatte auch Bedenken mit der Hochzeit. Vielleicht hat sich das deswegen so lange 'rausgeschoben, weil ich mir sagte: „Das

geht ja gar nicht!" Meine Frau auf dem Hof, ich heirate die und verstand nichts von der Bauerei! Und dann habe ich auch zu meiner Frau gesagt: „Das hat doch keinen Sinn!"
Aber wo die Liebe eben hinfällt... ich hatte eigentlich immer gerne Lust zur Landwirtschaft, im Garten arbeiten usw. – na, und wie ich dann hierherkam, also ich war ja schon vertraut mit den Lebensgewohnheiten, wenn ich nun aus einer Großstadt gekommen wäre, wäre es schlimmer gewesen. Also dann habe ich eben die ersten Jahre, wo mein Schwiegervater noch lebte, mich eingearbeitet und immer mit angepackt. Und dann starb der plötzlich und wir mußten nun vor und den Hof übernehmen.

Herr B, Jg. 1903, G.

69

Meine Frau habe ich vor dem Kriege schon kennengelernt, ein Jahr bevor der Krieg anfing – ich kam aus der Gemeinde Dötlingen und meine Frau war aus Ahlhorn. Wir trafen uns hier bei Tüt in Stegemanns Hotel, da waren Tanzabende und so etwas, und da haben wir uns kennengelernt. Damals war das ja so üblich, wenn man irgendwie Gefallen an einem Mädchen hatte, dann forderte man sie zum Tanzen auf – nicht so wie das heute läuft. Und dann habe ich sie nach Hause gebracht. Und meine Frau war hier am Postamt beschäftigt und da bin ich die nächsten Tage und Wochen immer hin und habe sie da wiedergesehen. Später haben wir sonntags dann auch mal Fahrten gemacht und so kam das dann – den ersten Kuß gab es aber schon damals beim Tanzen als ich sie später nach Hause brachte.

Herr R, Jg. 1914, E.

70

Für Silvester 1942/43 war ich von Heinz Feye eingeladen, der war damals Medizinstudent. Der sagte: „Wir feiern bei uns. Kommt mal auch, aber Mädchen müßt ihr mitbringen." Mensch, und ich hatte kein Mädchen. Dann bin ich zu meiner Kusine und wir sind alle durchgegangen, wen man da mit hinnehmen könnte. Und so sind wir bei meiner jetzigen Frau hängen geblieben. „Mensch, nimm doch die mit!"
Dann habe ich da angerufen, ob sie Lust hätte, ach ja, das wüßte sie noch nicht so, wie das dann so ist. Und dann habe ich nochmal angerufen und da sagte sie: „Ja, ich komme wohl mit."
Und da sind wir dann so zusammengeblieben, so hat sich das entwickelt.
Ich mußte dann ja wieder in den Krieg und wir sind durch Briefe schreiben in Kontakt geblieben. 1947 haben wir geheiratet, mit unseren Eltern zusammen, die hatten Silberhochzeit.

Herr K, Jg. 1923, E.

71

Die Heirat war 1935 und die haben wir bei uns am Krandel gefeiert. Einen Tag vorher war Standesamt gewesen und der Stadtsekretär machte damals auch die Trauung. Eigentlich wollte mein Schwager kommen, aber der kam gar nicht.

Trauung von Hans Huntemann und Irmgard, geb. Paetzke am 30. August 1941 in Vechta.

Nun gab es damals den Paul Plücick, der war gerade draußen, vor dem Rathaus und ich sagte: „Paul, komm' Du man her, stell Dich man eben da nebenan her!" Und so wurde der dann unser Trauzeuge!

Herr N, Jg. 1909, E.

72

Aber da ist was dran, das man auf Hochzeiten oder anderen Festen seine Frau kennenlernt. Das waren dann so Gelegenheiten, mal persönliche Kontakte zu knüpfen, das war früher gar nicht so einfach.

Herr B, Jg. 1903, G.

73

Mit der Eheschließung, das war nun wirklich nicht so wie heute. Wir wurden von den Eltern ins kalte Wasser gestoßen. Wir wußten ja bald nicht, was Männchen oder Weibchen war. So war das früher. Das wurde alles geheim gehalten.
Heutzutage, die sind ja kaum aus der Schule und dann leben sie schon zusammen. Das gab es früher ja nicht.

Frau F, Jg. 1909, E.

74

An Aussteuer hat meine Frau früher ein paar Bettlaken und Handtücher mitgebracht, so Sachen für den Haushalt, alles was damals üblich war.

Herr N, Jg. 1909, E.

75

Die Aussteuer, die wurde früher oft bei Erdmann gekauft, auch von den Nachbarn, die gingen dann da hin mit dem Handwagen und kauften die Sachen so zusammen.

Herr N, Jg. 1909, E.

76

Zwei Töchter von dem Schuster waren nicht verheiratet und die Eine hatte ein uneheliches Kind von Reitmeier-Ahlers. Und dann ging es los, die Vaterschaft anzuerkennen und in Wildeshausen gab es wohl eine Masse unehelicher Kinder. Reitmeier-Ahlers hatte auch Pech. „Ahlers, nun seien sie doch mal vernünftig

Brautzug nach der Trauung von Hans und Irmgard Huntemann.

und erkennen sie doch die Vaterschaft an." – „Nein Herr Richter, ich kann es nicht gewesen sein. Ich habe nur am Rand gespielt."
Herr N, Jg. 1909, E.

77
Wir fuhren Sonntags auch mal los und gingen so auf Frauenschau. Mit dem Fahrrad fuhren wir dann los und wenn du dann mal mit nach Hause durftest, von den Eltern eingeladen, dann warst du schon etwas weiter.
Herr J, Jg. 1908, E.

78
Meine Frau habe ich bei Muhlen kennengelernt. Bei Muhlen, das war so, ja, früher sagte man „katholischer Bahnhof", da war die Gemeinde vielfach vertreten, jung und alt und so weiter. Sie sang nachher mit im Kirchenchor und ich ja auch. Und so entwickelte sich das.
Herr J, Jg. 1908, E.

79
Wenn man damals nicht verheiratet war in den 40er Jahren, und ja auch noch hinterher in den 50ern und später, dann kriegte man keine Wohnung. Man mußte also so lange mit bei den Eltern wohnen.
Frau H, Jg. 1927, E.

80
Wir waren mit drei Freundinnen von mir nicht verheiratet und dann waren wir mal bei Huntemanns, das war der Direktor von der Landwirtschaftsschule, Jan Huntemann, und dann kam der Schwiegersohn und der nannte uns immer nur „die späten Mädchen".

Frau P, Jg. 1896, E.

Familie und Haushalt – Arbeit und Beruf

In den Erinnerungen der befragten Senioren bildete die Familie für die meisten Menschen den gesellschaftlichen Ordnungs- und Bezugsrahmen alltäglichen Lebens und prägte deren persönliches Wertesystem. Familiäres Zusammenleben war immer schon selbstverständlich und äußerte sich nicht nur im Miteinander mehrerer Generationen unter einem Dach sowie der engen Beziehung zu Geschwistern und übriger Verwandschaft – vor allem war das Familienleben auf die gemeinsame Organisation und Bewältigung des Arbeitsalltags ausgerichtet.

Die Übereinstimmung von Arbeitstätte und Wohnort für Landwirte, Handwerker und Gewerbetreibende vereinigte in vielerlei Hinsicht die Arbeit und das familiäre Zusammensein und schaffte eine gewisse Identität des Arbeitsszenarios mit den Gepflogenheiten häuslichen Lebens.

Alle Familienmitglieder, einschließlich der Kinder, waren in die Arbeitsprozesse der Haushalts- und Wirtschaftsgemeinschaft „Familie", vor allem nach geschlechtsspezifischer Rollenverteilung, integriert: Der Frau waren die haushaltsfürsorglichen Aufgaben, Kindererziehung und Arbeiten in der Landwirtschaft zugeteilt, während der Mann in seinem Beruf der erwerbstätigen Familienversorgung und der kleinen Landwirtschaft nachging, die von den sogenannten Ackerbürgerfamilien neben der Berufsarbeit des Mannes betrieben wurde. Familienalltag und Tagesablauf wurden weitgehend von den Erfordernissen dieser Arbeiten bestimmt. Im Erinnerungszeitraum war die Landwirtschaft vor dem Handwerk und Gewerbe der größte Wildeshauser Wirtschaftsbereich.

Vor allem die Frauen haben in ihren Erzählungen Aspekte familiären Zusammenlebens sowie wichtige Verrichtungen des Familienalltags in den Mittelpunkt der Darstellungen gerückt. Von den Männern wurden, neben den zahlreichen Kriegserlebnissen und –erfahrungen, mehr die Berufsarbeit und die damit verbundene Rolle als Ernährer der Familie in den Vordergrund der Erzählungen gestellt.

In der notleidenden Zeit des Zweiten Weltkrieges und den Nachkriegsjahren sicherte die Hausarbeit der Frauen, ihre Organisation des Alltags sowie die Übernahme zahlreicher anderer Tätigkeiten das Überleben der Familie. Die veränderte Arbeitsverteilung durch die kriegsbedingte Abwesenheit der Männer änderte wohl auch die bisherigen Vorstellungen der Geschlechterrollen im Familienleben.

Der Lebensstandard einer Familie war durch die bescheidenen Verhältnisse von Komfort und Ausstattung vorgegeben: Enger Wohnraum, erst allmähliche Verbreitung der Elektrizität, keine elektrischen Haushaltsgeräte sowie einfache sanitäre Versorgung bestimmten die damaligen Wohnverhältnisse und kennzeichneten das alltägliche Familienleben. Entsprechend eingeengt und begrenzt war die Privatsphäre des Einzelnen, dessen Leben eng im gemeinschaftlichen Beziehungsgeflecht der Familie verwoben war.

Familie Jedebrock / Bargloy um 1900.

81
Familie hieß früher auch immer: Mehrere Generationen unter einem Dach. Altersheime gab es ja nicht.
Frau I, Jg. 1914, G.

82
Die Arbeit hatte immer viel Einfluß auf das Familienleben – man mußte als Kind immer mit raus.
Herr G, Jg. 1921, E.

83
Das Familienleben war ja allein deshalb schon ganz anders, es gab kein Fernsehen, Radio, wir hatten noch nicht 'mal elektrisch Licht, Telefon... dementsprechend saß Mutter bei der Petroleumlampe und hat die Rechnungen für den Vater geschrieben. Naja, und selbstverständlich ging es um sieben Uhr ins Bett und am nächsten Morgen um sieben wieder raus!
Frau E, Jg. 1908, G.

84
Tagsüber haben wir immer draußen gespielt und abends saßen wir dann mit der ganzen Familie zusammen in der Stube, bei Petroleumlicht damals noch. Ich glaube 1904 oder 08 oder 06, ich weiß nicht mehr so genau, haben wir elektrisch Licht gekriegt.
Frau P, Jg. 1896, E.

Familie Abrahams 1898.

Familie Martens / Amelhausen um 1916.

85

In dieser Dämmerstunde waren wir schon immer im Haus, es wurde ja dunkel und dann saßen wir bei meinem Vater in der Stube – der hielt die Mappe mit verschiedenen Illustrierten drin über Land und Meer und Daheim und Gartenlaube usw. Das war für uns die Abendunterhaltung. Spiele haben wir auch oft gemacht, so Brettspiele als Kinder und Quartett und so was – das war alles so harmlos und schön. Heute ist das doch alles bloß noch Tempo, Tempo, Tempo!

Frau P, Jg. 1896, E.

86

Unser Vater hat viel gesungen mit uns. Selbstverständlich wurden auch Spiele gemacht, „Mensch ärgere Dich nicht" gab es schon zu meiner Zeit. Im Oktober haben wir abends den Rosenkranz gebetet, das gehörte dazu. Nach dem Essen ist dann noch die Herdklappe aufgemacht worden, damit wir den Lichtschein hatten, das war ja alles Kohleherd damals.

Frau H, Jg. 1927, G.

87

Früher sind wir oft nach Aumühle mit der ganzen Familie – auch wenn die Tanten alle zu Besuch waren – und haben dort Tannäpfel gesucht. Das war zum Feuer anmachen und da in Aumühle gab es immer die Größten. Zur Belohnung gab es Saft und Kuchen, Butterkuchen und so weiter, das war ein herrliches Picknick im Walde mit der ganzen Familie! Wir sind immer kurz vor der Mühle

Wanderhaushaltungsschule Dötlingen 1928.

rechts ab, da waren so ganz hohe Bäume und die sind nachher abgebrannt, ein Feuer ist da ausgebrochen und das nannte man dann „Schwarzwald", es war ja alles verkohlt.
Frau P, Jg. 1896, E.

88
Mutter hat wohl mal einen Klaps gegeben, aber Vater hat mich nie geschlagen, das hat es also nicht einmal gegeben. Der hat wohl mal ins Ohläppchen gekniffen, aber geschlagen hat der mich nie!
Frau P, Jg 1896, E.

89
Natürlich hatten die Eltern auch Streit, aber so persönliches haben wir Kinder oft gar nicht mitbekommen, meistens ging es jedenfalls um Geld, es war ja nie welches da.
Naja, und in Geldangelegenheiten hatte Mutter auf jeden Fall die Hosen an!
Frau H, Jg. 1927, G.

90
Wir mußten früher auch immer in die Kirche, jeden Sonntag um 10 Uhr. Wir konnten reden soviel wir wollten, das nützte nichts, wir mußten immer mit unseren Eltern dahin. Das konnte ein Wetter sein, egal welches, danach fragte keiner, wir mußten um 10 zu Fuß in die Kirche laufen.
Frau H, Jg. 1927, E.

91

Die Winter früher waren immer kalt im Haus, es wurde ja nichts geheizt, nur in der Küche stand der Herd, sonst war es überall kalt im Haus und wir zogen auch schon mal die Jacke an und 'ne Mütze auf.

Frau H, Jg. 1927, G.

92

Wir hatten einen Kachelofen zu Hause, also vom Flur wurde der große Ofen geheizt und dann waren oben so Schächte und da kam die warme Luft 'raus. Der wurde aber mit Anthrazit geheizt und im Krieg gab es das ja nicht mehr.

Frau A, Jg. 1923, G.

Ausflug vom Turnverein mit Willy Schulte in den Hasbruch 1912.

93

Also vom Lehrer wurden die bißchen besser gestellten Familien und Kinder in der Schule schon vorgezogen – die wurden dann mal eingeladen am Sonntag, die ganze Familie zu der Lehrerfamilie.

Frau P, Jg. 1896, E.

94

Wenn es Weihnachten dann so weit war, dann klingelte er und wir stürmten hinein. Meine jüngste Schwester kriegte dann die Puppen von den älteren Schwestern, wir waren ja vier zu Hause und zwischen zweien waren immer fünf Jahre – ich war die dritte. Naja, und so mußten wir die Sachen also immer erben. Zu essen gab es eine Weihnachtsgans oder Puter oder Hasen – wir hatten Beziehungen zu den Jägern und immer viel Wild gehabt.

Frau P, Jg. 1896, E.

95

An Weihnachten gab es immer das, was man für das Jahr brauchen konnte: Stoff für ein neues Kleid, ein Paar Schuhe, die man wieder haben mußte, wenn die Füße größer wurden. Ein Weihnachten, das war 1922, habe ich noch sehr in Erinnerung behalten.

Ich war ein Nachkömmling in der Familie und die anderen waren schon aus dem Haus. Deswegen war ich viel mit meinem Vater zusammen, wenn der Mal so losfuhr, mit Pferd und Wagen übers Land, dann fuhr ich schon mal mit. Dann sagte er zu mir: „Jetzt haben wir ja bald Weihnachten und ich glaube, du kriegst

Geburtstagsfeier von Tilla Stührmann in der Sägekuhle um 1920.

ganz 'was Schönes von mir zu Weihnachten." „Ist das wahr? Wirklich?" habe ich gleich gefragt.
Weihnachtenabend war dann die Bescherung und ich habe gedacht: „Ja, der sagte mir, ich kriege ganz 'was schönes zu Weihnachten und jetzt ist das so, wie es sonst auch ist." Das, was man eben brauchen konnte, bekam ich. Da war ich erst ganz enttäuscht.
Und dann sagte er: „So, nun komm' man her. Jetzt bekommst du dein Weihnachtsgeschenk von mir." Dann gingen wir durch die Stube in die Küche, durch die Küche in die Waschküche. . . und dann hatte er ein Fahrrad! Da bekam ich ein ganz neues Fahrrad! Da war ich ganz stolz 'drauf, auch, weil das in der Schule dann losging: „Mensch, du hast ein ganz neues Fahrrad.
Frau F, Jg. 1909, E.

96
Mein Vater, der war auch sehr für Weihnachten. Heiligabend, wir hatten Pferd und Wagen, und dann fuhr der vor der Bescherung immer los über den Wall, die Geschenke zu holen und sagte: „In Altona kommt ein Wagen an." Und dann kam er wieder und der Tannenbaum brannte, er hatte auch alles gebracht und noch seinen dicken Wintermantel an, eine Mütze auf und einen dicken Schal um und machte das also so, wir waren ja schon 14 Jahre alt, aber er machte das so, als glaubten wir noch an den Weihnachtsmann. Und dann fragte er immer: „Habe ich denn auch alles gebracht?" Das, was man sich besonders gewünscht hatte,

Spieleabend bei Familie Wortmann um 1930.

das fehlte natürlich. „Das muß ja sofort auch noch her," sagte er dann und ging wieder 'raus und kam damit an. Und das hat er noch gemacht, da war er schon 92 Jahre alt, aber hat das zu Weihnachten noch immer mit seinen Enkelkindern gemacht.

Frau E, Jg. 1908, G.

97

Weihnachten. Heiligabend feierten wir mit unseren Angestellten, also unser Hausmädchen und der Horstmann, unser Chauffeur, die blieben alle bei uns. Und dann feierten wir in der kleinsten Stube, weil da das Klavier stand, das war da eine Enge, aber wir fanden das immer herrlich. Zwei Tannenbäume gab es, einen für die Eltern und wir Kinder bekamen einen extra, vollgepackt mit Süßigkeiten. Meine Mutter spielte dann Klavier und später spielte ich auch Klavier. Wenn ich dann spielte, eigentlich spielte ich nämlich nur Weihnachten, sagte mein Vater: „Ist schon wieder Weihnachten? Ist das Jahr schon wieder 'rum?"
In der Stube war auch noch ein Chaiselongue, ach das war herrlich.
Am ersten Feiertag fuhren wir dann in die Heilstätte zu meinem Großvater und da kam meine Tante mit den Kindern und Onkel aus Bremen noch dazu, das war so ein richtiges Familientreffen da an der Heilstätte. Der Tannenbaum war da in so einem großen Flur aufgestellt und dann wurden wir noch einmal beschert – nachmittags war dann das Essen, die Weihnachtsgans. Ich sehe noch meinen

Heuernte mit polnischen Fremdarbeitern 1942.

Großvater, wie er die Gans immer 'reingetragen hat und die dann in der Mitte aufgeschnitten hat.
So verbrachten wir dann noch den ganzen Nachmittag dort.
Frau A, Jg. 1923, G.

98
Wenn die Männer dann losgingen zum Schlachten, waren die Bürger alle froh und machten die Luke auf, oben im Haus. Da hing das Schwein dann und die Nachbarn mußten hin und sehen, was das für ein schönes Schwein war, das die Familie da geschlachtet hat. Und dann hing da so ein dickes Ding. . . da wurde ein kleiner Schnaps bei getrunken und eine Zigarre gereicht, das war immer so ein kleines Fest, diese Hausschlachtungen. „Komm mal her hier, mein Schwein, das langt von oben bis nach unten, so groß ist das!" So ging das dann auf dem Fest.
Frau F, Jg. 1909, E.

99
Und dann hatte ja jeder Haushalt auch ein paar Schweine zu mästen. Die wurden geschlachtet, wenn es zum Herbst zuging und zum Winter, dann wurden die geschlachtet. Der Speck wurde geräuchert, Mettwurst wurde gemacht, der Schinken wurde geräuchert, Leberwurst, das war so die Nahrung damals und die Schlachtfeste waren immer eine große Sache. Da wurde schon gleich Frisches gemacht, mittags und abends gab es frische Hackwurst, das war nicht verkehrt seinerzeit. Da kam so ein Hausschlachter, Niester, die Niesters wohnen ja noch an der Vogelstange. Die wurden bestellt, dann kamen sie morgens, da wurde das

Schwein abgestochen, Blut abgenommen, wurde aufgeschnitten, zerlegt und gegen Abend kam der noch wieder und dann wurde alles durch die Maschine gedreht, da wurde gewurstet.
Ich war mal geschäftlich in Harpstedt, da kam ich zum Maurermeister Bädeker, und die wollten auch gerade ein Schwein schlachten. Das machten die auf dem Hof und der Hof war nicht eingezäunt. Die hatten so ein halbstarkes, so ein Schwein von einem Zentner vielleicht, das hatte noch mehr Leben. . . dann hatten die das gerade auf der Schlachterbank, hatten gerade angestochen, da riß sich das Schwein los und – SCHWUPP – weg ging es, die Straße hoch! Und die Leute guckten. Der Schlachter hinterher und dann der Sohn, der hatte nicht richtig festgehalten, da lag das dran, der kriegte richtig Schimpfe: „Du Dussel, kannst nicht mal ein Schwein festhalten!" Der Junge stand ganz bedröppelt dabei und mittlerweile hatten sie das Schwein auch wieder eingekriegt. Das war ja ganz müde und abgeblutet. Also das war ein Schauspiel!
Oder bei Konditor Muhle, so ein schweres Schwein von fünf Zentner, hatten sie im Stall geschlachtet und auf einmal bricht die Decke ein. Da saßen sie mit dem Schwein in der Jauchegrube. Sowas gab es auch alle.
Wir zu Hause haben auch Schwarzbrot selbst gemacht. Wir hatten in der Lehmkuhle einen Acker und hatten soviel Roggen, daß die Familie ernährt werden konnte. Aus dem Roggen wurde Schwarzbrot gebacken, das wurde zu Hause fertiggemacht, zum Bäcker gebracht und im Backofen beim Bäcker gebacken. Da haben wir dann das fertige Brot abgeholt, das war lecker. So ähnlich ging es auch mit Graubrot, aber es wurde auch viel Schwarzbrot gegessen. Kuchen hatten wir hauptsächlich Butterkuchen, aber Kuchen war schon eine Seltenheit. Und dann gingen die Jungs los, die hatten die großen Kuchenplatten auf dem Kopf, von den Bäckern aus, und brachten die wieder zu den Leuten hin, wenn die gebacken waren. Das waren viele Jungs, die das gerne machten, du kriegtest ja überall ein Trinkgeld. Immer so Sonnabend vor Pfingsten und vor Weihnachten, dann waren die Jungs unterwegs.
Herr J, Jg. 1908, E.

100
Ich weiß noch, hier gab es auch keine Bananen zu kaufen, erst nachher war ein Gemüsegeschäft in der Sonnenstraße. Wenn meine Mutter auch schon mal mit uns nach Bremen fuhr zum Einkaufen, zum Vergnügen, dann zog sie zuerst mit uns zum Wochenmarkt und kaufte sich Bananen. Und dann aß sie mit Genuß eine Banane, das sehe ich noch wie heute, und die anderen kamen mit nach Hause. Damals konnte man die hier ja noch nicht kriegen.
Frau A, Jg. 1923, G.

101
Bei uns war das so, abends gab es immer das Aufgewärmte vom Mittag, noch eine Scheibe Brot hinterher und Bratkartoffeln. Milchsuppe gab es auch, Hackgrütze und Blutwurst aß man viel. Eintöpfe sowieso.
Frau D, Jg. 1910, G.

Leichenzug von 1925 in der Visbeker Straße. Fotoarchiv Panschar.

102
Unsere Mutter hat noch viel Buchweizenpfannkuchen gebacken. Freitags gab es meistens Buchweizenpfannkuchen oder überhaupt Pfannkuchen.
Frau H, Jg. 1927, G.

103
Bier hatte man gar nicht zu Hause. Wer konnte sich das denn erlauben? Dafür waren ja die Wirtschaften.
Frau D, Jg. 1910, G.

104
Unser Abwasser haben wir früher immer auf der Straße weggefegt und von der Düsternstraße haben wir das immer 'runtergefegt, da wo heute die Volksbank ist. Mit denen, die weiter unten wohnten, gab es natürlich oft Streit deswegen, das war dann der „Puttenkrieg", so hieß ja die Abwasserinne an der Straßenseite, die Putte.
Unten wollten die den Dreck schließlich auch nicht haben und haben ihn dann wieder hochgefegt und wir natürlich gleich wieder 'runter – so ging es dann oft hin und her. Frau Boning hat hochgefegt und ich dann gleich wieder 'runter und dann haben wir beide fürchterlich geschimpft. Das war der Puttenkrieg!
Frau E, Jg. 1908, G.

Feldarbeit mit dem „Selbstbinder“ um 1937.

105

Die Frauen früher haben ja oft auch einen Beruf gehabt, vorher als Mädchen die Schule abgeschlossen und dann einen Beruf gelernt, aber wenn das erste Kind kam, war es selbstverständlich, daß wir zu Hause blieben.

Frau E, Jg. 1908, G.

106

Die Wäsche, die gewaschen wurde, also gewaschen haben wir die meist zu Haus', die wurde dann auf eine Schubkarre geworfen und dann karrten wir damit zur Hunte und da wurde gespült. Das war früher so üblich, da hatten wir immer so lange Forken und warfen die Wäsche hinein in die Hunte und forkten sie wieder 'raus. Das sollten sie heute mal machen mit dem dreckigen Wasser!
Also die meisten fuhren mit ihrer Wäsche zur Landskrone und spülten von da aus oder von der Wittekindstraße. Da verlief die Hunte direkt an der Straße, früher, da bei Kolloge – da waren sowieso manche mal 'reingefallen, wenn sie denn besoffen nach Hause kamen, die fanden sich dann plötzlich im Wasser wieder.

Frau P, Jg. 1896, E.

107

Zum Waschen mußte unsere Mutter das ganze Wasser erstmal von der Pumpe da unten an der Düsternstraße, wo heute die Volksbank ist, herholen. Und dann wurde die Wäsche im Waschkessel in der Waschküche gekocht, so richtig mit Feuer unter, verbrannt wurde da alles, was es so gab und zwischendurch haben

Heuernte 1945.

wir auch die Asche dann immer weggefegt. Das kocht aber schneller mit Holz und mit Kohlen, aber das gab es ja nicht immer, also nahmen wir auch Pappe und all' so ein Zeug. Naja, dann wurde die Wäsche gut durchgerührt und gestampft. Die gewaschene Wäsche kam dann wieder in einen Eimer und wurde zur Pumpe 'runtergetragen und dort gespült, na, und dann wieder nach Hause zurückgetragen, die ganze schwere, nasse Wäsche.

Frau H, Jg. 1927, E.

108

Ich habe nach 1948 noch die ganze Wäsche auf so einem kleinen Herd gekocht mit Kohlenfeuer, hatte dazu eine große, ovale Gußeisenwanne. So habe ich noch gewaschen. Wenn Waschtag war, brauchte ich drei Kessel, so wie man die Weckkessel hatte. Einen Kessel Leibwäsche, einen Kessel Bettwäsche und zum Schluß die Handtücher. So mußte ich immer dreimal feuern. Und dann ging es mit einem langen Stock in die Wanne 'rein und dann nochmal Wasser aufsetzten, denn dann wurde nochmal gebrüht und gespült. Ein Tag war dann immer Waschtag und da habe ich immer den Dienstag genommen. Montag hatte ich immer mehr aufzuräumen von Sonntag und dann wollte ich nicht gleich mit Waschen anfangen, also habe ich den Dienstag zum Waschtag genommen. Über Nacht mußte die Wäsche erstmal abwässern, einfach stehenlassen im Wasser, damit sie schön frisch wird. Heutzutage mit der Maschine kommt die Seife ja beim Schleudern schnell raus, aber früher beim Wringen ging das nicht so gut und dann habe ich sie gerne im Wasser gelassen. Hängen hatte ich sie am nächsten Tag, da ging

Melken 1940.

es über eine Leiter auf den Spitzboden. Und das war ja auch noch schwer, eine Plackerei!
Die erste Waschmaschine habe ich dann von Hüls gekauft, da hatten die das Geschäft von Alberding übernommen und im gleichen Jahr haben wir auch die Zentralheizung gelegt, das war nach dem großen Sturm 1972, so spät.
Frau I, Jg. 1914, G.

109
Wir hatten so eine richtige Waschküche mit Fliesen, da war die Wanne so eingebaut, richtig wie eine Badewanne. Der Bottich war da auch eingefließt und einen großen Kessel hatten wir auch, eine richtige Feuerstelle. Und dann hatten wir eine Waschfrau.
Frau A, Jg. 1923, G.

110
Die Arbeit und das Leben früher waren viel zeitraubender. Das war ja nicht so motorisiert. Wir machten alles zu Fuß, zu Hause alles per Hand, was heute die Maschinen machen – das dauerte ja alles, das war alles nicht so schnell.
Wie ich von der Schule kam, da kam das Essen in irgendeine Schüssel 'rein, Zeitungspapier drumherum, dann kam das in die Röhre, aber in dieser Röhre wurde gleichzeitig das Holz getrocknet, was anderntags gleich wieder in den Ofen kam, damit man kochen konnte. Das Essen war dadurch meist mit Staub versehen und schmeckte nach Zeitungspapier. Das kam nicht oft vor, aber so war das eben früher. Ein einfacher Herd, in dem immer noch das Holz zum Kochen

mitgetrocknet wurde. Gekocht wurde richtig auf offenem Feuer, da wurden nicht einmal die Ringe zugemacht, daß hätte viel zu viel Feuerung verbraucht. Geputzt wurde der Herd mit einer Speckschwarte, der wurde damit eingerieben, dann waren die Flecken weg und der Herd war sauber.
Dann kam der große Abwasch in so einem Gossenstein, da war eine Pumpe mit einem Schwengel und das warme Wasser wurde im Kessel
gemacht und so holte man das Wasser und machte das warm.
Die Pumpe war in unserer Küche, aber das Wasser war nicht brauchbar zum Kochen und da gingen wir das Wasser immer holen vom Kantorsberg. Da mußte ich immer durch die Kokenstraße und dann hin zur Alexanderkirche. Wir schmierten auch manchmal unsere Mutter an, das war ja ein weiter Weg, und hatten einfach das Wasser aus unserer Pumpe in den Eimer. . . das dauerte aber nicht lange und dann setzte sich oben immer so ein Film ab und dann sah sie das immer.
So war das bei uns in der Küche. Ausgestattet war die einfach mit einem dunklen Küchenschrank, Tisch und Stühle – das war es auch schon. Ich meine, dieses Arbeiten in der Küche, das war eben alles mühsam.
Einen gestrichenen Fußboden hatten wir. Der wurde dann gewischt und alle zwei Jahre gestrichen, damit der wieder ordentlich aussah.
Auch mit dem Herd: Holz, Kohle, Briketts, alles was man da verbrannte, das war eben alles mit Dreck verbunden.
Und mit dem Waschen: Das Wasser wurde gesammelt, also bei uns in den Regentonnen, weil mit dem Wasser aus unserer Pumpe die Wäsche nicht weiß wurde. Gewaschen wurde also, wenn die Regentonne voll war. Wenn es regnete: schnell die Tonne auf. Wir hatten so eine Mordstonne und ein paar kleine und dann wurden noch überall so ein paar Wannen aufgestellt.Mein Vater trug meiner Mutter dann das Wasser in die Waschküche und dann wurde da flottweg zwei Tage gewaschen. Ich mußte dann holen: Ein Paket Persil und ein Paket Henkel zum Einweichen. Henkel zum Einweichen, Persil zum Kochen und hinterher wurde die Wäsche noch einmal mitgekocht. Damit die auch ganz schön weiß an der Leine hing. Und wehe, wer keine weiße Wäsche an der Leine hatte. . . das war schon 'was. Da wurde echt 'drauf geachtet, da war meine Mutter auch ganz eigen mit. Man mußte ja auch 'was zu reden haben.
Also Waschtage waren schreckliche Tage. Da stand so ein Haus Kopf, die Mutter war nicht zu genießen und man wäre am liebsten auf und davon.
Und dann war ja nicht immer gutes Wetter, wenn man gewaschen hat. Dann ging das los: oh, jetzt fängt es an zu regnen, alles wieder 'runter – das konnte manchmal Tage dauern, bis die Wäsche trocken wurde. Das waren wirklich selige Tage, wenn abends die Wäsche trocken wurde. Die Wäsche wurde immer draußen getrocknet, auch wenn es fror, dann fror das eben trocken.
Frau L, Jg. 1923, E.

111

Die Spitznamen in Wildeshausen waren ja damals zahlreich: Mein Vater, der hatte den Beinamen „Buchholz", weil der Tischler war und meinen Onkel, den

nannten sie „Fischmeister", weil der einmal einen Fisch an der Angel hatte, der wieder ins Wasser gefallen ist und als mein Onkel den noch schnell packen wollte, ist er selbst ins Wasser gefallen.
Einen Jan Frerichs, den nannten sie „Montag", weil der wohl so faul war und so langsam gearbeitet hat, wie man nur montags arbeitet.
Wehe aber, wenn wir als Kinder jemanden mit diesen Spitznamen ansprachen, da gab es gleich ein Donnerwetter, denn das durften nur unsere Eltern.
Frau E, Jg. 1908, G.

112
Die Spitznamen waren ja keine Schimpfnamen, alle nicht, da hat sich auch keiner beleidigt gefühlt, wenn wir diese Namen führten. Auch nicht die „Weltkugel", das war ein kleiner, der wohnte in dem Eckhaus Kleine Wallstraße und Kleine Straße, das war eben so ein kleiner, kugelrunder Mensch und so hieß der die „Weltkugel". Genauso wie „Leib-Kamann", der war auch ganz kräftig.
Jan Ottens, der kam ganz einfach an seinen Namen 'ran, eigentlich hieß der Johann Kolloge. Zweimal im Jahr war ja in Wildeshausen Jahrmarkt, Maimarkt und Herbstmarkt und da kam auch immer eine Schaukel und der Besitzer hieß Ottens. Jan mochte nun gerne schaukeln und war ein Hauptkunde, so hieß er dann nachher Jan Ottens. Da hat ihn dann auch keiner mehr anders genannt.
Herr B, Jg. 1903, E.

113
Genauso wie Hein Müller von Bargloy: heute heißen die ja Müller-Bargloy, aber früher war das nur Hein Müller von Bargloy. Und weil es eben so viele Müllers gegeben hat, ist davon denn Müller-Bargloy geworden.
Und Doppelbauer Müller hieß der, weil sein Großvater 1854 in Bargloy einen zweiten Hof dazu gekauft hatte, gegenüberliegend, der war ausgestorben. So hatten die zwei Höfe und der hieß: „F. F. H. Müller, Doppelbauer".
Herr B, Jg. 1903, E.

114
Nun hatten wir eine ganze Menge Meyers. Da war „Hiet-Meyer", da war der „Möhl-Meyer", da war der „Wittkopp-Meyer", der „Uhrmacher-Meyer" und so weiter und so weiter. Genauso mit den Beckers: Der „Ochsen-Becker", der „rote Becker", der „Blaufärber-Becker", der „Mittel-Becker". Straßennamen brauchte man gar nicht, denn jeder hatte so seinen Beinamen weg, irgendeine Eigenschaft, irgendetwas besonderes, was so passierte mit denen oder der Beruf, danach wurden die dann genannt. So wußte man, wer gemeint war. Und das mußte man ja auch, denn wenn man nur von Becker sprach, wußte ja niemand, wer gemeint war.
Herr B, Jg. 1903, E.

115
So hatten wir halt alle unsere Namen, nehmen wir mal die Meyers: Da war der „Hiet-Meyer", der hatte zwei Pferde, „Hü Hü Hü" – da hatte er den Namen

Zigarrenmacher Dietrich Köhler 1921. Fotoarchiv Panschar.

„Hiet" weg. Dann kam der „Wittkopp-Meyer", der wohnte oben bei der Windmühle und hatte dadurch immer so weiße Haare. „Möhl-Meyer", der wohnte auch bei der Mühle, der malte halt das Mehl. „Maler-Meyer", also Meyers gab es so viel, „Schnieder-Meyer" war der „Schneider-Meyer" vom Brauereiweg. Dann „Put-Mallü", warum und weshalb der so hieß, weiß ich auch nicht, der konnte wohl gerne mal einen lassen. „Scheiß-Niester", der soll mal seinem Feldwebel oder Unteroffizier oder was beim Militär in Oldenburg in die Stiefel geschissen haben, weil er den nicht leiden konnte. „Sterb-Niester", der Totengräber und „Knallen-Fritz", der hatte Pferde, ein ganz junger Kerl und wenn der durch die Stadt fuhr, war der immer nur mit der Peitsche am knallen, der ist nachher gefallen im Ersten Weltkrieg. Aber solche Beinamen hatten wir alle. „Ürka-Becker", der war erst Uhrmacher und ist dann umgestiegen als Gastwirt an der Rampe.

Herr B, Jg. 1903, G.

116

Der „Ochsen-Becker", der hatte einen Ochsen und fuhr immer mit dem Ochsen am Gespann, der „rote Becker" hatte so rote Haare und dann kam der „Mittel-Becker", der wohnte in Zwischenbrücken in der Mitte. Die Beckers wohnten eigentlich alle in Zwischenbrücken, der „rote Becker" wohnte direkt an der Stadtgrabenbrücke, dann kam der „Mittel-Becker", der wohnte in der Mitte und dann kam der „Ochsen-Becker". Der „Kaiser-Becker" wohnte auf der anderen

Seite von der Hunte, der hieß wohl Kaiser, weil da eine Frau mit diesem Namen 'reingeheiratet hat, das weiß ich nicht mehr so genau.
Herr B, Jg. 1903, G.

117
An der Ahlhorner Straße hatte Jan Siemer gebaut und hatte sich auch einen Hühnerstall gemacht, aber er hatte noch keine Hühner. Ein anderer an der Ahlhorner Straße, der hatte drei Hühnerställe und Jan machte sich dann auf die Socken und holte sich 14 Hühner. Da läuft der übern Acker und die Polizei kommt und hat ihn geschnappt- seitdem hatte er den Namen Jan „Hahn".
Herr N, Jg. 1909, E.

Bahnwärter Heinrich Gerdes am Bahnübergang Ahlhorner Straße um 1924. Fotoarchiv Panschar.

118
Jeder Bürger hatte früher seinen Beinamen. In Zwischenbrücken, der „blaue Dirk" war Lohgerber, der alte Fritz Reinekehr „Oh Mann", wenn der irgendetwas sah, dann sagte der „Oh Mann", und wenn das interessant war, dann „Oh Mann" und „Oha". Nebenan lebte Theo „Wupp", die leben heute ja noch, der mochte gerne Frauen leiden und hatte auch einige uneheliche Kinder.
Herr N, Jg. 1909, E.

119
Ganz früher sind die Leichenzüge durch die Stadt gegangen. Im Alexanderstift war ja die Aufbewahrungshalle und der Zug ging dann durch die Heemstraße, Visbeker Straße zum Friedhof. Alles ging hinterher und der Pastor voraus. Ich sehe Pastor Bulling noch, wenn er vorwegmarschiert. Als die Leichenhalle noch nicht war, wurden die zu Hause so lange aufgebahrt. Und erst wurden sie getragen und dann hatten wir den Leichenwagen.
Herr B, Jg. 1903, G.

120
Mein Großvater mütterlicherseits kam 1901/02 nach Wildeshausen und übernahm die Bahnhofsgaststätte. Die Bahnverbindung war ja gerade geschaffen worden und die Gaststätte 1., 2. und 3. Klasse war auch gerade eingebaut. Die hatten ihre Räume alle für sich – die Arbeiter durften nicht in die Begüterten

Firma Heinrich Schröder in der Kleinen Straße um 1899. Fotoarchiv Panschar.

'rein. Die Bahnarbeiter mit ihrem Arbeitszeug, das wurde immer getrennt damals.

Herr K, Jg. 1923, E.

121

Wir hatten Landwirtschaft und Fahrerei. Wir haben mit Pferdewagen fast die ganze Heilstätte, die Steine usw., von der Bahn da hingefahren.
Als die Alexanderkirche 1908 umgebaut wurde, haben wir auch die ganze Fuhrerei gehabt.

Herr C, Jg. 1901, G.

122

Wir haben ja da oben bei der Brauerei gewohnt, mein Vater war Kellermeister und hatte den Eiskeller unter sich. Wir hatten da eine Wohnung und die hatten da ja acht bis zehn Pferde, die fuhren die alle mit dem Ackerwagen und dafür mußte er sonntags die Pferde füttern. Früher fuhren sie mit dem Ackerwagen auf Biertour, Montags weg und Freitag, Sonnabend kamen sie wieder. Da fuhren sie dann hin nach Ahlhorn, von Ahlhorn nach Sage, Döhlen und wo sie überall gewesen sind, der alte Nordmann war da auch mit, der fing auch so an.
Als die Brauerei nach dem Krieg nicht mehr in Gang kam, haben sie die gesprengt. Und Wapplers haben das Bürogbäude gekauft und nachher umgebaut.

Herr N, Jg. 1909, E.

123

Ich habe bei dcr Post gearbeitet und da haben wir noch alles gemacht damals: Telefonie, Telegrafie, Briefabfertigung, Briefeingang, am Schalter usw. Damals konnten wir ja noch alles, heute hat ja jeder nur noch sein Gebiet. . . in der Zeitungsstelle, ich bin überall gewesen. Als ich Kind war, da war die Post noch in der Huntestraße neben Leffers, das Gebäude hat Leffers dann erst später dazu gekauft. Eingetreten bin ich aber erst, da war die Post dann schon an der Heemstraße, da wo jetzt die Pizzeria ist, da an der Ecke, 1918 war das, das Ende vom Krieg habe ich da noch bei der Post miterlebt.

Frau P, Jg. 1896, E.

124

Als der Luftschiffhafen gebaut wurde, da ist mein Vater natürlich auch immer dahin, das war ja Arbeit, Gräben werfen usw., daß man bloß Geld verdient hat und seine Familie durchbringen konnte.

Frau E, Jg. 1908, G.

125

Als das Herrenhaus von Aumühle gebaut wurde, ist der alte Dachdecker Bock dahin, wollte den Auftrag holen und sagte: „Mein Name ist Bock. Ich empfehle mich zum Decken.“ Da sagte der Chef dort: „Eber und Stiere haben wir genug. Wir brauchen keinen Bock mehr zum Decken.“

Das war ja reine Landwirtschaft früher, Sägerei und Mühle. Da waren dann die ganzen Häuslinge, die auf dem Hof arbeiten mußten. Das gehörte einem Doktor Sowieso. Nachher sind die da auch ausgezogen und das ist verkauft worden, aufgeteilt auf die Bauernhöfe.

Herr N, Jg. 1909, E.

126

In der Wiekau habe ich mal ’nen Bau gemacht für Grashorn, Betten Grashorn von Oldenburg – und früher nahmen die das mit der Baugenehmigung ja nicht so genau. Da wurde oft auch erst hinterher eingereicht, wenn mit dem Bau schon längst begonnen war – und bei Betten Grashorn hatte ich auch noch nicht eingereicht, aber wir waren schon angefangen zu bauen, ich denk’, mußt Du mal einreichen und habe also die Kalkulation und alles gemacht und bei der Stadt angegeben.

So, und nun fuhren wir morgens mit dem Fahrrad immer zur Wiekau, da stand noch kein Haus und Hof, nix war da – und dann fragten uns die Leute unterwegs immer: „Mensch, wo wollt Ihr denn hin?“ – „Zur Wiekau!“ – „Und was macht Ihr da?“ – „Ein Wochenendhaus bauen.“ – „In der Wiekau? Da darf doch gar nicht gebaut werden, ist doch Bauverbot!“ Naja, ich hab’ jedenfalls weitergebaut, obwohl ich ja wirklich noch keine Erlaubnis hatte.

Da kommt eines Tages mein Bruder, der war damals Stadtsekretär hier im Rathaus und sagte mir: „Du, der Bauamtsmann Hallermann von Oldenburg, der kann Dir vielleicht eine Genehmigung geben.“ Ja, ich denn da hin und frag’ ihn: „Wie ist das denn nun mit der Bauerlaubnis?“ – „Bauerlaubnis?“ sagt er,

„da ist doch verboten zu bauen! Bauerlaubnis gibt es keine!“ – „Ja, und nun?“ frage ich ihn. „Abbrechen!“ sagt er, „wie weit seid Ihr denn?“ – „Kann gerichtet werden.“ – „Abbrechen!“ – „Und wer bezahlt das dann?“ Ja, das müßte ich dann bezahlen, sagt er, und ich sage: „Nix!“ Und dann ging das immer hin und her, aber ich habe gesagt, daß ich nicht abbreche.

Dann eines Tages, als Petermann schon Bürgermeister war, ist ein Anruf von Oldenburg an die Stadt gekommen, daß ich nun die Bauerlaubnis hätte. Aber das stimmte gar nicht, es war nicht die Baugenehmigung von Oldenburg geschickt worden, sondern ein amtliches Schreiben zum Bauverbot. Nur der Petermann hatte das in den verkehrten Hals gekriegt, der hatte verstanden, wir hätten Bauerlaubnis. Da bin ich natürlich gleich zur Stadt hingegangen, wie der angerufen hat und hab' gesagt: „So, nun gib mal her den Schein!“ Eigentlich habe ich nie die Bauerlaubnis für andere Leute bezahlt, aber damals hab' ich gleich bezahlt, ich glaube, die kostete sieben Mark. Ich krieg' also den Schein und dann hatte ich endlich die Bauerlaubnis – das war aber auch eine Arbeit.

Einige Tage später war ich dann zu Hause, kommt die Polizei auf einmal an bei mir: „Sie haben ja da in der Wiekau gebaut?!“ Ich sage: „Ja!“ – „Nun, und da bauen Sie auch weiter? Den Bau muß ich nämlich sperren!“ Ich sage: „Was? Ich hab' doch 'ne Bauerlaubnis! Kommen Sie 'rein ins Haus. Hier, Bauerlaubnis, Petermann!“

Dann treffe ich den eine zeitlang später wieder auf der Post. „Und wie ist das?“ fragte der und ich sage: „Ach, der Bau blüht und gedeiht!“ Also ich hatte ja wirklich Bauerlaubnis, aber mein Gewissen hatte ich ja nicht rein, ich wußte ja, daß das eigentlich nur ein Fehler war.

Dann kommt eines Tages der Hallermann, der Baumeister von Oldenburg, der da die Bauaufsicht hatte. Auto gab es damals ja weniger oder gar nicht – der fuhr also mit dem Rad. Und nun wollte der also zum Bau und hatte ihn dort gesucht, aber nicht finden können – der ist den ganzen Vormittag dort durch die Wiekau gefahren. Dann war er später bei mir zu Hause und ich sage: „Ich komme mit.“ Ich frage ihn dann noch: „Was ist denn eigentlich so schlimm an dem Bau, wenn Du ihn dort suchst und den ganzen Tag nicht einmal findest?“ Nun kriegte ich damals für den ganzen Bau 6000 Mark, da sind die Maurer-, Maler- und Zimmereiarbeiten alle 'drin, fix und fertig mit flachem Dach. „Ja,“ sagt er zu mir, als wir dann beim Bau waren, ich müßte da aber noch ein Satteldach 'drauf machen, das Flachdach kann so nicht bleiben! „Warum denn ein Satteldach?“ „Dann kannst Du oben auch noch Zimmer machen!“

Also das war ja wirklich ein Ding! Erst darf ich da überhaupt nicht bauen und dann soll ich das sogar noch größer machen! Ich sage: „Der Mann will ja oben gar keine Zimmer haben, der will unten, zu ebener Erde, wohnen, der muß in Oldenburg schon dauernd die Treppe hochsteigen, das will er hier ja gar nicht!“ Ich meine, das wußte ich zwar nicht, aber ich habe das dem Hallermann einfach so vorgeschmissen! „Jajaja,“ sagt der, aber ich müßte die Wände gelb streichen! Und dann war das damals genehmigt!

Herr M, Jg. 1899, E.

Wohnhaus Richard Mahlstedt / Ahlhorner Straße im Bau von Firma Frost 1925. Fotoarchiv Panschar.

127

Früher war es ja so, da gingen die Handwerksmeister um 11 Uhr in die Wirtschaft – da hatten die eine Stammkneipe und um 11 Uhr war eben Treffpunkt, bei Osterloh, bei Willi Kolloge, verschieden, wo sie denn kamen. Diese Zeit trafen sie also zusammen, tranken einen Schnaps und ein Bier und denn gingen sie wieder zur Arbeit hin. Und die Geschäfte wurden früher auch hauptsächlich in der Wirtschaft abgewickelt, das wurde nachher ja anders, wie ich ans Ruder kam, aber mein Vater, der hatte das immer noch so gemacht, der mochte auch ganz gerne mal 'nen Schnaps, war auch öfter mal besoffen – aber zu Hause, da hatten wir nicht einen Tropfen Schnaps, hatten wir nicht, da trank er gar nichts, das gab es nicht, weil, dafür gab es ja die Wirtschaft und da ist er denn hingegangen.

Herr M, Jg. 1899, E.

128

Früher hieß das immer, wenn die Tochter einen Maurer heiraten wollte: „Überleg Dir das mal, dann hast Du im Sommer keinen Mann und im Winter kein Brot!“ Im Sommer keinen Mann, weil zum Bäcker und Schlachter kommt die Kundschaft ins Haus, der Maurer und der Zimmermann, die müssen zur Baustelle gehen und wenn am Ort keine Arbeit ist, dann ist irgendwo anders ein Großbrand gewesen, wo wieder aufgebaut werden muß. Er muß den ganzen

Stellmacherei Huntemann in der Sögestraße um 1930. Fotoarchiv Panschar.

Sommer immer weg, in den Zeiten damals kannte man das gar nicht anders. Und im Winter kein Brot, weil eben dann keine Arbeit mehr für den Maurer ist.
Herr M, Jg. 1899, E.

129
Die Wildeshauser Schuster gingen früher auch oft nach Bremen, um sich dort Arbeit zu holen: Die holten die kaputten Schuhe nach Wildeshausen, reparierten sie hier und brachten sie dann zu Fuß auch wieder nach Bremen. Wenn sie nach Bremen gingen, hatten sie ihren grünen Sack und haben in Hoyerswege übernachtet und meistens erst auf dem Rückweg, wenn sie das Geld hatten, 50 Pfennig bezahlt.
In der Stadt Wildeshausen, da läutete abends um sechs Uhr die Glocke und es war Feierabend – dann hörten die auf zu arbeiten.
Herr M, Jg. 1899, E.

130
Die Weißgerberei hörte dann auf, als die Heidschnucken und Schafe hier verschwanden. Meist waren ja nur Heidschnucken hier, nicht die richtigen Schafe. Von hier nach Ahlhorn, da hat ja kein Baum gestanden. So wie unser Vater erzählte, hat hier kein Baum gestanden. Genauso wie nach Delmenhorst. Da ist nur Heide gewesen. Die Buchbinder haben auch die Schafbeine gekauft und da Leim von gekocht, aus Schafbeinen. Die Beine haben dann noch an den Schaffellen gesessen und die haben sie dann verkauft, die Weißgerber, noch extra. Die Lohgerberei, das haben wir nur von den Rinderhäuten gemacht, das war im

Winter, wenn die Bauern hier geschlachtet haben. Da wurde viel geschlachtet, zum Winter hin, da haben wir doch mindestens 200 Häute gekriegt, aus der Umgebung. Wir haben auch von der Auktion in Hannover gekauft, oder in Bremen und Hamburg, von den ausländischen Häuten, von Südamerika.
Nach dem Krieg ging es ganz gut, weil ja alle etwas brauchten. Aber später wurden dann die Löhne zu teuer. Bis 1970 haben wir dann noch zuletzt gemacht. Wir hatten immer ein, zwei Gesellen, zuletzt nicht mehr so viele. Vor dem Krieg hatten wir immer diese Wandergesellen, die sind immer so ein halbes Jahr dagewesen, dann sind sie weitergezogen. Nach drei, vier Jahren kamen sie schon wieder, da hatten sie ihren Rundgang gehabt und brachten auch Neuigkeiten mit, praktische Sachen, denn in jedem Betrieb hatten sie etwas abgeguckt.
Verkauft haben wir die Sachen dann im Lederhandel, die Schuhmacher kamen auch, die Sattler, Geschirrleder wurde gemacht, Stiefelholzschuhe wurden gemacht, auf den Holzschuhen wurden so lange Schäfte gemacht, für das Moor, auch für die Pferde haben sie das gemacht, ins Ammerland ist das dann gegangen.
Herr S, Jg. 1922, E.

131
Ich darf auch nicht vergessen zu erwähnen, daß hier so viele Felle bearbeitet wurden und nach Bremen kamen. Die Lohgerberei blühte nämlich auch, da hatten wir ja zwei und dann noch den Weißgerber. Wulferding war doch der Weißgerber, der hatte den Anleger an der Hunte. Sonst war Wildeshausen halt „Schusterstadt", die Zigarrenmacher waren ganz groß und eben die Ackerbürger. Der Faßbinder, oder wie man das nennt, der war auch noch da, der Poppe, der hat die Fässer gebaut, der „Küper-Poppe". Auch die Buttertonnen wurden hier noch gemacht, wie der Erste Krieg dann zu Ende war – da haben wir letztens noch von gesprochen."
Herr M, Jg. 1899, E.

132
Da war der Friseur, der mochte immer gerne einen heben, und wenn einer kam zum Haare schneiden, dann sagte der immer: „Einen Moment", und verschwand erstmal nebenan in der Kneipe. Wenn er dann einen Korn getrunken hatte, fiel ihm das wohl leichter.
Herr C, Jg. 1901, E.

133
Wenn das um Arbeitszeit ging früher, wurde Zeit überhaupt nicht gerechnet. Man fing morgens um sieben Uhr an und man ist auch schon mal um sechs Uhr erst nach Hause gekommen, aber man war trotzdem um sieben Uhr an der Arbeit. Das Geld bekam man für den ganzen Monat, da wurde nach Stunden nicht gefragt, ob das später wurde oder nicht. Da sagte auch nie jemand, von wegen: „Meine Zeit ist 'rum.
Herr C, Jg. 1901, G.

Schuhmacher Heinrich Reinberg um 1930. Fotoarchiv Panschar.

134

Das Feuerholz damals holten wir alles aus dem Krandel – und nicht, daß wir das umschlugen oder so, nur Abfallholz, abgestorbene Bäume – und der Wald war damals so dicht und eng bewachsen, heute kannst du da ja bald durchgucken.
Das Holz haben wir dann mit dem Handwagen daraus geholt und der alte Mallü, der hat das dann auch nach Delmenhorst verkauft und ist da immer mit dem Pferdewagen hingefahren. Also wer damals ein Pferd hatte, der war schon reich – und manchmal hat uns der Mallü auch auf seinem Wagen mitgenommen, das war für uns Jungs immer das Größte, da mochten wir immer gerne hin.

Herr M, Jg. 1899, E.

135

Wir hatten ja eine kleine Landwirtschaft zu Hause, aber alleine konnten wir davon nicht leben. Unser Vater ging dann nebenbei immer noch arbeiten und im Winter war er dann für Kohlen-Haase Kohlen ausfahren. So dreckig kamen sie dann natürlich auch nach Hause und wir hatten ja kein Badezimmer, also spielte sich das alles in der Küche ab. Die Arbeit war ganz schön schwer, die haben die ganzen Zentner ja erstmal in diese Waage, so eine Mulde geschaufelt und dann war der Zentner im Sack. Also erst schon mal den Zentner 'reinschaufeln, dann den Zentner auf den Wagen und dann zu den Leuten hinbringen und in den Keller 'runtertragen – das war ganz schöne Knochenarbeit, wenn man das so überlegt, die haben sich ganz schön quälen müssen... zu den Kellern alles nur steile Holztreppen und dann kein Licht.

Frau H, Jg. 1927, G.

136

Als es damals die Zeit war, wo es sehr schlecht mit der Arbeit war, 1923, 1924/25, sind mehrere von Wildeshausen ausgewandert. Von Dr. Grub der Älteste ist ausgewandert, der hatte studiert und konnte hier nicht fertig werden, ist ausgewandert nach Kanada, Bernhard Lürßen ist ausgewandert, von Bäcker Wellbrock sind zwei ausgewandert nach Kanada, da war ein Viehhändler, dessen Junge nach Kanada auswanderte. Da war wohl nichts los und da konnten sie

dann ankommen. Kanada, das kam daher, einige waren schon da und holten die anderen nach.
Herr J, Jg. 1908, E.

137

Die Arbeit auf dem Land, das war ja alles noch mit Pferden. Die Arbeit war hart und lange. Bei uns in Düngstrup waren wir abends trotzdem immer noch zusammen: vorne an der Straße war so ein Milchbock, wo die Kannen für die Molkerei aufgestellt wurden und abends haben wir Jugendlichen uns da immer getroffen und noch 'was erzählt. Vorher mußten die Pferde zur Weide gebracht werden, aber dann waren wir immer noch da und haben erzählt.
Morgens ging es früh 'raus. Der entscheidende Faktor: „Wann kommt der Milchwagen?“ Die Milch mußte ja morgens weg. Wir hatten zu Haus immer so 12, 15, 20 Kühe, meistens so um die 15 und wenn man dann mit drei Mann melkt, dauert das schon eine gute Stunde, bis man die aus hat.
In Holzhausen fuhr der Milchwagen meistens eine halbe bis dreiviertel Stunde eher als hier in Düngstrup. Wenn wir also hier um fünf Uhr aufstehen mußten, mußten die schon um kurz nach vier 'raus.
Der Milchwagen war ein Pferdewagen, den fuhr in den Dreißigern ein Stolle. Das war kein gutes Geschäft damals. Ich weiß nicht, was der verdiente, jedensfalls zum Leben zuwenig und zum Sterben zuviel. Der hatte auch zwei ganz magere Pferde, die hatte er mal an der Straße geweidet und dann kam ich von der Schule und dann waren die ins Moor gelaufen. Die saßen bis zum Hals im Moor. Trecker gab es hier noch nicht und dann haben sie die mit 'nem Stiel und Steg mit anderen Pferden irgendwie 'rausgezogen. Stundenlang haben sie daran gearbeitet, daß sie die Pferde wieder aus dem Moor 'rauskriegten.
Der Milchwagen kam also von der Molkerei in Wildeshausen und hatte einen Brotkasten dabei. Der fuhr vorher bei der Bäckerei vorbei, meistens bei Bäcker Hespe damals, und hatte von uns seine Zettel dabei, wieviel Brot er mitbringen mußte. Das Brot setzte er dann auch da auf den Milchbock.
Und für den Bäcker wurde Roggen zu Müller und Dinklage gebracht, der hat das gemahlen und dann gab es für einen Zentner Roggen einen Zentner Brot. Das war so schlicht um schlicht.
Ja, morgens war also immer Melken und füttern – im Sommer auf der Weide, im Winter im Stall. Gleich nach dem melken wurde gefrühstückt und dann ging die Feldarbeit los.
Herr G, Jg. 1921, E.

138

Einmal die Woche ging ich zum Einkaufen zu Bonings in die Düsternstraße. Er fuhr mit dem Eierwagen und sie machte den Laden. Sonnabends morgens ging ich hin, dann haben die uns Butter aufgehoben, die meistens von Otto Stöver kam. Die andere war immer leicht ranzig.

Da stand er immer in der Tür und wenn man vorbeiging: „Mutter, Kundschaft!“ Er hat nichts getan, gar nichts! Mußte ja einer die Aufsicht haben.
Frau D, Jg. 1910, G.

139
Er fuhr aber auch über Land zu den Bauern, einmal die Woche und eine Zeitung brauchte man da gar nicht, da wurde immer so geschnackt und erzählt. Bei den Bauern kriegte er dann auch Mittagessen und Kaffee und abends kam er dann wieder nach Hause. Er nahm Bestellungen auf und beim nächsten Mal brachte er die mit.
Frau H, Jg. 1927, G.

140
Als die Schulzeit vorbei war, da hieß es: Geldverdienen. „Was willst du denn werden?“ Und wie weiß man denn mit 14 Jahren, was man werden will?!
Mein Vater fragte dann: „Möchtest du wohl Uhrmacher werden?“ Mein Vater sagte nämlich immer, Uhrmacher, die verdienen Geld. Tun sie ja auch heute noch. Das waren also kleine Betriebe in Wildeshausen, Ein-Mann-Betriebe, die konnten machen, was sie wollen, und Vater sagte: „Dann werde Uhrmacher.“ – „Ja, ist gut.“
Mein Vater meldet mich an, bei Stöver, die kannten sich ganz gut und der alte Stöver war etwa so alt wie mein Vater und der Willi Stöver war wohl so alt wie mein ältester Bruder, zehn Jahre älter wie ich. Die Stelle hatte mein Vater also abgemacht, lief alles.
Vier Wochen vor Schulschluß kommt der Willi an und sagt: „Das mit der Stelle kann nichts werden.“ – „Aber Willi, das hättest du uns ja wohl eher sagen können.“ – „Ja, ja,“ er wand sich da so ’raus, „dann müssen wir die Werkstatt vergrößern und alle die Auflagen, die dann kommen. . .“ – „Willi, das hast du vorher auch gewußt.“ – “Nein, nein.“
Naja, das konnte also nichts werden. Dann das Amtsgericht, schrieb eine Stelle aus, da mußte man hin und ’was schreiben, und ich konnte das wohl, konnte ganz gut lernen – aber das wurde von Oldenburg abgelehnt.
Dann war Twisterling, Baustoffhandel. „Hast du da denn Lust zu?“ – “Ja.“ – „Na, denn geh’ nach Twisterling.“ So bin ich in den Baustoffhandel gekommen.
Später waren wir dann mal bei Stöver tätig und mußten da Malerarbeiten machen. Da war Theodor Schütte, ein Geselle von meinem Bruder und Vater, der machte die Arbeiten und dann sagte der alte Stöver: „Ja, der Littje wollte ja damals Uhrmacher werden. Aber ich sagte gleich: Willi, laß das nach. Du ziehst dir eine Konkurrenz auf in Wildeshausen. Das ist ein Wildeshauser Junge und wenn der selbstständig wird. . .“
Der hat das gesagt und das war also der Grund damals. Mein Vater hat immer vermutet, da ist irgendetwas. Der alte Stöver hat gesagt: „Wenn der sich selbstständig macht, dann ist da noch ein Uhrmacher mehr.“
Herr J, Jg. 1908, E.

Werkstatt Bernhard Nolte im Huder Zollhaus um 1950. Fotoarchiv Panschar.

141
Begehrte Lehrstellen waren auch die bei Leffers. Kaufmannssöhne kamen viel bei Leffers und lernten hier Kaufmann. Leffers hatte ja die vielen Geschäfte und Beziehungen, da wurde auch schon mal vermittelt, nach Delmenhorst hin, nach Oldenburg, Bremen kam später. Und da herrschte Ordnung bei Leffers: Die wohnten mit im Hause drin und mußten abends um zehn Uhr zu Hause sein, da gab es nichts, das war ein anstrengendes Regiment.
Und die Firma Leffers war da ganz klug drin: Es durfte sich keiner hier selbständig niederlassen von denen, die da mal gearbeitet haben. Das wurde gleich abgemacht.
Herr J, Jg. 1908, E.

142
Dann war die Stelle Twisterling, Baustoffhandel, sucht einen Lehrling. Wir also dahin: „Ja, das will ich wohl machen." Dann haben die sich geeinigt und ich habe da angefangen. Die Lehrstelle, sicher, ich habe etwas gelernt, aber das war eine harte Lehre: Wir mußten mitanfassen, wenn Steine kamen, die hatten zwei, drei Arbeiter und wenn Waggons mit Steinen kamen, dann konnte es sein, daß da sieben Waggons mit Steinen an der Ladestraße standen. Da holten wir uns auch immer Aushilfsarbeiter von der Herberge „Zur Heimat", die war hier an der Goldenstedter Straße. Das waren immer so Durchreisende, die mit anfaßten, wenn man Hilfe brauchte. Da waren auch Originale dabei, wir haben manches Mal viel gelacht. Die arbeiteten dann ein paar Tage und dann wanderten sie weiter.

Die Steine wurden auf den Ackerwagen verladen, wurden nach Twisterling hingebracht, da wo jetzt Reiser seinen Betrieb hat und da wurden sie wieder entladen. So fünf, sechs Waggons, da gingen dann Tage 'drüber hin. Das war Schwerstarbeit.
Genauso mit Holz. Das kam auch mit Waggons am Bahnhof an und wurde mit Ackerwagen in die Firma gefahren. Wir standen in der Firma und mußten die Bretter einzeln hochziehen und sortierten die. Unten standen die Leute und brachten die 'ran.
Wie es denn so war, da hatten wir auch Bernd Kröger, der ließ sich gerne hochbringen und das hatten wir Jungs ja auch bald raus. Also brachten wir den auf Touren und es dauerte nicht ganz lange, da kam kein Brett mehr, da flogen Brikett und Stein, da wollte er uns auch ärgern. Das war dermaßen laut, daß der Chef das im Büro hörte. Der kam also 'raus: „Was ist denn hier los? Was ist denn hier los?" – „Jaja, die Jungs!" – „Ach Kröger, sie sind auch wohl Schuld." – „Nee, nee." Wir waren natürlich schuldig. Da ging es dann wieder 'rin und es wurde weitergearbeitet. Nachmittags, der Tag war schon dreiviertel 'rum, da fingen wir wieder an zu stänkern und – RUMMS – knallten die Briketts wieder. Der Chef kam wieder 'raus: „Was ist denn los hier? Kommt ihr zwei man her." Im Büro las er uns dann die Leviten, wie man so sagt: „Und wenn ich noch 'was höre, dann komme ich wieder 'raus." Also haben wir uns die letzte Stunde ruhig verhalten. So lief der Tag.
Herr J, Jg. 1908, E.

143
Bei Twisterling habe ich viele Jahre gearbeitet. Später war ich geschäftlich immer mit dem Fahrrad unterwegs. Auf Geschäftstour, da fuhr ich morgens los bis Ahlhorn. Da waren Kunden, Tischlermeister, Schmiedemeister und andere Baulustige. Dann fuhr ich in die Siedlung 'raus, das war der frühere Fliegerhorst, dann weiter nach Sage und Bissel. Alles mit dem Rad. Und dann wieder zurück. Und dann mußte ich gegen Abend wieder nach Ahlhorn, weil ich den Kunden nicht angetroffen hatte – ich mußte den Kunden ja treffen. Und der Radfahrweg im Sommer, der war ja Mull. Das waren Strapazen. Wenn ich das heute überlege... das waren Strapazen. Aber wenn du einen getrunken hattest, ging das. Auch später mit dem Motorrad, da kriegte man den Wind ins Gesicht... nur wenn ich ein paar getrunken hatte und ins Auto stieg, da wurde ich müde. Auf dem Fahrrad ging das.
Wir hatten einen Kunden, Maurermeister Menkens in Ahlhorn, da fuhr ich hin, bloß schon um mittags, daß ich den zu Hause antraf. Wenn ich sonst kam und ihn nicht getroffen hatte, mußte ich ihn auf der Baustelle aufsuchen. Der hatte immer Aufträge, ein gutes Geschäft. „Ja," sagte er dann, „ich habe Verschiedenes, ich muß 'was haben, das können wir hier nicht machen, da müssen wir in die Wirtschaft gehen." Der mochte gerne einen und dann mußte ich ein paar mittrinken. Dann bin ich weitergefahren und fuhr nach Großenkneten, da war auch ein Maurer Menkens, das war der Bruder. Der trank nicht einen. Vollkommen

Dachdecken mit Reet 1949.

solide, gutes Geschäft, ist heute noch da. Der Bruder war durstig wie eine Ratte, sagten wir, und der andere trank keinen Tropfen.
Heute trinken die Unternehmer ja gar nichts mehr mit, früher tranken die mit, da war der Meister immer selbst mit dazwischen. Heute hat der wohl seinen Polier, der darf das wohl. Damals wurde das nicht so genau genommen.
Herr J, Jg. 1908, E.

144
Eine Fahrschule, die gab es. Das war auch schön. Die Autoprüfung, das will ich eben erzählen. Hier war so ein Borghorst, der war ein oder zwei Jahre älter als ich, bei dem habe ich meine Fahrprüfung gemacht. Das war im Winter, im Januar oder im Februar, da sollte die Prüfung abgenommen werden und Stegemanns Hotel, da war die Abnahme. Der Prüfer kam von Oldenburg, Feldhus hieß der. Aber morgens, vor der Prüfung, ich lag noch im Bett, da kommt Adi Borghorst vorbei: „Wir müssen den Feldhus von Ahlhorn abholen, der kommt um neun Uhr mit dem Zug. Ich habe gedacht, da sollst du mitfahren." Ja gut, schnell rein in die Klamotten und dann sind wir nach Ahlhorn gefahren. Es hatte geschneit, das Eis war so dick auf der Straße, war Eisglätte.
Naja, da fahren wir dahin und er sagte: „Du wirst da drehen müssen am Bahnhof, aber wir drehen nicht vorher, wir drehen, wenn er da ist. Dann hast du es einfacher, als wenn du während der Fahrt nochmal drehen mußt." Feldhus kam, ich mußte dann kavaliersmäßig den Herrn ins Auto bugsieren und der Wagen stand noch so, daß er gedreht werden mußte. Adi hatte gedacht, wenn ich das

gut machte erst, dann habe ich schon halb gewonnen. Und so ging es auch. „Machen sie das mal, drehen sie man hier," sagte der Feldhus. Klappte alles ganz gut, ich bin losgefahren, langsam und nicht zu schnell, war ja Glatteis. Auf der halben Strecke in Steinloge – BUMM – die Luft weg. „Ach du Schreck! Das ist ein Ding!" Wir steigen aus. „So," sagte der Feldhus, „machen sie die Sache hier mal gleich in Ordnung." – „Adi, wo ist dein Geschirr?" – „Nicht mit anfassen," sagte der Feldhus noch, „das muß er alleine machen." Klappte auch.

Dann war ich fertig und wir sind weitergefahren nach Wildeshausen, Stegemanns Hotel vorgefahren, die anderen Prüflinge waren schon da, das waren wohl acht, neun Mann. Da war ein Harms dabei, Ziegeleibesitzer von Huntlosen, den kannte ich so schon gut, der wurde als erster nach mir genommen. Erst war theoretisch und dann war Theorie zu Ende und er sagte: „Nun fangen wir mit der Praktischen an. Ich nehme einen Mann mit raus, wir fahren los und ich nehme einen zweiten Mann mit raus, der bleibt vor der Tür stehen und wenn wir mit dem ersten zurück sind, daß ich den zweiten gleich mit einladen kann." Dann war es soweit: „Und sie sind fertig, sie haben bestanden," sagte er zu mir. Ich sagte: „Dankeschön."

Der nächste war Kalli Harms. Aufgestanden und wir an die Theke. Prost. Dann kam der dritte. Prost. Und immer kam der Feldhus mit rein. Der machte immer einmal mit. Der mochte gerne einen. Zuletzt war der so blau, der saß stinkenblau hinten drin, wenn die fuhren. Der konnte ja niemanden mehr durchfallen lassen, der konnte ja selber nicht mehr, der war ja besoffen, daß sie ihn zuletzt bald in den Wagen tragen mußten. Das war ein Tag, was sind wir da besoffen gewesen. Das vergesse ich nie. So lasch war das damals, heute würde der ja sofort rausfliegen.

Herr J, Jg. 1908, E.

145

Früher war das in der Verwaltung ja alles anders als heute. Der Bürgermeister war Steinsetzermeister, aber mit Köpfchen, der war in Ordnung. Ich war ja auch bei der Stadt, als Stadtssekretär, und dann hatten wir einen Stadtdiener, und die Kasse hatte einen Kämmerer – das war die ganze Belegschaft der Stadt.

Und wir haben den Kram geschmissen. Das mußte ja alles gemacht werden. Ich kam 1926 vom Amt zur Stadt – das was heute das Kreisamt ist, war früher das Amt Wildeshausen und da hatte ich meine Lehrjahre gemacht. Bei der Begrüßung durch den Bürgermeister sagte er zu mir: „Hier bei der Stadt kennen wir aber keinen Urlaub und wir kennen auch keinen freien Sonnabendnachmittag. Und die Arbeit, die anfällt, die muß gemacht werden, und wenn die nicht während der Arbeitzeit gemacht werden kann, dann mußt Du eben nach Feierabend wieder herkommen.' Und ich kann wohl behaupten: Zu 50 Prozent bin ich abends wieder zur Stadt gegangen und habe dann aufgearbeitet, was noch so zu machen war. Aber: gemurrt oder geknurrt wurde nicht!

Es waren ja auch die schlechtesten Jahre, die wir damals hatten: Alles war arbeitslos und dann war man ja froh, daß man tatsächlich Arbeit hatte.
Wenn man das heute erzählt, auch das mit dem kleinen Beamtenapparat, dann denken alle, daß das gar nicht angehen kann. Dabei gehörte damals auch schon alles dazu: Standesamt, Einwohnermeldeamt und alles, was so anfällt bei der Stadt, das haben wir alles so gemacht – und wieviel mögen das heute wohl sein?!

Herr B, Jg. 1903, E.

146

Ich habe dann, weil mein Schwiegervater starb, 1937 den Hof mit meiner Frau übernommen, habe den weiter bewirtschaftet. Weil wir uns sagten: Das ist richtiger. Vielleicht ist es verkehrter gewesen... ich wollte den Hof weiterbewirtschaften mit meiner Frau und aus damaliger Sicht war das wohl richtig, aber aus heutiger Sicht, wie das so aussieht in der Landwirtschaft, wäre es besser gewesen, wenn ich im Büro geblieben wäre. Dann wäre ich jedenfalls ohne körperlich schwere Arbeit durch die Zeit gekommen, hätte heute meine hohe Rente bekommen.

Herr B, Jg. 1903, E.

147

Wenn Dr. Jacobi früher über Land fuhr und nach Neerstedt kam, dann kehrte er ein bei der Gastwirtschaft „Krug". Die älteren Bauern waren alle da. „Sieh, Adolf kommt." Da wurde dann ein Kleiner bei genommen und gleichzeitig behandelt. Ich denke an meinen Schwiegervater, der konnte schlecht hören, der war noch gar nicht alt, aber konnte schlecht hören. Adolf sagte dann: „Hol' mal eben eine Schüssel voll Wasser her." Da hat der ihm in der Wirtschaft vor den anderen eben die Ohren ausgespült und er konnte hören.
Das war das Schöne, Gemütliche. Nicht so wie jetzt. Der Arzt kommt: „Was haben sie? Was haben sie für Beschwerden?" Untersucht – weg. Damals ging alles ruhiger.

Herr B, Jg. 1903, G.

148

Traktor in der Landwirtschaft? Also vor dem Krieg hatte in Holzhausen einer einen, in Hanstedt hatte einer einen und wir haben unseren 1940/41 bekommen. Das war ein relativ kleiner, 18 oder 20 PS, Deutz. Und dann hatten wir eine monatliche Zuteilung von etwa 200 Litern Diesel, damit mußte man dann ganz schön haushalten. Da hat man den Trecker dann nur für die schwersten Arbeiten genommen und sonst eben noch die Pferde. Für den Trecker war das leichte Arbeit, aber für die Pferde war das vorher wirklich eine hundsmieserable Schinderei: Die mußten nicht bloß arbeiten und schwitzen, dann haben auch noch die Bremsen gebissen, die Fliegen haben gebissen... das war gar nicht schön!
Die ersten Trecker waren aber auch nicht so durchkonstruiert. Da war hier mal

Langholzfuhrunternehmen Kaiser-Becker um 1950. Fotoarchiv Panschar.

'was und dann war da 'was, die haben nicht so gut gezogen. . . das ist ja nachher alles erst gekommen.
An Arbeitskräften waren wir damals relativ viel: da war mein Bruder, dann hatten wir zwei Lehrlinge, meine Tante war da und von den Flüchtlingen hatten wir auch ein paar – also mit 12/15 Mann waren wir schon da.
Herr G, Jg. 1921, E.

150
Im November 1945 bin ich aus der Kriegsgefangenschaft aus Rußland wiedergekommen und im Februar 1946 habe ich sofort meinen Dienst in Holzhausen an der Schule angefangen.
Das Schulgebäude war gerade vor dem Krieg gebaut und eingeweiht worden, 38/39 war das. . . und die war ja als Gemeinschaftsgebäude gebaut, für ein halbes Dutzend Dörfer: Holzhausen, Thölstedt, Hesterhöge, Düngstrup, Lüerte, Bargloy. Da war ich bis 1955 zehn Jahre Lehrer und die Kinder waren Schüler vom ersten bis zum achten Schuljahr – erst später wurden dann die oberen Jahrgänge abgezogen.
Die Schule war für zwei Klassen gebaut, aber nun war es ja die Zeit, in der die ganzen Flüchtlinge kamen und – eins, zwei, drei – hatten wir auf einmal 100 Kinder in der Schule. Das ging dann gerade noch mit den zwei Klassen, aber später, als immer mehr kamen, sagte mir der Schulrat, da müßte man halt drei Klassen von machen. Zwei Klassen wurden dann am Vormittag unterrichtet und eine am Nachmittag.
Herr R, Jg. 1914, E.

151

Einmal kam der Schulrat und der wollte von mir als Lehrer natürlich eine Lektion sehen – und nach der ersten Stunde wollte er mit mir über diese Lektion reden. Die Kinder mußten also zur Pause 'rausgehen, nur einer, der blieb einfach da! Dieser Bengel, ich kannte den ja, der war aus Bargloy, der hatte einfach die Eigenart, daß er sich nicht mit anderen einließ und auch sonst nicht gehorchen wollte. Ich sagte zu ihm: „Du mußt jetzt aber auch 'rausgehen." Er sagte nichts dazu. Und dann wollte mir der Schulrat zeigen, wie man denn mit einer gütigen Hand etwas machen könnte, sprach ihn an und sagte: „Steh Du man auf und dann gehst Du schön 'raus." Da hat der Bengel ihn einfach mit dem Schuh getreten und der Schulrat hat ganz verdutzt geguckt.

Herr R, Jg. 1914, E.

Schmied Brinkmann in der Westerstraße mit Johann Grotelüschen um 1950. Fotoarchiv Panschar.

152

Als ich als Flüchtling nach Wildeshausen kam, habe ich hier zunächst als Hausschneiderin angefangen. Meine erste Stelle hatte ich bei der Hebamme Frau Müller. Dann hat sich das so 'rumgesprochen, über die Straße, in der Nachbarschaft. Ich war dann auch gegenüber. So habe ich also geschneidert – ich hatte da noch keine Nähmaschine. Schließlich hat sich das geboten, da hat mir eine Frau eine Nähmaschine geliehen, oben an der Goldenstedter Straße, Frau Depken. Und dann habe ich auch zu Hause mit der Maschine geschneidert. Um acht Uhr war mein Haushalt fertig morgens, dann war ich drei Stunden an der Nähmaschine bis elf Uhr, dann war Mittagessen kochen und um zwei Uhr saß ich wieder an der Nähmaschine bis sechs. So habe ich das Geld dazu verdient, was nötig fehlte.

Später habe ich mir dann eine eigene gekauft, 1948/49, eine elektrische mit großem Tisch dazu, wo das Fahrradgeschäft war, Walsemann, da habe ich die gekauft. Die kam damals 600 Mark. Meine Mutter steuerte da noch ganz schön Geld zu. Und ich habe gesagt: „Da hätte ich mir auch ein Auto kaufen können, ein gebrauchtes."

Frau I, Jg. 1914, E.

154

Wir hatten das Geschäft ja noch zusammen mit meinem Schwiegervater und sind so gut ausgekommen... wenn er mit seinen Töchtern da 'was hatte, dann kam er zu mir.

Morgens um sieben Uhr fingen wir an zu arbeiten, mein Schwiegervater und ich, von sieben bis sieben, in der Mittagszeit war dann Pause. Die ganzen schriftlichen Arbeiten machte ich dann nach Feierabend. Wenn Schluß war, habe ich erst zu Abend gegessen und dann die ganzen Bücher fertiggemacht: Alles, was so dran war... die Rechnungen bezahlt usw.

Jetzt arbeite ich immer noch mit meinen Kindern zusammen und ich sage immer unseren jungen Leuten: „Unsere Buchhaltung ist beschissen! Da kommt ihr so nicht mit durch, wie ihr das macht." Jeden Abend muß die Post weg, muß ausgepackt werden, muß eingepackt werden, alles das muß jeden Abend fertig sein. Da habe ich heute noch meine Last mit, mit den jungen Leuten.

Ich meine, daß läuft schon alles ganz ordentlich, da fällt wohl mal ein Wort, aber das gehört dazu... mit beiderseitigem guten Willen läuft alles und man muß es ja.

Heute arbeiten die aber noch viel länger, die haben sich einen Computer angeschafft und ich sage immer: „Das soll ein Entlastung sein, ich sehe das als Belastung!" Damit habe ich mich nun nicht mehr befaßt. Also ich hatte früher die Übersicht, aber heute kommen die ganzen Rechnungen für jedes einzelne Teil und dann die Schreibarbeit, die kopieren das auch dann... also ich hatte die Übersicht. Ich mußte bloß gefragt werden, ich hatte alles.

Herr C, Jg. 1901, G.

Freizeit und Vergnügen

Freizeit und Vergnügen nahmen in der Erinnerung der befragten Senioren einen geringeren Stellenwert ein. Bestimmender Faktor ihres vergangenen Alltagslebens war die Arbeit, die in die verschiedensten Lebensbereiche hineinwirkte und den Tagesablauf weitestgehend strukturierte. Die bewußte Wahrnehmung und Inanspruchnahme von Freizeit als arbeitsfreier Zeit zur Erholung und Reproduktion der eigenen Kräfte war längst nicht so ausgeprägt wie heute. Angebote zur Freizeitgestaltung waren von bescheidenem Umfang und wurden ausschließlich von den Vereinen getragen. Fernsehen gab es nicht, Radio verbreitete sich erst in den Dreißiger Jahren.

Dafür standen Vergnügungen wie Sonntagsausflüge, Wirtschaftsbesuche, Vereinsaktivitäten und Gemeinschaftsabende im Vordergrund. Im Wildeshauser Kulturleben gab es Theaterabende gastierender Gruppen oder anderer Vereine, Konzerte der Gesangvereine „Liedertafel“ und „Euphonia“ sowie das Kino bei Wilhelm Kolloge. Die zahlreichen Bälle der unterschiedlichsten Vereine schienen immer gut besucht. Als herausragendes Ereignis im Festkalender „Wildeshauser Vergnügungen“ wurde traditionell das Gildefest gefeiert.

Beliebte Sportarten, die auch in Wettkämpfen mit anderen Vereinen ausgeübt wurden, waren vor allem Fußball, Turnen und Leichtatlethik sowie Schwimmen und Reiten. Die Reitwettbewerbe auf Stegemanns Kamp hinter dem Krandel und seit den Zwanziger Jahren am Fillerberg avancierten neben dem sportlichen

Burgberg 1907: Bootsausflug und Angler Johann Löschen. Fotoarchiv Panschar.

Wettkampf auch zu Gesellschaftsvergnügungen. Im Sommer war die wohl häufigste Freizeitbeschäftigung der Kinder und Jugendlichen das Baden und Schwimmen in der Hunte. Die Badeanstalt am Burgberg wurde auch von den Schulen zum Schwimmunterricht und zu Wettkämpfen genutzt.

155

Hinter dem Sportplatz im Krandel, da wurde nach dem Ersten Weltkrieg noch auf Stegemanns Kamp geritten. Da war der Reitclub „Leichttrab". Das war am Sportplatz, dazwischen, wo heute der Kompostplatz und das Haus vom Fischereiverein ist. Das war Stegemanns Kamp, der Stegemann, dem auch Stegemanns Hotel gehört hat. Der hatte da auch eine Scheune stehen. Jeder Betrieb hier in Wildeshausen hatte seinerzeit ja auch eine kleine Landwirtschaft, ein kleines Land hatten wir alle irgendwo.
Also bei Stegemanns Kamp, da wurde die Reiterei dann ausgeführt. Die Hauptreiter damals waren Hermann Stolle von Hockensberg und Fritz Meier von Wohlde, die hatten ein paar Rennpferde und das waren immer die Macker.
Nach dem Anfang des Ersten Krieges hat Kolloge aus Simmerhausen die Ländereien am Rennplatz alle aufgekauft, so bei kleinem, nach und nach, das waren alles Grundstücke in Besitz von Wildeshauser Bürgern, war ja noch nicht viel wert, da an der Flachsbäke. Im Ersten Weltkrieg haben dann noch Russen, Gefangene, den Platz aufgebaut und die Rennbahn fertiggemacht, abgeholzt, verglichen und hergestellt.
Also damals waren das noch richtig alle Bauern, die die Reiterei machten, heute sind das ja alles Mädchen. Damals waren das die Bauernjungs, wo die Pferde in der Woche vor den Pflug gingen und Sonntags wurde geritten. Das waren keine richtigen Reiterpferde, da waren wohl mal ein oder zwei dabei, so wie die von Meier und Stolle, aber das waren auch die Einzigen, sonst wüßte ich nicht.
Herr C, Jg. 1901, E.

156

Denn sind wir viel gerudert, auf der Hunte, die Damen alle in langen Kleidern mit großen Hüten auf – also von oben bis unten angezogen und das in den Booten. Wir fuhren morgens schon los bis nach Reckum 'rauf und dort wurde abgekocht – Pellkartoffeln mit Hering und hinterher gab's rote Grütze. Kaffee gekocht wurde auch wieder noch und schließlich ging's mit Gesang nach Haus – es war ja schon Dämmerung. Oft waren wir Frauen auch ganz allein ohne Männer und die Männer sind auch allein gerudert – der Gesangverein hat oft mal Ausflüge auf der Hunte gemacht.
Mit dem Rudern, das kam so langsam in Gang, als der Postmeister Koopmann von Elsfleth hierherzog, der hat ja den Ruderclub gegründet – und so fing das an, daß die Leute sich ein Boot leisteten. Das erste Boot vom Ruderclub hieß Delphin.
Frau P, Jg. 1896, E.

Ausflug vom Ruderclub um 1910.

157

Vereinsmäßig war das früher viel schöner. Das war geschlossener, gemeinsamer, man kannte sich... heute kennt man die Leute ja nur noch selten.

Herr C, Jg. 1901, E.

158

Als Kinder waren wir alle im VfL und haben so Turnübungen gemacht. Der alte Schulte war da unser Turnvater. Da gingen wir hin und turnten in der Turnhalle, da wo jetzt die Polizei ist, an der Herrlichkeit, das war unsere Turnhalle. Da war ein Rundlauf, da war eine Sprottenwand, da waren Eisenstangen, an denen wir nur unten hingen, weil wir nicht hochkamen. Was haben wir denn noch gemacht? Bockspringen, ein Holzpferd war da.
Aber groß trainiert wurde da nicht. Auch unser Schwimmverein, also da wurde gesagt: „Sieh mal zu, daß du schnell schwimmen kannst." Aber das war dann alles.
Die Schwimmwettkämpfe waren alle in der Hunte, da am Burgberg, und wenn ich heute da mit dem Fahrrad vorbeifahre, dann sehe ich uns immernoch schwimmen. Und wie glücklich waren wir, wenn wir mit einer rot-weißen Schleife nach Hause kamen. Bei den Turnfesten gab es einen Eichenkranz mit Bändern dran.

Frau L, Jg. 1923, G.

159
Zu Silvester sind wir früher auch immer auf den Marktplatz gezogen und haben dort gefeiert – naja, 'ne Feier war es natürlich nicht, denn wir sind da ja hingezogen, um Blödsinn zu machen. Also wir waren auf dem Marktplatz und die Jungs' hatten eine Strohpuppe gemacht und sie in die Kastanie vor dem Rathaus gebracht. Aus Ulk natürlich, das sollte ja so aussehen, als ob sich ein Mann dort aufgehängt hatte. Anschließend haben wir dann den Musiker, der wohnte damals am Markt, da wo jetzt das Stadthaus ist, den hatten wir geweckt, daß der dann hellewach wurde, na, und denn man hinter uns her... aber genau das wollten wir ja, das war ein Spaß.
Mit der Strohpuppe, das war natürlich extra so – damals war es des öfteren, daß sich Leute erhängten.
Und die Jungs machten sich zu Silvester dann mit der Strohpuppe einen Spaß daraus.
Frau P, Jg. 1896, E.

160
Früher stand vor jedem Haus 'ne Bank und da saßen wir dann immer und natürlich auch die anderen Leute. Als Mädchen hab' ich das oft als „Spießrutenlauf" empfunden – da saßen alle vor der Tür und wenn man dann vorbeiging, haben alle geglotzt. Und wehe man hatte einen Freund dabei... – aber wir haben natürlich auch gerne vor der Tür gesessen und wenn die Bank dann mal besetzt war, das fanden wir unerhört, wir haben immer gesagt, die Alten können sich doch auf einer Bank zusammensetzen, wir wollten ja auch eine Bank haben. Und nebenan bei Becker, die hatten die größte Bank, die haben wir dann einfach für uns als Kinder in Anspruch genommen. Die anderen konnten ja anderwärts hin, es stand doch vor jeder Tür 'ne Bank.
Das waren also richtige „Lästerbänke", da haben wir auch mitgemacht und die Leute angeschaut, die vorbeikamen, ob die häßlich waren oder gut. Unser Lieblingsplatz war bei Bäcker Hespe mitten in der Stadt, weil, da gingen ja viele vorbei und wir konnten jeden anschauen.
Bäcker Hespe hatte das Haus gekauft von Bürgermeister Schetter, das ist das alte Schettersche Haus, und da waren wir ja im Zentrum und konnten gut lästern!
Frau P, Jg. 1896, E.

161
Der alte Kruse hatte oben bei Johann Kolloge in Zwischenbrücken in dem kleinen Saal irgendwann mal so ein Ding fürs Kino. So 1918/19 wurde es schon üblich, daß wir Sonntagnachmittag ins Kino gingen. Einmal kam so ein „Wildererfilm" und mein Bruder war mit, der war noch so klein und ich hatte ihn auf dem Schoß. Da war dann eine Szene, wo einer schoß und alle umfielen und meiner Bruder sagte ganz laut: „BUMM, da wird der totgeschießt!" Hat der so durchs Lokal gerufen.

Ausflug vom Ruderclub um 1910.

Ausflug vom Ruderclub um 1910.

Normalerweise wurde aber darauf geachtet, daß man 18 Jahre alt war, wenn man ins Kino ging.
Frau D, Jg. 1910, G.

162
Nachher, wo das Kino nicht mehr geheizt wurde, nahm man dann einen heißen Backstein mit, der wurde vorher zu Hause in den Herd gesteckt, damit der schön warm wurde und hinterher im Kino stellte man dann seine Füße darauf ... so wurde dort geheizt.
Frau H, Jg. 1927, E.

163
Mit 14 wurde ich mal von Dr. Schulte und Frau mit ins Kino genommen, in einen Film, der war noch nicht jugendfrei. Wir sehen uns den Film ganz an und dummerweise sitzt da auch der Gendarm und hat mich natürlich gesehen. Aber gesagt hat der zuerst nichts und schnell 'rausgehen mochte ich auch nicht. Wie wir dann 'rausgingen, hat der Polizist Meisold draußen auf mich gewartet und sagte zu mir: „Du kannst dich morgen um elf Uhr erstmal bei mir melden." Weil er ja wußte, daß ich noch keine 18 Jahre war, aber ich war ja mitgenommen worden von Erwachsenen.
Zu Hause habe ich das dann erzählt und gesagt, daß ich mich da melden müßte. Mein Vater sagte dann: „Das gibt es doch nicht!" Da hat er den gleich angerufen und fürchterlich fertig gemacht, ich wäre ja wohl mit Erwachsenen gegangen und außerdem läßt er mich erst den ganzen Film sehen und dann sagt er, ich soll mich dort melden.
Frau A, Jg. 1923, G.

164
Wir hatten ein Boot auf der Hunte, das lag da, wo jetzt ungefähr die Kolloges sind, das Privathaus, da war so ein Bootsschuppen. Und da habe ich einmal erlebt, das vergesse ich nicht wieder, hier war so ein alter Postmeister, der lag immer auf der Hunte und war beim Fischen, morgens und nachmittags. Der hatte ein Boot, das war ein ganz wackeliges Ding.
Ich bin dann einmal mit meinem Vater 'raufgerudert nach Bühren, da hat es vorher ein Gewitter gegeben und da konnte man den Grund von der Hunte sehen! Da war durch den Platzregen, dieser ganze Modder, der durch die Moore in der Hunte ist, der war klar bis unten hin! Man konnte die Pflanzen sehen!
Und da hat dieser alte Postmeister gesagt: „Das ist jetzt das zweite Mal, daß ich erlebe, daß die Hunte klar ist." Also das vergesse ich nie. Weil die Hunte ja immer so modderig ist. Durch diesen Platzregen ist dieser ganze Kram wohl 'runtergesackt.
Frau D, Jg. 1910, G.

165
Unterhalb der Hunte, bei der Wassermühle, haben wir viel gebadet. Und wir haben auch viel Neunaugen gefangen. Neunaugen sind Aale, die haben neun

Aufführung im Ruderclub um 1910: Wir sind Studenten der Überzeit, sind Elemente von Schneidigkeit, wir reiten, wir rudern, wir radeln, sind wir nicht fesche Madeln? Auch können wir gut Schwimmen, beim Skat wir stets gewinnen.

Augen. Da lagen viel Felsen damals und die Neunaugen gingen gerne an die Felsen, die saugten sich da fest. Dann gingen wir Jungs barfuß, da war es flach und schnappten uns die und warfen sie in den Sack. Das war so ein Sport.
Die Hunte war immer trügerisch damals, die hatte so Untiefen: In einem Jahr war es da noch flach, im anderen Jahr hatte die Hunte da den Sand weggesogen und auf der anderen Seite eine neue Erhöhung geschaffen. Da sind öfter welche in der Hunte ertrunken.
Herr J, Jg. 1908, E.

166
Jeden Sonntag war da bald ein Ball. Da waren Kegelvereine, Sportverein, da war Turnverein, alles getrennt, Schwimmverein, Feuerwehr, Gesangverein, Reitverein, also irgendein Ball war immer. Im Winter waren wir viel bei Wübberfeld, wo jetzt Selve ist, da waren immer so Hausbälle, die waren auf Einladung. Winterball, Steckrübenball, Bauern- und Bürgerball, die waren auch alle.
Frau D, Jg. 1910, G.

167
Ich wurde noch in der letzten Klasse der Bürgerschule zum Manöverball eingeladen, da war ich so 15, 16 Jahre alt – wir hatten zu Hause Offiziere von Oldenburg einquartiert, das war noch vor dem 2. Weltkrieg und unser Offizier, der wollte mich abends mitnehmen zum Manöverball.

Gasthof von H. Besuden in Düngstrup.

Sonntag, den 19. März 1916

Vaterländischer Abend

zum Besten der im Felde befindlichen Krieger der Landgemeinde Wildeshausen,

Anfang 4 1/2 Uhr; Ende gegen 9 Uhr.

Vortragsfolge:

1. Einleitung.
2. Ansprache. (Anschl. gemeinschaftl. d. Lied: „Es braust ein Ruf wie Donnerhall."
3. Gedicht.
4. Kinderchor: Treue Liebe.
   Matrosenlied (Löns).
5. Kriegsstimmungen für Klavier und Harmonium:
   a. Ländler
   b. Leides Ahnung
   c. Wichtige Begebenheit – Robert Schumann.
   d. Kriegslied
   e. Abschied
6. Kinderchor: „Wohlauf, Kameraden."
   „Trara", vierst. Kanon.
7. Vortrag: **Meine Kriegserlebnisse.**
8. Gedicht.
9. Aufführung: **„Das Franktireurdorf,"** vaterländisches Schauspiel in 1 Aufzug von Hans Engler.
   Personen: Pierre Gréville, ein belg. Schmied.
   Marta, seine Frau.
   Ninette, deren Tochter.
   Dufour, Grévilles Freund.
   Ernst, ein deutscher Kriegsfreiwilliger.
   Schmidt, ein deutscher Sergeant.
   Stromberg, ein deutscher Gefreiter.
   Jacques, Geselle bei Gréville.
   Ort: Belgisches Dorf. — Zeit: Herbst 1914.

Pause.

10. Klavier: Türkischer Marsch (m. Nationalhymne).
    Bulgarischer Marsch.
11. Vortrag: **Meine Kriegserlebnisse** (Forts. v. 7).
12. Kinderchor: Deutschlands Gloria (Marschlied).
13. Kriegsstimmungen (Forts. v. 5):
    f. Jäger auf der Lauer
    g. Wilder Reiter
    h. Trauermarsch (Chopin) – R. Schumann.
    i. Träumerei
14. Kinderchor: „Musketier seins lustige Brüder."
    „Lippe Detmold."
15. Klavier: Oesterreichischer Defiliermarsch.
    Ungarischer Marsch.
16. Gedichte.
17. Aufführung: **„Im Schützengraben" oder: „Villa Zugluft,"** ein heiteres Kriegsbild aus dem Leben unserer Feldgrauen in 1 Aufzug von Karl Marx.
    Personen: Hasse, Hauptmann.
    Preil, Unteroffizier.
    Mälzer, Mühlau
    Pollacek, Lehmann – Musketiere.
    Huber, Levi
    Müller, von der Feldpost.
    Pichon, französ. Soldat.
    Liesel Mälzer, Pflegerin.
    Ort: Frankreich. — Zeit: Weihnachten 1914.
18. Schlußwort. (Anschl. gemeinsch. d. Lied: „O Deutschland hoch in Ehren."

Ludwig Löschen, Buchdruckerei, Wildeshausen (Oldbg.)

„Vaterländischer Abend" bei Besuden / Düngstrup 1916.

Meine Eltern erlaubten das, er hatte meine Eltern gefragt, aber die sind an dem Abend nicht mitgekommen. Ich habe dann meiner Mutter einen Zettel hinterlassen und diesen Zettel habe ich jetzt bei der Haushaltsauflösung im Nähkasten wiedergefunden. Ich hatte wohl schon ein schlechtes Gewissen damals, daß ich da hin bin und dachte wohl, da darf ich eigentlich noch nicht hin. Da habe ich also geschrieben: „Liebe Mutti, komme doch bitte, bitte nach und hole mich ab, auch wenn Vati nicht mitkommen will, komme Du wenigstens. Ich mag da überhaupt nicht hin, ich will aber um 22 Uhr zu Hause sein. Komme und hole mich ab. Gruß und Kuß," habe ich dann noch geschrieben.

Ja, ich dann also hin mit diesem Mann und wie das dann früher in Wildeshausen so war, da saßen alle vor ihren Häusern auf den Bänken. Das war mir ja schon so schrecklich, daß ich da nun mit diesem Offizier durch Wildeshausen lief. . . naja, dann sind meine Eltern bald nachgekommen und ich bin um 22 Uhr schön nach Hause, meine Eltern sind noch dageblieben und haben ordentlich mitgefeiert.

Am anderen Morgen kam dann aber das dicke Ende, da hatte sich das in der Schule mittlerweile 'rumgesprochen, daß ich schon auf dem Manöverball war und nach Schulschluß mußte ich bei Direktor Freytag antreten. Der bestellte mich also und dann habe ich eine ganz gehörige Verwarnung gekriegt: „Das dürfte ich nicht und das wüßten meine Eltern doch auch und so weiter und so weiter. . ." Dann kam ich ganz weinend nach Hause und mein Vater sagte: „Was hast du denn?" – „Ja, ich durfte da gestern abend gar nicht hin, hat Direktor Freytag gesagt!"

Na, und dann hat der Offizier mir einen ganz großen Kasten Pralinen zum Trösten geschenkt.
Frau A, Jg. 1923, G.

168
Weihnachten nach dem Ersten Weltkrieg war Sängerball von der Liedertafel. Da haben wir mit Jacobi, Kessemeier und Onkel Rudolf im Keller gesessen und den Dornkaat aus der Kaffekanne getrunken. . . da bin ich so blau gewesen, da wären wir beinahe umgekommen. Jacobi und Onkel Rudolf standen auf der Waage im Keller, das war bei Kolloge im Keller, im Schnapskeller und man konnte gerade mit dem Kopf unter der Decke stehen, da wollten wir uns wiegen. Und wir drückten immer gegen die Decke und hatten gar nicht genügend Gewicht auf der Waage. Da hat meine Schwester mich hinterher nach Hause gebracht, das ging immer im Kreis!
Am anderen Morgen mußte ich wieder nach Hamburg zu meiner Stelle, also das ging mir überhaupt nicht gut. Da lag ich in der Werkstatt und der Chef sagte zu mir: „Weshalb gehen sie nicht nach Hause?! Gehen sie mal nach Hause und kommen morgen wieder."
Also da wäre ich beinahe über den Hund gekommen.
Herr C, Jg. 1901, G.

169
Früher war es ja nicht so wie heute, Disco und an jeder Ecke Tanz und das da dann Spektakel ist. Damals gab das Maimarkt, Herbstmarkt und dann waren die Bälle, die Tanzbälle. Und natürlich auch Turnvereine und Kriegerverein usw. Aber es waren immer bestimmte Anlässe, also entweder ein Verein oder sonst irgendjemand, der einen Ball abhielt. Nicht so wie heute, daß man da zur Disco kam, wo jeden Tag Tanz ist, das gab es nicht. Und dann freute man sich schon 14 Tage vorher darauf: „Donnerwetter, in 14 Tagen ist Ball bei Johann Kolloge."
Herr B, Jg. 1903, G.

170
Die Feste, die früher hauptsächlich gefeiert wurden, waren die Geburtstage. Und auch die Hochzeiten, das war immer sehr schön.
Konfirmation und Kommunion war natürlich nicht so wie heute, wir kriegten vielleicht einen Blumenpott, da war sonst nichts. Nach der Konfirmation war auch die Schule zu Ende und wir mußten arbeiten. Meine Großnichte hat bald Konfirmation und der habe ich gesagt: „So, nun ist Schluß mit der Schule und du mußt anfangen zu arbeiten." Das konnte die überhaupt nicht begreifen. Das damals danach aus war, daß Schluß war.
Frau D, Jg. 1910, G.

171
Ich weiß noch, wenn früher Stoppelmarkt war, da sind wir mit der Bahn hin und es fuhren auch Extrazüge. Damals gab es noch vier Klassen, die 1., 2., 3. und 4. Bahnklasse und die 4. waren einfache Waggons, wo Tische und Stühle 'rein-

Pfingstfahrt 1928 nach Trier. Von links: Ernst Frost und Ernst Walsemann

gestellt wurden. Der Eingang war so 'ne Schiebetür an der Seite... naja, wir fuhren also mit der Bahn zum Stoppelmarkt und mußten ja auch irgendwie Geld haben. Aber das war damals knapp und unser Vater fragte dann: „Na, wieviel Geld braucht Ihr denn? Was kostet die Bahn und wieviel wollt Ihr ausgeben?" Da hatten wir vorher noch gar nicht 'dran gedacht, also was wir auf dem Stoppelmarkt kaufen wollten, eigentlich wollten wir nur hin und dort 'was erleben.
Und dann kriegten wir halt so viel Geld, daß wir uns gerade die Zugfahrkarte kaufen konnten, denn das Geld war schon alle, als wir in den Zug stiegen... aber das machte gar nichts, denn nun konnten wir ja los und 'was erleben! Dann stiegen wir also in den Bahnwaggon und fuhren zum Stoppelmarkt. Unterwegs haben wir den Leuten, die auf den Feldern arbeiteten, zugewunken und auch sonst allerhand Jux gemacht – das war damals unser Stoppelmarkt.
Herr M, Jg. 1899, E.

172
Geld haben wir auf dem Markt, wenn Markt war, Herbstmarkt, Maimarkt, wieder ausgegeben. Das war immer das Vergnügen damals. Ich habe mal eine Mark gehabt und habe 13 Mark bei diesen Glücksrädern gewonnen. War ich glücklich! Zu Hause habe ich gesagt, daß ich 13 Mark gewonnen habe. Aber ich wollte nochmehr gewinnen und bin wieder hingefahren – und dann bin ich mit einem dicken Kopf wiedergekommen, meine Mark war auch noch weg, war nichts mehr da. Ich dachte immer, du kriegst wohl wieder was... ja, Schiet! Da muß-

test du draufhauen und wenn er die Zahl traf, das war numeriert, rote Zahlen waren Gewinne und dann gaben sie dir entweder Geld oder du kriegtest so eine alte Stoffpuppe mit Holzwolle ausgeprägt. Das war so das Vergnügen. Dann gab es Karussells, die mußten aber geschoben werden und von Pferden gezogen. Da konnten sich Jungs auch Geld verdienen. Die mußten auf die Platte springen, um zu bremsen. Dann das Karussell wieder anschieben, das taten die Jungs auch gerne. Andere wieder, die kauften sich Butterkuchen und Honigkuchen, das war schon eine Seltenheit, das gab es ja nicht alle Tage.
Die Zigeuner kamen auch viel zum Markt und die Leute hatten Angst, daß die Kinder geklaut würden. Da ist um, na, ich war vielleicht zehn Jahre, da ist ein Kind verschwunden, von dem Schlachter Werner, das ist heute Schlachter Gebken. Die hatten ein paar Mädchen und das Mädchen ist an dem Tag verschwunden. Man hat angenommen, daß es von Zigeunern mitgenommen wurde, oder es ist in die Hunte gefallen und ertrunken, weil die neben der Hunte wohnten. Die Leute waren da mit den Zigeunern immer vorsichtig. Es war mal eine große Schlägerei mit Bauern und Zigeunern, das ging hin und her, die sind durch die Straßen geflüchtet, die Zigeuner in die Häuser 'rein und hinten wieder 'raus. Das war nicht schön. Die sich da mit rumschlugen, waren ja auch Ganoven.
Herr J, Jg. 1910, E.

173
Eine Trennung zwischen Arbeit und Freizeit gab es gar nicht so – ich habe das jedenfalls nicht empfunden. Man hat gearbeitet bis alles erledigt war, das war das Wichtigste!
Und auch mit dem Reisen: Wer ist denn früher verreist? Kein Mensch! Das kam nachher mit „Kraft durch Freude", da kam das.
Ich bin zuerst in den Schwarzwald gefahren, acht Tage für 36 Mark, mit Vollverpflegung, alles. Der Staat hat da immer zugelegt.
Frau D, Jg. 1910, G.

174
Der Arbeitsdienst kam früher auch oft bei Muhle. Die kriegten da immer Hühnerfrikassee, Bratkartoffeln usw., die futterten sich da durch.
Soldaten, die hier auf Urlaub waren, denen gab er ja alles raus, alles, was die haben wollten, Wein und alles. Und dann ging er immer ins Bett und sagte: „So, nun macht mal weiter. Schließt nachher dann noch die Tür ab." Der ging ins Bett und die konnten machen, was sie wollten – so waren alle zufrieden.
Frau D, Jg. 1910, G.

175
Den Tanzunterricht machte damals Fisch-Poppe, ganz bekannt, der Schwiegervater von Kern. Der wohnte in der Kirchstraße. Da kann ich gar nichts zu sagen, war Nachbarschaft. Er war Schuhmacher, lief mit dem Korb über Land und holte Aufträge ein. Der lief auch bis nach Delmenhorst. Dann hatte er einen Fischladen, hinten standen die Ziegen, Kühe hatte er nicht, und den Ziegenstall

Vor dem Kölner Dom während der Pfingstfahrt nach Trier 1928. Von links: Ernst Frost, August Frost, Hans Weise, Ernst Walsemann.

durch, da nebenan standen denn ein paar Kisten mit Fisch. Was war der noch? Einmal Schuster, Tanzlehrer, dann war er Fischhändler, also der machte alles. Im Stall roch das immer nach Fischen und nach Ziegen, der Geruch war immer der Gleiche. Und da haben wir tanzen gelernt. Er hatte so eine Geige, auf der er fiedelte und wenn er haute, dann haute er mit dem Geigenstock. Und wenn der Tanzkursus zu Ende war, dann wurde Abtanzball gemacht. Da hatten wir einen Bogen aus Weiden und Blumengesteck, da ging jeweils ein Tanzpaar 'drunter und er marschierte mit der Geige vorweg. Abtanzball war für uns schon eine große Sache, die Eltern waren mit dabei. Da mußte man ganz artig mit den Eltern sitzen und die Dame immer wieder zurück an den Tisch bringen. Und nachher, wenn es nach Hause ging, nahmen die Eltern ihre Tochter mit, da konntest du nicht mit nach Hause gehen.
Herr J, Jg. 1910, G.

176
Also wenn der Poppe mit seiner Geige fiedelte und wir besonders gut tanzten, griff er in seine Jackentasche und holte so Bonbons raus, die waren aber ohne Papier und da waren die ganzen Fusseln 'dran, die kriegten wir als Belohnung.
Frau A, Jg.1923, G.

177
Früher zu Pfingsten war nur unten im Rathaus die Wirtschaft – oben war ja Korn gelagert. Das machte dann Osterloh, der kam mit Pferd und Wagen, mit Küchenherd und mit allem. Dann wurde erst aufgeräumt, was da unten sich alles im Laufe des Jahres eingefunden hatte, das kam da erst 'raus und dann wurde da unten geschrubbt. Naja, und oben im Saal war Tanz – verstaubt waren die schwarzen Anzüge hinterher immer, da war ja im ganzen Jahr vorher das Korn 'drin und wenn die tanzten, dann kam überall Staub 'runter, das war schon schlimm, aber trotzdem schöner als jetzt, glaube ich. Gemütlicher. Und oben saßen die alten Frauen von der Kleinen Straße – da stand an der Wand lang eine Bank und da saßen die dann alle drauf und guckten zu.
Frau P, Jg. 1896, E.

Gildeoffiziere und Schützenkönig Hermann Lemme 1927.

178
Was die Studenten früher so machten, wenn sie zu Pfingsten Ferien hatten, Schützenfest, da klauten die bei der Wache im Rathaus die Fahne und dann ging es durch die Gärten und durch die Wiesen und die Wachmannschaft hinterher. . . bis sie die Lümmels' endlich gefangen hatten und sie dann in Ketten schlossen und ab zur Wache brachten. Da wurden sie dann verhaftet und verurteilt, da war der Richter und dann wurde richtig verhandelt und anschließend mußten sie Strafe zahlen – das war natürlich wenig und den Spaß hatten ja alle weg, wenn sie duch die Gärten sausten und die Wachmannschaft hinterher!
Frau P, Jg. 1896, E.

179
Pfingsten war früher viel kleiner als heute. Das erste Mal mit Zelt an Pfingsten, das war 1934/35, glaube ich, vorher war das ja immer nur im Rathaus. Da hatte Nordmann das Zelt, der baute das auf und Kern machte die Kneipe. Heute hat sich das ja so groß entwickelt.
Herr N, Jg. 1909, E.

180
Die Schützengilde früher, das waren alles nur Wildeshauser Ackerbürger, da saß noch Stolz 'drin, ich bin ja erst 1953 zugekommen, aber die alten Geschäftsleute und Ackerbürger fragten dann: „Hast du 'was? Kannst du 'was?"
Herr N, Jg. 1909, E.

181

Pfingsten wurde immer durchgefeiert, bis zum anderen Morgen, die Eltern selbst machten ja auch mit. Ich vergesse gar nicht, eines Morgens, wir hatten durchgemacht, bei Muhlen, das war von Pfingstdienstag auf Pfingstmittwoch, Konditor Muhle, da waren wir noch alle mit zehn, zwölf im Frack und Zylinder. Um neun, ich denke: „Teufel, jetzt muß ich nach Hause." Zylinder auf und Gewehr, die Westerstraße 'runter und die Leute lachten. In der Nähe von der Apotheke, ich denke: „Wer kommt denn da?" Da kommt Pastor Wehming von der Burgstraße. Ich denke: „Der braucht mich gerade nicht zu sehen," und schleunigst mit Tempo zu Leffers in den Laden. Da war Willi Hoverkamp, der hatte auch mitgefeiert, aber war schon wieder im Dienst, das war so damals der stellvertretende Chef. „Sieh, Willi." – „Mensch, komm man 'rin." Die waren alle am lachen da. Die Tür, die zur Kirchstraße aufging, da konnte man privat hinkommen – und wer kommt da 'rein? Pastor Wehming. Und lachte und lachte: „Jau, da habe ich dich ja." – „Herr Pastor," sagte ich da, „sie sollten mich ja gar nicht sehen." – „Ja, das habe ich mir gedacht." Und der haute sich vor Lachen auf die Schenkel, der konnte so herzhaft lachen. „Nun habe ich dich gekriegt." – „Sie sollten mich ja gar nicht kriegen." – „Das habe ich wohl gemerkt, darum bin ich ja hier 'reingekommen."

Herr J, Jg. 1908, E.

182

Wir gingen auch in die Wirtschaften. Wir hatten ja unsere Gesellschaft, wir waren im Kolping, unser Vereinslokal war bei Kern. Wir machten auch schon mal Ausflüge, sonntags, so Spaziergänge zu Sander, da war eine Kegelbahn, dann haben wir gekegelt und da kegelten wir Hähnchen aus. Die hatten die Kegelbahn draußen, wie das früher war, überdacht und dann im Freien, hinter dem Haus. Wir waren so 22 bis 25, 26 Jahre alt und verkegelten die Hähnchen. Die nahmen wir so unter dem Arm mit nach Hause. Und Bernd Wellbrock, dem lief das Hähnchen weg, da wurde Jagd auf das Hähnchen gemacht: Der Hahn über den Acker und wir hinterher. Zuletzt hat er seinen Hahn dann doch gekriegt. Mittlerweile ging man in den Gesangverein, dann machten wir damit Ausflüge, das Sängerfest und dergleichen, also da hatte man schon Unterhaltung genug. Da fuhren wir auch mit dem Bus, mit Debbeler. Und nach Altona gingen wir raus.

Wir Jungs und Männer waren damals noch viel allein. Die Frauen hatten ihre Versammlungen und die Männer ihre.

Herr J, Jg. 1910, E.

183

Also Kulturangebot, das war so weit nicht her. Das mußten die Vereine schon tun. Zum Beispiel Theater: Wir hatten schöne Theaterstücke von der Kolping und auch von Euphonia. Jeder Verein hatte besondere, die wurden drei, vier Mal aufgeführt, weil die so stark besucht waren. Bei Kolloges wurden die aufgeführt. Beide hatten ja einen großen Saal und die rissen sich um die Theaterabende. Je-

Gastraum und Clubzimmer von Stegemanns Hotel um 1933. Fotoarchiv Panschar.

der wollte gern das Theater haben und anschließend war ein Ball – das brachte Geld, wenn die Leute höchstens mal zu diesen Vereinen ausgingen. Die Säle waren auch immer voll: 400/500 gingen wohl 'rein und das war immer besetzt bis zum letzten Platz.
Die Theaterproben, Generalproben, die führten wir Samstagsnachmittags auf und da wurden die Schulen eingeladen. Sonntagsnachmittags oder Abends war dann die Hauptaufführung, dann nächsten Montag noch und eine Woche später wieder zwei Tage. Da kamen auch die Mädchen und da konnten wir dann manchmal die Mädchen nach Hause bringen. Abends waren ja die Eltern da mit ihren Töchtern und wenn die schon etwas vernünftiger waren, da konnte es auch mal sein: „Ja gut, aber ihr seid um ein Uhr zu Hause." Und da waren wir auch da. Nachher nicht mehr, da machten wir auch durch.
Herr J. Jg. 1908, E.

184
Früher waren wir auch viel Schlittschuhlaufen im Winter – hier vom Tunnel an der Hunte bis zur Wiekau, das war alles überschwemmt im Winter, weil die Hunte über die Ufer getreten ist und dann war Frost. Also solche Flächen hatten wir früher. Das kennt Ihr heute gar nicht mehr – es gibt ja fast keinen Frost mehr und auch keinen richtigen Sommer und Winter mehr. . .!
Meine Mutter sprach früher, die sind mit Schlittschuhen von Westerstede gelaufen bis Leer. . . das stell' sich heute mal einer vor!
Herr M, Jg. 1899, E.

185

Vor 70 Jahren, 1927, da hatte ich ’n Motorrad, 550 ccm schwer. August hatte eine mit 200 ccm, Ernst Walsemann und der Reiser auch. Und dann sind wir damit nach Trier – da sind uns am Rhein von Köln nach Koblenz keine 100 Autos begegnet. ’N Paar Motorräder, Pferd und Wagen und Leute mit Rad – aber Autos wie heute... keine 100!

Herr M, Jg. 1899, E.

Geld und Politik

Die große Altersspanne der Projektteilnehmer setzte den Erinnerungszeitraum von den Anfängen dieses Jahrhunderts bis in die Nachkriegsjahre des Zweiten Weltkrieges. Die Erzählungen behandeln einen Zeitraum, der wirtschaftlich und politisch enormen Entwicklungen und Umbrüchen ausgesetzt war: Die Kaiserzeit, der Erste Weltkrieg, der Zusammenbruch der Monarchie, die Weimarer Republik, Inflation und Weltwirtschaftskrise, die nationalsozialistische Diktatur, der Zweite Weltkrieg und die Nachkriegsjahre nahmen entscheidenden Einfluß auf das Leben der befragten Senioren. Die ältesten Teilnehmer verbrachten ihre Kindheit und Jugend noch in der Kaiserzeit, während die jüngeren Teilnehmer mit ihrer Eingliederung in die nationalsozialistische Jugend aufgewachsen sind.

Trotz dieser Vielzahl an bedeutenden politischen Ereignissen und Entwicklungen erinnern die Senioren hierfür kein besonderes Bewußtsein zum Zeitpunkt ihrer Handlungs- und Erlebnissituation oder gar den Wunsch nach politischer Partizipation und Mitbestimmung. Politik geschah in ihren Erzählungen fern des eigenen Wirkungskreises und entzog sich ihren Absichten und Möglichkeiten eigener Einflußnahme – eine Sensibilität für politische Selbstverantwortlichkeit gab es kaum.

Auch an besondere politische Ereignisse reichten die wenigsten Erinnerungen. Allenfalls wurden die Auswirkungen wahrgenommen und, vor allem im Falle

Fuhrgeschäft Liborius Panschar in der Westerstraße 1895. Fotoarchiv Panschar.

der wirtschaftlichen Krisen der Weimarer Republik, auch empfindlich gespürt: Der vielfach beklagte Geldmangel und die daraus erwachsenen Notsituationen dominierten in vielen Erzählungen die Organisation des alltäglichen Lebens. Unmittelbare Zusammenhänge von Politik und Alltagsleben äußerten dagegen die Wenigsten.

186

Mein Vater schwärmte immer nur für das Kaiserreich. Und so war die ganze ältere Generation. Die waren immer nur für das Kaiserreich. Auch in sehr viel späteren Jahren.

Herr J, Jg. 1908, G.

187

In Wildeshausen waren in der Kaiserzeit alle „Ackerbürger", die hatten ihr Auskommen und Arbeitslose gab es bei uns wenig. Es waren alles kleine Betriebe, Handwerksbetriebe, Landwirtschaft usw. Aufgrunddessen war auch das Politische hier gar nicht so entscheidend. Von Politik wurde damals gar nicht so gesprochen.

Herr K, Jg. 1923, G.

188

Als Kind war man auch ganz anders erzogen. Vor dem Ersten Krieg und auch noch bis Ende des Krieges gingen wir zu den Bauern zum Kartoffeln suchen. Anfangs gab es 60 Pfennig am Nachmittag, zuletzt, das Höchste war 1 Mark. Wir machten das hauptsächlich, weil es abends etwas zu essen gab, dicken Reis.

Aber wenn wir dann unser Geld kriegten, das nahmen wir dann an und wenn wir nach Hause fuhren, dann wurde das Geld auf den Tisch gelegt. Nicht, daß man das behielt oder sich 'was von kaufte, ein Bonbon oder sonstwas, das wurde abgegeben – ohne mit der Wimper zu zucken. Da hat sich keiner 'was bei gedacht.

Und wenn ich da heute über nachdenke: Ist ja schön, daß es heute anders ist. Und wenn man weiter nachdenkt, dann war die Zeit für uns ja wirklich auch schön.

Herr B, Jg. 1903, G.

189

An Kaisers Geburtstag war immer keine Schule, da hatten wir frei. Der Kriegerverein hatte etwas, die feierten dann. Später an Hitlers Geburtstag war auch schulfrei, aber da mußten die Kinder trotzdem immer antreten und marschieren. Zu Hause bleiben durften die nicht.

Und der Sedanstag ist in der Kaiserzeit natürlich auch immer groß begangen worden – der Sieg gegen die Franzosen bei Sedan. Das letzte Mal ist der wohl 1913 gefeiert worden, im Kriege gab es dann keine Feiern mehr.

Herr B, Jg. 1903, G.

Stadtrat von 1905–1910 mit Bürgermeister Friedrich Schetter (4. von links sitzend).

190
Im Ersten Krieg, da hieß es dann auf einmal „Auf Wiedersehen“ und nicht mehr „Adieu“. Vorher sagten wir noch „Adieu“. Statt „Trottoir“ sagten wir „Gehweg“. Nur bloß keine französischen Wörter mehr. In der Schule wurde da selbstverständlich ’drauf geachtet, das wurde uns eingebleut. Das ging furchtbar schnell.
Herr B, Jg. 1903, G.

191
Die Brauerei – Lange war zuletzt da, vorher Knüpling und davor war es eine AG, Sieverding und Sager. Die Minna Sager wohnte doch noch nachher am Krandel und die erzählte mir mal, daß der Sieverding mit der Kasse abgehauen wäre und deswegen wären die im Ersten Krieg pleite gegangen.
Frau D, Jg. 1910, G.

192
Nach dem Ersten Krieg, als das Kaiserreich vorbei war, also die Feinde waren alles die Sozialdemokraten und Kommunisten. Für solche Zwecke, wenn die mal was machten, hatten manche Waffen zu Hause.
Bei uns im Keller, wir hatten so einen Gewölbekeller, hatte auch einer seine Gewehre versteckt.
Herr C, Jg. 1901, G.

Brauerei „Schloß Wittekind" um 1917.

193
Die Gewehre haben sie auch in Dötlingen, in der Kirche, hinter dem Altar versteckt. Wenn ich da mal mit meiner Mutter war, dann sagte sie immer: „Hier hat Vater früher seine „Schimäre" versteckt.
Frau A, Jg, 1923, G.

194
Der Wechsel vom Kaiserreich zur Republik, ich meine, daß das hauptsächlich in den großen Städten passierte, in Bremen usw. Hier war nichts. Die Wildeshauser waren alle mit sich selbst zufrieden.
Herr B, Jg. 1903, G.

195
Die Politik haben wir gar nicht so wahrgenommen. Den Übergang vom Kaiserreich zur Demokratie? Bewußt insofern wahrgenommen – wir hatten den Ersten Krieg verloren! Das war das Wichtigste!
Wir standen ja vor dem nichts. Auch mit einer Inflation, mit allem – wir mußten von vorne anfangen.
In der Weimarer Republik kam die große Arbeitslosigkeit, keiner hatte 'was zu tun. Dadurch kam ja auch der Nationalsozialismus hoch, nur dadurch. Es gab keine Arbeit.
Hitler setzte die dann alle ein für die Autobahnen und dergleichen, Arbeitsdienst war da... es war ja noch nicht soweit, daß es schon Arbeitsämter gab usw., Ar-

beitslosenunterstützung, so etwas kannte man damals alles noch nicht. Und das förderte alles den Nationalsozialismus, dadurch kam der hoch.
Herr B, Jg. 1903, G.

196
Der Krieg war zu Ende, der Kaiser ist abgetreten, wir waren nur froh, daß der Krieg aus war und die Leute wußten ja, daß der Kaiser teilweise Mitschuld war.
Mit der neuen Zeit... also es kam dann ja das Papiergeld. Und die Inflation warf schon ihre Schatten voraus. Ich mußte für Twisterling immer um zwölf Uhr mit dem Zug nach Delmenhorst, ein großer Pappkarton voller Geld, Ledertaschen gab es auch nicht, es war ja schlechte Zeit, und dann zur Bank. Das Geld wurde ja jeden Tag entwertet. Und die Bauern mußten immer gleich morgens sofort bezahlen.
Die Bahn, das war auch so eine Begebenheit, das war ein Güterwagen und da war nur ein Personenzug darangehängt. Und wenn man mal austreten mußte, dann war das eine Tortur, da war nämlich kein Klosett 'drin.
Naja, und danach ging es dann gleich wieder zurück.
Herr J, Jg. 1908, E.

197
In Hamburg habe ich eine Stelle gehabt, das war zur Inflationszeit 1923 damals. Das Geld war ja nichts wert und ich hatte auch nie Geld zu der Zeit, das war immer weg. Abends brachten wir das Geld vom Geschäft zur Bank, aber anderntags war das schon wieder nichts mehr. Der Chef fragte mich immer: „Haben sie noch Geld?" Und ich mochte immer nichts sagen und sagte nur: „Ja."
Herr C, Jg. 1901, G.

198
Tüt Stegemann hatte doch das erste Radio, oder? Der hatte doch in der Inflation 1923 schon das Radio. Da hat der doch die Kurse immer durchgegeben und die Leute waren so vergrellt, weil die wußten, daß ihr Geld wieder weniger wert war.
Ich weiß noch, daß mein Vater da für ein Monatsgehalt gerade noch eine Mütze kriegen konnte.
Frau D, Jg. 1910, G.

199
Ich weiß noch, daß ist 1923 gewesen, da habe ich in den großen Ferien Gelbsucht gehabt und kam in ein Kinderheim nach Wangerooge. Da habe ich auf einen Brief nach Hause 300 000 Mark kleben müssen. Nach drei Wochen hieß es: „Ihr müßt nach Hause, wir haben nichts mehr zu essen."
Frau D, Jg. 1910, G.

200
Während der Inflation 1923 lebte man von dem, was man in der Landwirtschaft so hatte: Kartoffeln viel, Rüben, davon machte man auch Sirup. . . so hat man sich durch die Zeit geholfen.
In der Stadt, die waren ja viel schlechter dran. Die hatten immer nur Steckrüben, Steckrüben. . . hinterher konnten sie die wohl nicht mehr sehen.
Politisch war dabei aber nichts. Heute geht man ja gegen alles an, aber damals war das so – da hätten wir niemanden verantwortlich gemacht.
Frau E, Jg. 1908, G.

201
Früher hatte der Bürgerverein ja auch noch 'was zu melden – nicht so wie heute. . . da ist zuerst der Bürgerverein gefragt worden, wenn eine Entscheidung anstand, und hinterher hat dann der Rat darüber gesprochen. Heute entscheidet ja nur noch der Stadtrat. Mein Vater, der kam immer ganz aufgeregt nach Hause, wenn Bürgerverein war, hat noch zu Hause weiterdiskutiert, dann fiel ihm wieder 'was ein und dann ist er gleich wieder hingegangen.
Frau E, Jg. 1908, G.

202
Das gewöhnliche Volk hat von der Politik gar nichts mitbekommen. In den Zwanzigern war ja noch nichts da: Die Medien gab es nicht, das Radio war nicht da, das Fernsehen war nicht da und die Zeitungen, da hatten sie keine Zeit zu, weil gearbeitet wurde, bis es dunkel war.
Herr O, Jg. 1923, G.

203
Die Politik bekamen wir über die Zeitung mit. Und dann wurde, z. B. Leffers, der hatte immer die neuesten Nachrichten und hängte diese Nachrichten ins Schaufenster 'rein. Zog ja auch die Leute an, der war da ganz klug. Und so kriegte man die ersten Nachrichten mit. Da liefen die Leute viel hin, nach Leffers Ecke. „Was macht der Krieg?" Damals waren wir ja noch am Siegen und nachher waren wir am Versiegen. Nach dem Kriege kam ja allmählich das Fernsehen auf, Radio auch.
Herr J, Jg. 1908, E.

204
Wir hatten ja unsere Partei, wir hatten die Zentrumspartei und die war für uns ja maßgebend. Ich selbst habe viel Zettel mitgeklebt, nachts waren wir unterwegs, klebten Zettel und dann rissen die anderen unsere wieder ab und klebten neue, dann rissen wir die wieder ab und so ging das weiter. Direkt an die Häuser kleben duften wir nicht, aber dazwischen, oder an Bäume oder an die Pumpen.
Die Nazis klebten und rissen auch mit, aber am Anfang konnten die ja noch nicht so durchgreifen, sonst hätten sie uns ja gleich. . . und dann, an der Pumpe in der Kirchstraße, das wurde morgens hell, wir hatten unsere Tour gemacht, da hatten sie unsere schon wieder abgerissen. Da kamen gerade die Nazis und

Einweihung der ersten Kraftpostlinie Wildeshausen-Ahlhorn und Wildeshausen-Bassum auf dem Marktplatz am 6. Juli 1925. Fotoarchiv Panschar.

wir sagten: „Kommt ihr hierher, dann hauen wir euch den Pinsel um die Ohren!“ Da haben sie es nicht gewagt und wir haben gewartet, bis es acht oder neun Uhr war und dann war unser Plakat wieder da. Wenn wir am Kleben waren, dann kam die Mutter Cordes, die ist ja recht alt geworden, die ist erst vor einigen Jahren gestorben, die kam und war Sozi und hielt da zu uns. Die sagte immer: „Haut denen die Pinsel um die Ohren!“ Und die Nazis standen da mit ihren braunen Uniformen und trauten sich nicht mehr ’ran. Wir standen da mit drei, vier Mann und die auch. Das war so ein, zwei Jahre bevor Hitler ans Ruder kam. Nachher hätten sie uns ja eingebuchtet.
Pienings an der Alexanderkirche hatten ein Firmenschild und ich fragte: „Dürfen wir da ’was drankleben?“ – „Ja,“ sagte Mutter Piening, die war auch Zentrum. Was habe ich da noch gedichtet? Zur Wahl war das... „Wollt ihr Retter des Vaterlandes sein, dann wählt nur die bürgerlichen Parteien. Soll Deutschlands Untergang euch erfreuen, dann wählt nur die Liste neun!“ Das waren die Nazis. Sonntagmorgen an der Alexanderkirche, die Leute gingen viel zur Kirche und alle haben das gelesen und keiner hat sich daran gestört, das hat keiner abgerissen. Nachher kam ja die Zeit, wo wir uns etwas ruhiger verhalten mußten.
Herr J, Jg. 1908, E.

205
Seit 1926 etwa kam nun die Reibung im Stadtrat. Die NSDAP war natürlich noch nicht ’drin, aber dann kamen nachher auch Vertreter von der NSDAP mit

hinein, außerdem waren die Deutschnationalen, das war Dr. Jacobi und das Zentrum vor allen Dingen. Die hetzten nun alle gegeneinander.
Bis etwa 1928/29, wenn Stadtratssitzung war, dann hatten wir Stadtratssitzung, in gewichtiger Runde will ich mal sagen: Also die Stadträte waren natürlich da und wir vom Magistrat – und dann lief die Sitzung ab.
Aber dann ging es los: Dann kriegten wir Publikum. Dann kamen die Leute und die wollten ja 'was hören. 1930 wurde der Bürgermeister, der leitete ja die Sitzungen, der wurde abgewählt und da wurde es Lemme von der „Nationalen Front", als Stadtratsvorsitzender und der Bürgermeister saß als Zuhörer bei den Sitzungen dabei. Solche Reibereien hat es damals schon im Stadtrat gegeben.
Also Anfang der Dreißiger Jahre, vielleicht auch schon ein bißchen früher, ging das los mit der Parteipolitik. Alle glaubten und wollten: „Du gehörst zu uns."
Herr B, Jg. 1903, E.

206
Damals wurde schon bei der Stadt an allen Ecken und Enden gespart und das Hauptthema war immer, auch bei den Stadtratssitzungen: Die Gehälter der städtischen Beamten, der Angestellten. In einer Sitzung, wo wir auch wieder zur Debatte standen – damals gehörte auch den städtischen Beamten die Wildeshauser Sparkasse, das, was jetzt die Landessparkasse ist – also in einer Sitzung ging es wieder um diese Gehälter, die waren ein besonderer Posten im Haushaltsetat. Da wurde also wieder debattiert: „Die verdienen viel zu viel!" Und dann wurde schließlich jeder einzeln vorgenommen, jeder einzeln.
Ich war Protokollführer in der Sitzung, also da kam erst der Bürgermeister: Angenommen, nur mal angenommen, der verdiente 3000 Mark, „2000 Mark" wurde dann gesagt. Der Stadtkämmerer, „Viel zu viel! So und so viel!" Und dann kam ich dran. Ich sagte: „Meine Herren," bin aufgestanden und habe meinen Federhalter auf den Tisch geknallt, „machen sie doch ihre Sachen selbst!" Da stand Dr. Jacobi auf, der war damals im Stadtrat, der stand auf: „Nein," damals ging das alles per Du, „du bist der Einzige, der arbeitet, an deinem Gehalt wird nicht gerüttelt." Ja, und dann habe ich mich wieder hingesetzt.
Im übrigen waren die Gehälter sowieso von oben, vom Ministerium festgesetzt, da konnte der Stadtrat nichts dran machen – und die blieben auch genauso wie sie waren.
Herr B, Jg. 1903, E.

207
Aus dieser Notzeit 1929 zur Weltwirtschaftskrise habe ich ein Erlebnis: Wir waren damals in Bremen mit meiner Tante, in der Sögestraße waren wir und auf einmal war ein großes Theater, Krawall und Raufereien dort. Da ging das dann los, die schmissen die ersten Scheiben ein und die Fenster schepperten alle! Wir sind gleich 'rein in ein Haus und hinauf bis unter's Dach, damit wir sicher waren, aber unten ging das richtig rund – die Sprechchöre riefen alle: „Gebt uns Arbeit, gebt uns Brot oder wir schlagen Euch alle tot!"
Herr K, Jg. 1923, G.

Pumpe in der Burgstraße um 1930. Fotoarchiv Panschar.

208
Bei der Agrarkrise Ende der 20er Jahre waren wir auf dem Land natürlich getroffen, da ging das ziemlich durcheinander. Manche, die mit Ferkeln zum Markt gefahren sind, die hatten 20 'drauf und wenn sie zwischendurch ein Glas Bier getrunken haben, dann hatten sie nachher auf einmal 30 hinten 'drauf. Die waren wirklich nicht loszuwerden, die konntest du auf dem Markt nicht verkaufen und bevor man die wieder mitnahm, hat man sie lieber so dagelassen. Warum das so war. . .? Die Absatzlage war jedenfalls schlecht. In dieser Zeit ist auch viel Land verkauft, weil die Leute so in Schwierigkeiten waren.
Herr G, Jg. 1921, E.

209
Mein Vater hat auch damals bei der Wirtschaftskrise 1929 gegen Roggen gearbeitet. Meine Mutter erzählte immer, daß sie auf dem Hausboden alles Roggen gehabt hätten. Und ich bin auch als Kind, da mußte ich mal fotografiert werden, gegen einen Sack Roggen fotografiert worden, da haben wir einen Sack Roggen hingebracht.
Frau A, Jg. 1923, G.

210
Das waren alles furchtbare Jahre, die wir durchgemacht haben. Zwei Kriege und Inflation, was war denn? Das war nicht so einfach!

Und wenn man das heute so erzählt, dann denken die Kinder ja, die spinnt. Das glauben diese Kinder von heutzutage ja gar nicht, daß das alles so war.

Frau F, Jg. 1909, E.

211

Wir mußten auch das Geld immer zusammensuchen. Bei Bonings wurde angeschrieben, das ganze Jahr über und im Herbst, wenn Kartoffeln oder Getreide verkauft wurde, dann wurde das damit bezahlt.

Frau H, Jg. 1927, G.

212

So war das bei uns auch. Das Geld kam auch nicht so bei uns zu Hause. Wenn Markttag war, dann sagte mein Vater immer: „Heute muß einer von euch zu Hause bleiben, vielleicht bezahlt ja jemand eine Rechnung." Die Bauern kamen dann ja, wenn Pferdemarkt war.

Frau A, Jg. 1923, G.

213

Heute kostet ein Auto ja eine Menge Unterhalt. Damals wurde halt viel zu Fuß gegangen und Rad gefahren. Und es wurden auch nicht so viele Ansprüche gestellt. Ich bin der Meinung, die Ansprüche kommen durch die Technik. Früher hatte man nicht so viel Geld und ist zu Hause geblieben. Das Familienleben früher spielte sich deswegen mehr im Haus ab.

Frau I, Jg. 1914, G.

214

Uns fehlte einfach das Geld, trotzdem die Eltern so schwer gearbeitet haben. Es fehlte einfach das Geld. Da gab es gar nicht, so wie jetzt, jeden Abend sind die Leute unterwegs. . . und daß die Leute essen gehen, kannte man überhaupt nicht, überhaupt nicht.

Herr J, Jg. 1908, E.

215

Arbeitslosigkeit kannte man früher hier auf dem Land nicht – die Leute hatten alle Arbeit. Die sozialen Bedingungen, die man heute so hat, Kindergeld usw., das gab es natürlich auch nicht. . . und trotzdem waren die Leute zufriedener wie heute, bin ich der Meinung.

Herr B, Jg. 1903, G.

216

Wer hatte damals schon Geld? Und wer verdiente überhaupt Geld? Wenn man da so über nachdenkt, was unsere Eltern ein bescheidenes Leben haben führen müssen. . . das ist ja unbeschreiblich!

Es gab kein Kindergeld, es gab keine Arbeitslosenunterstützung, es gab überhaupt nichts – es gab nur einen kümmerlichen Lohn.

Mein Vater war zum Beispiel Maurer, hatte ein eigenes Geschäft, die hatten einen knappen, kleinen Lohn, aber als Maurer, im November, da war aber spä-

In der „Wallquelle“ bei Osterloh/Westerstraße anläßlich eines Pferdekaufes um 1955. Von links: Willi Oeljeschläger, Fritz Rykena und Heini Reinberg.

testens Sense. Da kam das schlechte Wetter und dann war keine Arbeit da. Das fing im Frühjahr erst wieder an. Dann mußtest du sehen: Wer nicht gewirtschaftet hatte, wer nicht ein bißchen zurückgelegt hatte... Unterstützung gab es nicht.

Herr B, Jg. 1903, G.

217

Bei Fidi Mallü hat mal einer gewohnt, der hatte in Delmenhorst eingebrochen. Wir wußten das nicht und ich kam da mal abends hin, da wollten wir feiern und sind losgewesen, erst hin nach Nordmann, Cognac, fünf Flaschen und nur das Beste, eine Kiste Bier. Dann zum Schlachter, Wurst wollten die auch haben, da wurden vier dicke Mettwürste gekauft und bezahlt wurde alles in hundert Mark Scheinen. Wir hatten ja keine Ahnung. Dann sind wir noch bei Bäcker Hespe gewesen und holten auch noch Kuchen. Alles, was der an Kuchen im Laden hatte. Dann sind wir noch zu dritt mit zum Wagen, ein Hartmann, der wohnte da, Jan ter Hell und meine Wenigkeit.
Naja, nachher haben sie ihn dann geschnappt. Da hatte er oben im Zimmer 7000 Mark bares Geld noch gehabt. Und eine goldene Uhr hatte der auch, da hat aber keiner 'drüber nachgedacht, daß er die geklaut haben könnte.
Alma Mallü, die jüngste Tochter, hat auch erst mit gesessen, weil keiner wußte, wie das zusammenhängt, ob sie da mitgespielt hatte. Das war kurz vor dem Krieg, 1937 oder 1938 muß das gewesen sein.

Herr N, Jg. 1909, E.

218
Nach dem Kriege war ich wieder mit der Politik zusammen, die Gemeinde Dötlingen holte mich damals als Bürgermeister – das gab ich aber wieder auf und zwar aus einem ganz gewissen Grunde: Ich war nämlich während des Krieges in der Partei gewesen, hab' aber nichts gemacht, wollte damit auch nichts zu tun haben, also, ich bin nicht bei diesen Versammlungen gewesen und so weiter – aber ich war in der Partei! Und dann eines Tages wurde bekannt gegeben, alle ehemaligen Parteigenossen, die führende politische Posten innehaben, sind sofort zu entlassen. Siehste, und bevor es dazu kam, bin ich dann hin zum Residenzaufseher nach Oldenburg damals und sagte: „Ich mache Schluß!" Das wollte er nicht. „Nix," sagte ich, „ich bin in der Partei gewesen." – „Macht nichts," meinte der. „Und morgen kriege ich einen Fußtritt," habe ich dann gesagt und ihm das noch bildlich vorgemacht, „also ich mache Schluß!"
Naja, und dann hat der das eingesehen.
Herr B, Jg. 1903, E.

219
Aus dem Rheinland, wie sind die alle gekommen, vor der Währungsreform und wollten tauschen. Mit ihren Wertsachen gingen die hierher und man sagte dann schon: „Die sind so, daß man die Kuhställe bald mit Teppichen auslegen kann."
Die hatten ja nichts.
Frau D, Jg. 1910, G.

220
Damals in der Inflation, vor der Währungsreform 1948, hatte mein Vater bei einem Bauern die Aussteuer getischlert und hinterher kam der Bauer und sagte: „Ich schulde dir zwölf Eier." Das war der Gegenwert für den Geldpreis, den die abgemacht hatten. Die ganze Aussteuer für zwölf Eier!
Frau E, Jg. 1908, G.

221
Ich vergesse gar nicht wieder, nach der Währung 1948, war bei Ürka-Meyer im Schaufenster, alles konntest du da wieder kriegen. Das schönste Silber und alles, war alles wieder da, sofort nach der Währung.
Dann bin ich mal bei Leffers gewesen und wollte für ein Kissen Samt kaufen. Und Gisela Schöpke war damals da und wir haben gerechnet und gerechnet wie ich nun am billigsten und am wenigsten. . . und dann kommt Frau Leffers und sagte: „Stellen sie sich doch nicht so um 10 cm an!" Ich sagte: „Frau Leffers, wir haben nur 40 Mark. Und was haben sie hier alles?" Da hat sie sich umgedreht und ist weggegangen.
Die hatten alle tüchtig gehortet in den Geschäften.
Frau D, Jg. 1910, G.

222
Das war 1949, wir hatten gerade wieder so richtig angefangen mit dem Geschäft. Ich war in Bremen zum Einkaufen irgendwohin und wie ich wieder hier auf den

Bahnhof komme, da waren, wir hatten zwei junge Leute im Geschäft, da waren die schon auf dem Bahnhof und sagten: „Heute ist das Finanzamt dagewesen." Mit dem Zug, wo ich kam, ist der vom Finanzamt wieder weggefahren. Und das war mein Glück: Ich stand eigentlich schon in Bremen auf dem Bahnhof und wäre einen Zug eher gefahren, dann fiel mir ein: „Mensch, kannst da wohl noch ein bißchen Ware kriegen." Dadurch habe ich einen Zug Verspätung gehabt und bin nicht gekommen, wie er da war.
Mein Schwiegervater sagte vorher wohl immer: „Die Bücher gebe ich nicht 'raus. Davon verstehe ich nichts." Da komme ich also nach Hause und sagte: „Ist doch alles in Ordnung, ich habe nichts gemacht." – „Der kommt morgen früh wieder," sagten die dann.
Der kam auch wirklich den anderen Morgen wieder, hat dann alles durchgemacht, wie das eben so ist... und dann mußten wir 8 000 Mark, wir haben ja alle mit 40 Mark angefangen, da mußten wir 8 000 Mark nachbezahlen.
Meine Frau war mir schon böse, ich müßte dann ja wohl irgendwo einen Fehler gemacht haben.
Dann wuchs Gras darüber und anderthalb Jahre später, anderthalb Jahre, also ich sage nur runde Zahlen, da kriegte ich 7 000 Mark, ohne den Finger krumm zu machen, wieder zurück. Die kriegte ich einfach wieder!
Nachher kamen sie dann alle drei Jahre zur Überprüfung, da waren sie immer pünktlich. Ich sagte: „Nun hören sie mal zu, was haben wir denn gemacht? Sie haben mir das Geld wiedergegeben und wir hatten es auch nötig zum Einkauf usw., aber was haben wir denn gemacht? Ich bin dauernd dran beim Finanzamt!" Da hatten die nur Ausreden. Ich sagte: „Ich kenne Kollegen in meinem Beruf, die sind noch nie dran gewesen." – „Ja, sie sind Richtbetrieb."
Wie das nun mit den 8 000 Mark kam, da bin ich gar nicht genau hintergekommen. Ich war ja nur froh, daß ich Geld hatte und habe auch nicht mehr so genau nachgefragt.

Herr C, Jg. 1901, G.

223

Ich sagte das gerade mit dem schlicht um schlicht tauschen. Nach dem ersten Weltkrieg gab es für einen Zentner Roggen noch 120 Pfund Brot. Dann war es schlicht um schlicht, für einen Zentner Roggen gab es einen Zentner Brot. Bis es 1946/47, irgendwann in der Zeit, da hörte das auf, dann wollten die Bäcker in Geld bezahlt werden.
Vergleichen sie nur mal die Preise: ein Zentner Roggen kostete zu Kaiser Wilhelms Zeiten 10 Mark und man hat das gleiche in Brot wiederbekommen. Und wenn man nun vergleicht, was das Brot heute kostet, da schlackert man mit den Ohren! Da kriegst du keinen Zentner Brot mehr für ein Zentner Roggen!
Also das Ökonomische ist seit Jahrzehnten immer so ungefähr gleich geblieben. Ich habe ein Buch zu Hause, wo wir immer die Preise und alles eingetragen ha-

Geschäft von Emilie Immohr in der Westerstraße 1931.

ben: Von 1800 an ist das die ganze Zeit immer etwa gleich geblieben bis sich das nach dem Zweiten Weltkrieg so sehr verändert hat.
Herr G, Jg. 1921, E.

224
Also geschäftlich war es doch wichtig, ob man evangelisch oder katholisch war, jaja, geschäftlich doch. Einer wollte nicht beim Katholik kaufen, der andere nicht beim Evangelischen. Das kam auch automatisch durch die evangelische und katholische Schule, da blieb man dann so zusammen. Also so wild war das in Wildeshausen nicht, das war eine kleine Stadt und man kannte sich, aber Fanatiker gab es schon. Nach dem Krieg hat sich das dann gelockert.
Herr J, Jg. 1908, E.

225
Krieg ist alles Schwindel! Allein die ganze Welt ist ein Schwindel! Auch heute, selbst nach den Wahlen, Du kannst ja wählen, was Du willst, da wird nichts anders mit. Du mußt überall gleich deine Steuern bezahlen, vielleicht mal mehr, mal weniger, aber sonst ändert sich nichts!
Herr M, Jg. 1899, E.

226
Später war ich dann auch im Gemeinderat – aber als Politiker bin ich da nicht 'drin gewesen, sondern als Gemeinderatsmitglied. Verstehen Sie das? Um die Politik habe ich mich nicht sonderlich gekümmert. Das war damals ja auch ganz

anders bis zu meinem Abtritt. In meiner letzten Sitzung habe ich in der Gemeinde gesagt: „Macht weiter so," denn wir standen ja gut da, also finanziell, vom Straßen- und Schulbau her, eigentlich auf allen Gebieten, und dann habe ich gesagt: „Macht weiter so, aber laßt die Politik Politik sein. Die sollen sie in Bonn machen, aber hier wollen wir um der Sache willen und nicht wegen Parteizugehörigkeit entscheiden!"
Die FDP stellt einen Antrag und die CDU lehnt ihn ab, umgekehrt stellt die SPD einen Antrag und da geht dann die andere Partei gegen an – das ist ja Unsinn! Besonders in den kleinen Gemeinden, da sollte man sich doch zusammenraufen!
Herr B, Jg. 1903, E.

Nationalsozialismus

Die Zeit der nationalsozialistischen Diktatur ist kein leichtes Thema für die deutsche Geschichtsschreibung. Die unmittelbare Betroffenheit vieler noch lebender Zeitzeugen sowie tiefgreifende Auswirkungen auf das Selbstverständnis der nachfolgenden Generationen machen Untersuchungen und Darstellungen der NS-Geschichte zu einem schwierigen Abschnitt deutscher Vergangenheit.

Wohl deshalb blieben die Jahre des Dritten Reiches in zahlreichen älteren Ortschroniken, Regionalschriften und Stadtgeschichten einfach ausgespart oder finden im Bemühen um chronologische Vollständigkeit – wie im Falle der „Geschichte der Stadt Wildeshausen" (Lübbing/ Jäkel 1970) – allenfalls eine beiläufige Erwähnung. Allzu oft wurde die Zeit von 1933-1945 in „lokalgeschichtlichen Hochglanzprospekten" einfach aus der historischen Kontinuität geleugnet. Fast möchte man diesen Publikationen eine Verdrängungsabsicht unterstellen, die die Lokalgeschichte am liebsten 1933 enden und 1945 wiederbeginnen lassen würde. Ohne Vertiefung und genauerer Untersuchung wird damit jene Epoche deutscher Vergangenheit aus dem Bewußtsein gedrängt, die unser politisches und gesellschaftliches Leben bis heute nachhaltig prägt.

Dabei ist es gerade der lokale Zugriff, der eine ausführliche und differenzierte Betrachtung der nationalsozialistischen Zeit möglich machen sollte: Die Arbeit „vor Ort" bewahrt vor pauschalen Urteilen. Und trotzdem ist genau diese nahsichtige Lokalperspektive, dieses „Hinabsteigen bis in den letzten Winkel von Geschichte", das Hauptproblem bei der Untersuchung des Nationalsozialismus. Namensnennungen der Zeitzeugen, die Achtung von Persönlichkeit und Privatsphäre einerseits, das öffentliche Interesse andererseits und schließlich Fragen der psychologischen Verarbeitung von Vergangenheit sind heikle Themen im Umgang mit nationalsozialistischer Geschichte.

Die Grenzen der persönlichen Befragung von Zeitzeugen wurden somit auch in der Wildeshauser Erinnerungsarbeit durch die Berührung privater Lebensbereiche und die Aufschlüsselung biographischer Hintergründe relativ schnell erreicht. Einerseits blieb die erhoffte buntschillernde Darstellung alltagsgeschichtlicher Erfahrungen im Nationalsozialismus häufig hinter der bekannten schwarzweiß Konturierung von „Opfer und Täter", „gut und böse" zurück. Andererseits finden sich auch Erzählungen, die gerade aus dem alltagsgeschichtlichen Blickwinkel das Neben- und Miteinander von Täterschaft, Mitläufertum und Opposition veranschaulichen. Insgesamt jedoch erfolgten die meisten persönlichen Schilderungen der Zeitzeugen aus unpersönlicher Perspektive und wurden mit allgemeinen Urteilen belegt.

Die nationalsozialistischen Verbrechen in Wildeshausen, der Synagogenabriß sowie die Verhaftung und der Abtransport jüdischer Mitbürger, Nachbarn und Freunde geschahen in einem weitestgehend entpolitisiertem und entpersonalisiertem Vakuum. Namen und Gesichter der betroffenen Opfer scheinen in vielen

Reichsleiter der NSDAP Alfred Rosenberg (links) und Reichsjugendführer Baldur von Schirach anläßlich der Widukindfeiern am 24. Juni 1934 in der Westerstraße. Fotoarchiv Panschar.

Erinnerungen verdrängt. Darstellungen persönlicher Einzelschicksale und Schilderungen konkreter Vorgänge offensichtlichen Unrechtes blieben in den Erinnerungen hinter Beschreibungen der allgemeinen Zeitumstände und Rechtfertigungen über die Schwierigkeiten individueller Meinungsbildung im Nationalsozialismus zurück. Alle Verantwortlichkeit und Zuständigkeit politischen Handelns wurden pauschal in „Hitler" personifiziert und ausschließlich dem Abstraktum des „NS-Systems" angelastet. Die angestrebte Konkretisierung dieser Abstraktionen ist in vielen Punkten ausgeblieben.

Bei Fragen nach Deutungsversuchen und Interpretationen zur NS-Zeit wurde von der älteren Generation des öfteren der gleiche Vorwurf an die Adresse der jüngeren Generation gerichtet: „Ihr seid ja nicht dabeigewesen. Ihr könnt das nicht verstehen!" Dabei scheint mir weder die zeitliche Nähe, noch ihre Ferne als Maß zur Beurteilung „historischer Wirklichkeit" geeignet. Den historischen Erklärungsversuchen der Gegenwart sollte mit dieser Argumentation nicht die Untersuchungsberechtigung abgesprochen werden.

Sicher ist die Erlebniswelt des Zeitzeugen ein anderer als der Erklärungsansatz des Historikers. Aber wenn sich das Erleben der älteren Generation durch die erklärungsabsichtige Untersuchung der jüngeren Generation zu einer gemeinsamen Erkenntnis formt, werden die engen Verknüpfungen von Geschichte und Gegenwart für die Entwicklung gemeinsamer Zukunftsperspektiven deutlich. Dieser Erkenntnisgewinn sollte gerade bei der Betrachtung nationalsozialistischer Vergangenheit das didaktische Ziel jeder Art von Geschichtsvermittlung sein.

227

Um diese Zeit, so nach der Weltwirtschaftskrise, kam dann ja auch allmählich der Nationalsozialismus. Das war ja aus der Not heraus... die machten sich das eben zu eigen, die Arbeitslosigkeit, die Wirtschaftsflaute, die Not.

Der Goebbels z. B., das war ja ein Redner, der konnte von allem 'ne ganze Seite reden, einen besseren Propagandaminister hätten die nicht haben können! 1932 war der in Lüerte in einer Scheune und hat da geredet, da bin ich auch gewesen... ja, und insgesamt ist das aus der Not heraus immer größer geworden, die Leute waren ja ganz begeistert davon: Die jungen Leute kamen zum Arbeitsdienst, waren von der Straße weg und hatten gleichzeitig eine Ausbildung für's Militär dabei. Die das Messer an der Kehle hatten, wurden gleich die ersten Nazis.

Herr C, Jg. 1901, G.

228

Die Meinung war richtig, die Anfänge 1930, da hatte der Hitler doch Recht! Wie der Arbeitsdienst kam, da kamen alle von der Straße 'runter, mein Gott nochmal, der Mann hatte doch Recht in diesem Augenblick! Das war doch der richtige Mann! Die hatten doch alle Arbeit, die Autobahnen wurden gebaut... nur hinterher, da entwickelte sich das doch anders...!

Herr C, Jg. 1901, G.

229

Wenn man bedenkt, wie leichtfertig die Nazis damals 'rangekommen sind... heute sind ja alle Dinge ans Tageslicht gekommen, was da für Fehler gemacht wurden – das kann man sich gar nicht mehr vorstellen!

Aber damals war das so: wenn man einmal in dieser Zwickmühle 'drin ist, dann hat man ja praktisch gar keine andere Wahl. Vielleicht hätte man desertieren können, aber da gehört schon allerlei Mut dazu, da hatte man kaum eine Chance, sich da 'rauszumogeln. Wer erwischt wurde, der wurde an die Wand gestellt, da gab es gar nichts!

Herr G, Jg. 1921, E.

230

Goebbels, der Propagandaminister, das war ja einer, den sie nicht besser kriegen konnten. Der konnte über Stecknadeln ein Buch schreiben. Er konnte auch immer so überzeugend reden, schon die Stimme war danach. Es gibt ja Stimmen, die das können... also das war ein Kerl, den habe ich ganz gerne mal gehört.

In Lüerte, als der 1932 da war, war ich auch da. Ich sehe ihn da noch stehen an der Scheune, an der Seite war so ein Gestell gemacht mit der Leiter. Und dann hat der da gesprochen, 1500 Leute sollen da gewesen sein. Die Scheune war jedenfalls propenvoll und von da ab ist ja sowieso alles zum Vorteil der Par-

tei übertrieben worden, alles, da müssen sie sich mit abfinden. Wenn es 100 gewesen sind, wurden 2000 großzügig davon gemacht.
Jedenfalls waren wir alle begeistert. Der Mann konnte tatsächlich, der konnte reden. Ich habe noch keinen wieder gehört, der so reden konnte wie der.
Herr C, Jg. 1901, E.

231
1932 war Joseph Goebbels in Lüerte und hat da auf einer Tonne gesprochen, hat man nachher erzählt. Ich selber war nicht da. Das war wohl bei Grashorn auf dem Grundstück, Hermann Petermann hatte ja eine Grashorn zur Frau, der Grashorn selber war weniger Nazi, aber von seinem Schwager aus haben die das dann irgendwie gedreht. Ich meine zu dem Zeitpunkt waren hier in der Landgemeinde noch weniger Nazis als in Wildeshausen.
Mit der Propaganda hatten sie das ja besonders gut 'raus: Teilweise waren das dann „Berufsdemonstranten", die sind dann von einem Aufmarsch zum anderen gefahren, um eben diese Riesenveranstaltungen zu machen und das positive Bild in die Öffentlichkeit zu bringen – also das hatten die schon 'raus! Ich erinnere mich auch noch, daß von Wildeshausen aus 'mal ein Sonderzug zum Reichsparteitag nach Nürnberg gefahren ist. Und drüben kamen dann X-Sonderzüge zusammen und dann war der Aufmarsch – da kann man schon Leute mit beeindrucken!
Herr G, Jg. 1921, E.

232
1933 wurde Bürgermeister Wördemann dann gekündigt, der kam 'raus, ohne Gehalt und Pension... ich weiß nicht, ob er geklagt hat, er war wohl 1930 für sechs Jahre gewählt und gepasst hat ihm das natürlich nicht. Er war mit Leib und Seele Bürgermeister und hat seine Sache auch gut gemacht – wenn man dann 'rausgeworfen wird... nun saß er auf der Straße, er war vorher im Straßenbaugeschäft, Steinsetzer war er, nun saß er natürlich auf der Straße und hatte nichts, da mußte er bei klein wieder anfangen, in seinem Geschäft, wenn er leben wollte.
Ich weiß noch wie heute, wie die beiden, wie Petermann die Sache übernahm. Wördemann ging, aber nicht in gehässigem Ton, so sind die beiden nicht auseinander gegangen. Petermann sagte: „Ja, ich bin ja gewählt, kann man wohl sagen." Und Wördemann sagte: „Ja, ich bin nun mal abgewählt." So sind die auseinandergegangen.
Und wie Wördemann ging, da sagt Petermann zu mir: „Und was nun?" – „Ja," ich sagte, „ist ganz einfach, das ist eben so. Vorher war Wördemann Bürgermeister und mein Chef. Ich hatte zu tun, was er sagte. Und jetzt bist du mein Chef und ich habe zu tun, was du sagst.
Herr B, Jg. 1903, E.

233
Von der Stadtverwaltung aus waren alle noch nicht in der Partei, 1933, der Bürgermeister, der war natürlich in der Partei, prima Mensch, davon ab. Und dann

NS-Parteifunktionäre mit Bürgermeister und NSDAP-Ortsgruppenleiter Hermann Petermann (15. von links, stehend) und Frauenschaftsleiterin Mieze Murken anläßlich eines Aufmarsches zum 1. Mai im Krandel. Wohl 1936. Fotoarchiv Panschar.

haben wir uns zusammengesetzt und uns überlegt: „Ja, wir treten geschlossen ein, auch in die Partei." Jedenfalls wurde die Partei nochmal geöffnet, „letzter Aufnahmetermin", ja, und dann sind wir 'rein.

Meine Kollegen, die bekamen ihre rote Parteikarte, nur ich bekam sie nicht. Damals hatten wir bei der Sparkasse einen Angestellten, der war ziemlich nationalsozialistisch angehaucht und der hatte wohl auch die Ausgabe dieser Karten unter sich. Und der hatte ein Zimmer von der Stadtverwaltung, wo er 'drin arbeitete und die Stadtverwaltung hatte in diesem Zimmer mehrere Aktenschränke, so daß ich folglich darauf mußte, da oben im Rathaus.

Dann kam ich eines Tages darauf und es war niemand 'drin im Zimmer, hole meine Sachen und sehe die Parteikarten, die roten Parteikarten und meine obenauf. Dann stand dadrunter: „Ist schlecht auszuhändigen." Nun weiß ich aber nicht mehr, warum und weshalb, das stand da nämlich auch.

Dann bin ich gleich 'runter zum Bürgermeister, das war ja gleichzeitig der Ortsgruppenleiter. Wenn wir alleine waren, dann duzten wir uns, sonst natürlich nicht. Ich sagte: „Du Hermi, was ist das mit meiner Parteikarte?" – „Wieso?" – „Ja, so und so. Ich bin da gerade auf dem Zimmer gewesen" – ich will den Namen jetzt nicht nennen – „und meine Karte soll nicht ausgehändigt werden." – „Nun schlägt es doch dreizehn!" Eine halbe Stunde später hatte ich meine Karte. Ich war ja erst froh damals, daß ich sie hatte. Im nachhinein war das ja verkehrt.

Die Gründe weiß ich gar nicht mehr richtig. . . ich war nicht hasenrein, also ich hatte mich wohl mal dagegen geäußert, war nicht so überzeugt und das hatten die ja gemerkt. Wenn man so zusammenarbeitet, dann redet man ja auch. . . und ich wollte wohl nicht so, daß weiß ich aber nicht mehr so. Jedenfalls war ich ja nun 'drin.

Herr B, Jg. 1903, E.

234

Baldur von Schirach (Anm.: Reichsjugendführer) und der Rosenberg (Anm.: Beauftragter für geistige und weltanschauliche Schulung) waren 1934 in Wildeshausen. . . da war ja so ein großer Aufmarsch hier, als Baldur von Schirach den ersten Spatenstich vom Arbeitslager in Bühren gemacht hat, dafür ist der ja hergekommen. Da ist also dieser große Aufmarsch hier gewesen und ich war da zum ersten Mal, wir sind da dann alle mitmarschiert und haben auch unsere Uniform von der Hitlerjugend gekriegt. Am Rennplatz war dann noch eine große Geschichte, da war irgendeine Aufführung.

Frau A, Jg. 1923, G.

235

Von dem Arbeitslager in Bühren konnte man dann Hilfe bekommen, wenn Ernte war oder gerade viele andere Arbeiten, wenn jemand auf dem Hof krank geworden war. Das wurde dann irgendwie verrechnet, umsonst war das nicht, da war schon etwas vorgeschrieben.

Ganz am Anfang hatten die Nazis eine Aktion, wo sie die Bettler von der Straße haben wollten, damit die Unterkunft und Verpflegung hatten und kein dummes Zeug mehr machen konnten. Da wurden Maschinen still gelegt, um Arbeit zu schaffen, da hieß es: „Setzt keine Maschinen ein, arbeitet mit der Hand!“ Wir hatten da auch mal einen, aber der ist nur drei Tage geblieben, der war dann plötzlich verschwunden.

Herr G, Jg. 1921, E.

236

Mein Vater war ja nachher Kreisführer vom ganzen Stahlhelm und ist auch verhaftet worden, nach Vechta eingesperrt.

Wie ich 1952 in Oldenburg am Landeshygieneinstitut anfing, hatte ich einen Kollegen, der mich fragte, ob mein Vater Arzt in Wildeshausen sei. „Den habe ich 1934 verhaftet,“ meinte der. Da war das ein späterer Kollege von mir.

Die sind in Oldenburg mit dem Fahrrad losgefahren und haben den Befehl gekriegt, meinen Vater zu verhaften, wegen Stahlhelm. . . angeblich aber hätte er die Fahne nicht gegrüßt, in Gut Altona. Da mußte er ganz schnell zur Entbindung nach Dötlingen und der SA-Aufmarsch fing in Altona an. Da ist er mit einem Affentempo dran vorbei gefahren und hinterher haben sie gesagt, er hätte die Fahne nicht gegrüßt.

Ich war mit meinem Bruder im Krandel und da war dieser Minister Pauly aus Oldenburg und hielt eine Ansprache. Der sagte durch das Mikrofon: „Und so-

eben haben wir den Kreisstahlhelmführer verhaftet!“ Und ich stehe da mit meinem kleinen Bruder. Da bin ich nach Hause gerannt wie sonstwas, aber es war niemand da, weil sie ihn am Sager Meer verhaftet haben, da war mein Vater gerade mit meiner Mutter.
Eine Nacht hat er dann in Wildeshausen im Gefängnis verbracht, wo meine Mutter bei ihm blieb und am nächsten Tag kam er nach Vechta. Morgens wollte er dann noch Visite machen, mit SA-Bewachung, die gingen mit und wollten auch immer in die Krankenzimmer ’rein, aber mein Vater hat gesagt: „Hier kommen sie nicht mit ’rein! Glauben sie, ich springe über den Balkon? Das tue ich bestimmt nicht.“
Und dann ist er nach Vechta, eine Woche wohl oder vier/fünf Tage. Über den Reichsstahlhelmführer ist er dann wieder entlassen worden, die anderen haben dahin telefoniert, nach Berlin, Mönnich und noch jemand und haben geschildert, was da passiert ist. Dann hat der dafür gesorgt, daß der wieder frei kam. Oben am Waldschlößchen war anschließend großer Empfang, mit Stahlhelm-Kapelle, mit allem drum und dran... und unser Haus war geschmückt mit Blumen.
Frau A, Jg. 1923, G.

237
Die Propaganda der Nazis war ja ganz auf Hitler gerichtet, da wurde ja der Personenkult gefördert. Propaganda war immer und überall, die hielten alle zu Hitler, was Hitler sagte, war wahr und immer richtig. Was der sagte, wurde weiterpropagiert, von jedem für jeden.
Das war ja alles so weit, man konnte sich im Haus den Kindern gegenüber nicht mehr aussprechen, wenn man da was sagte und die Kinder sagten das weiter: „Ja, Opa sagt auch, Hitler taugt nichts!“ Dann war aber gleich etwas los, so ging das dann gleich weiter! Die Angst in der Zeit war also wirklich grauselig, da wurde der blanke Tod oft an die Wand gestellt!
Herr C, Jg. 1901, G.

238
Wie im Nationalsozialismus spioniert wurde und gesucht wurde... eines Tages kam der Bürgermeister auf der Verwaltung in mein Büro und sagte: „Du, hast du dich dahingehend geäußert, du könntest heute so und morgen so?“ – „Wie kommst du denn darauf?“ – „Ja, das sollst du gesagt haben. Heute Nationalsozialist, das machst du mit und wenn morgen das ist, dann machst du das mit usw.“ – „Das habe ich nicht gesagt. Wer hat das gesagt?“ – „Ja, der und der.“ Zu dem sollte ich das gesagt haben. Ich sagte: „Eben herholen. Das ist doch das Beste.“ Dann kam der ’rüber und ich fragte, was ich denn gesagt hätte. „Ja, wir hätten über die Partei gesprochen und ich hätte zu ihm gesagt, er könne heute so und morgen so. Ich könne das aber nicht. Wenn ich heute hiervon überzeugt bin, kann ich nicht morgen davon überzeugt sein.“ Das war also gerade umgedreht.

Reichsjugendtreffen in Wildeshausen am 10. Mai 1935. Fotoarchiv Panschar.

Und so war das – die Spionage war immer da. Man drohte dann immer mit der Entlassung: Wenn du nicht ganz hasenrein bist, kannst du deinen Posten nicht behalten.

Herr B, Jg. 1903, G.

239

Also ob man sich gegenseitig denunziert hat? Gegeben hat es das wohl, aber so schnell fällt es einem nicht ein. Man mußte sich vor verschiedenen Leuten in acht nehmen, daß man nicht zu viel sagte. Gefährlich waren schon einige, es gab mehrere, die meisten sind verstorben.

Herr J, Jg. 1908, G.

240

Ich kann da eine kleine Geschichte erzählen: In einem Kartenclub hier, da gehörte auch ein Bauer Scheland zu und der hatte auch ein bißchen losen Mund und riskierte auch mal eine Lippe. Unter anderem sagte er: „Ach, der Hitler, der heißt gar nicht Hitler, der heißt Kugelhuber."

Das wurde dann von irgendeinem Spitzel, die saßen in jeder Ecke, aufgefangen und hingemeldet. Eines guten Tages kommt ein Polizist, Meisold, der war damals in Wildeshausen, zu mir ins Rathaus und sagte: „Du, ich muß morgen Otto abholen." Ich sagte: „Otto? Weswegen?" – „Vechta. Das darfst du aber wirklich niemandem sagen." Er sagte mir das vertraulich. „Ich habe ihn morgen abzuholen. Ich fahre um die Mittagszeit, um ein Uhr hin und hole ihn." Dann habe ich das so gemacht, daß ich um halb zwei vor dem Rathaus war. Meisold kam dann

mit Scheland mit dem Fahrrad. „Na, wo wollt ihr denn hin?“ Da mußte ich ja so tun, als wenn... „Ja so und so. Aber wie kommen wir denn nach Vechta?“ – „Ruf doch den Jacobi an.“ Dann hat Adolf Jacobi uns den Wagen und seinen Chauffeur zur Verfügung gestellt.
So habe ich den Scheland bis in die Zelle begleitet, ich bin da mit nach Vechta, ich sehe das Bett noch, das da an der Wand hochgeklappt wurde. Dann haben wir ihm natürlich Trost zugesprochen und gesagt: „Du kommst in ein paar Tagen wieder.“
Aber da wurde man nichts von. Da ging ein Tag hin und noch ein Tag und noch ein Tag... – vier Wochen lang, dann kam er wieder. Dann habe ich ihn gefragt: „Was war denn los?“ – „Ja,“ sagte er, er war auf einmal so schmal geworden, das Sitzen war das Schlimme ja!“ Jeden Tag hat er geglaubt, er würde vernommen oder sonstwas – gar nicht um ihn gekümmert. Er mußte bloß sitzen. Nach vier Wochen konnte er wieder nach Hause gehen. Da wurde ihm natürlich gesagt, daß er das gesagt hatte.
So war das. Man wurde bespitzelt von hinten bis vorne!
Herr B, Jg. 1903, E.

241
Ich erinnere mich noch, daß mein Vater damals, 1933/34 mag das wohl gewesen sein, von einer Versammlung nach Hause kam und sagte: „Die Nazis haben überhaupt keine Fachleute. Wenn wir noch ’was retten wollen, dann müssen wir da irgendwie mitmachen, daß wir noch den richtigen Weg kriegen. Sonst ist bald alles kaputt!“
Mein Vater ist dann da in die Partei und hat mitgemacht so gut es ging.
Herr G, Jg. 1921, E.

242
Bei uns zu Hause war das ja auch so: Ich war als Kind ganz begeistert von der Hitlerjugend und kriegte immer eins ’drauf, weil Vater davon ja gar nichts wissen wollte. Für die Kinder war das ja auch was: die Ordnung, der Sport.
Frau A, Jg. 1923, G.

243
Politisch interessiert waren wir in Richtung „Nazi-Geschichte“, das war ganz klar. Die Eltern waren nicht so dafür, aber wir als junge Menschen fanden das nicht so verkehrt, was gelaufen war. Was nachher lief, war natürlich schrecklich und der Krieg war furchtbar!
Frau L, Jg. 1923, E.

244
Wir sind dann mal mit dem Fahrrad zum Kramermarkt nach Oldenburg gefahren, wir Dorfjungs. Unterwegs haben wir ordentlich die Hände hoch gerissen und immer den Hitlergruß gemacht – die Leute haben uns nur angeguckt und den Vogel gezeigt. Das war natürlich jugendlicher Überschwung... aber auch

der Gegensatz zwischen unserer begeisterten Jugend und den mehr skeptischen Alten.

Herr G, Jg. 1921, E.

245

Beim BDM trugen wir einen schwarzen Rock, weiße Bluse mit kurzen Ärmeln, Sportkragen und dadrunter so ein Dreiecktuch, das wurde zusammengerollt und mußte hinten auf dem Rücken ganz exakt sitzen, vorne wurde das durch einen Lederknoten geschlungen. Auf dem Ärmel hatten wir alle unsere Zeichen, aus welchem Gebiet wir kamen, wir waren „Nord/Nordsee". Als Jungmädel, als kleine Mädchen, kriegten wir den Rock noch mit weißen, großen Perlmuttknöpfen an die Bluse geknöpft, später, als BDM-Mädchen kam so ein flotter, blauer Gürtel dahin. Weiße Söckchen. Dann gab es auch BDM-Schuhe, das war aber nicht Pflicht, die konnte sich nicht jeder leisten, die kaufte man sich eben, wenn man mal neue Schuhe brauchte, dann kaufte man sich eben BDM-Schuhe. Das waren so Hartwollschuhe, die waren seitlich geschnürt. Dazu hatten wir eine braune Knitterweste, das war so eine samtartige Geschichte, kann ich gar nicht mal sagen, so ein wasserabstoßendes Gewebe, so eine weiche, veloursartige Oberfläche. Das hatte dann vier Taschen mit Lederknöpfen. Außerdem hatten wir noch ein schwarzes Samtbarett, das saß so ganz kess auf dem Kopf.
Die ganze Geschichte sah eigentlich sehr, sehr adrett und ordentlich aus, das muß man schon sagen. Das war auch immer sehr gepflegt. Wir hatten ja immer nur eine Ausstattung und ich wüßte niemanden, der da mal mit einer schmutzigen Bluse gekommen wäre – das war eben einfach sauber, wie sich das gehörte.

Reichsarbeitsdienstlager 1/191 „Sachsenherzog Widukind" in Bühren um 1935. Fotoarchiv Panschar.

Wir fanden das ja nun als Mädchen ganz toll, daß wir da in so einer Kluft, in der Gemeinschaft sein durften.
Frau L, Jg. 1923, G.

246
Den Lederknoten kriegten wir aber erst, wenn wir vereidigt waren, auf Führer und Vaterland. Vorher hatten wir noch nichts um. Schlips und Knoten kriegten wir dann.
Und Führerinnen gab es immer für 15 Mädchen, für 30 waren das die Scharführerinnen und dann kam die Gruppenführerin. Und mehr als eine Gruppenführerin hatten wir in Wildeshausen auch nicht, das war hier die oberste. Dann kam Untergauführerin, die saß in Delmenhorst.
Frau A, Jg. 1923, G.

247
Vor der Untergauführerin, da hatten wir schon richtig Bammel vor, das war schon so ein hochgestelltes Tier, da benahm man sich gleich anständig. In Wildeshausen war das nicht mehr als eine Gruppe. Das ging ja auch nach Jahrgängen bei den Jungmädeln ab zehn Jahren und dann immer weiter.
Vorher waren wir im Stahlhelm und dann wurden wir einfach so übernommen. Da waren wir gerade so zehn Jahre alt, also so, daß das gerade hinkam.
Die erste Uniform kriegten wir dann, weil Baldur von Schirach nach Wildeshausen kam. An dem Tag haben wir unsere Eltern angefleht: „Jetzt brauchen wir die Uniform.“ Die mußten wir ja selber kaufen. Ich habe die morgens gleich angezogen und kam mir vor wie „King“. Also wirklich.
An dem Tag war das alles so aufgemacht. Der war auf dem Rennplatz und hat da vorne gestanden, es war unheimlich viel Hitlerjugend da und wir waren in großen Blocks angetreten. Nun kam er und wir waren alle in Aufregung, wie er kam und gingen alle auseinander. . . nachher mußten die Blocks wiedergefunden werden. Ich hatte richtig Schiß, daß ich meinen Platz nicht wiederfand – normalerweise war das eine richtige Disziplinlosigkeit, die gar nicht sein durfte. Aber da wir so begeistert waren, haben die das wohl nachgesehen.
Ich war auch in einer BDM-Schule in Oldenburg und da habe ich in der Adventszeit, 14 Tage war das, glaube ich, da habe ich so ein Führerkurs mitgemacht. Und das war sehr, sehr streng, das muß ich sagen. Diszipliniert von hinten bis vorne. Und in der Adventszeit, also ich muß sagen, ich habe in meinem ganzen Leben nicht wieder so eine intensive Adventszeit erlebt wie da. Also das war alles . . . nicht so wie heute, überladen. Da wurde ein ordentlicher Adventskranz gebunden, ein Gesteck auf den Tisch, das war so ein solides Haus, unheimlich solide, auch die ganze Einrichtung war wunderbar. Und dann haben wir da alles gemacht: Politische Schulung, soweit das schon in unser kleines Hirnchen 'reinging, gebastelt, Spiele gemacht, ins Theater fuhren wir zum „Weihnachtsmärchen“. . . während dieses Weihnachtsmärchens kam dann so ein Weihnachtsmann durch die Reihen und warf Bonbons. Einige von den Mädchen nahmen eben auch Bonbons auf. Hinterher gab es dann eine wahnsinnig kalte

Dusche: „Ein BDM-Mädchen hat sich nicht nach einem Bonbon zu drängeln." Dafür viel ein Fahrtenspiel flach. Wir waren schon angezogen und dann kam die Führerin: „So, weil das gestern vorgefallen ist, fällt das flach."
Aber da war wirklich immer alles piccobello, das war wirklich toll.
Frau L, Jg. 1923, G.

248
Also ich muß ganz ehrlich sagen: Mir hat der ganze Schliff und das Ganze, wenn ich das heute so sehe, was heute so läuft, dann fande ich das fabelhaft. Das muß ich wirklich sagen. Weil das so ordentlich war. Das hat mir wirklich gefallen.
Nach dem BDM kam dann „Glaube und Schönheit". Aber irgendwie lief das auch so aus... also nach Jungmädel kam mit 14, glaube ich, BDM, dann mit 16 „Glaube und Schönheit", aber dann lief das so aus. Das kam wohl auch durch den Krieg, daß da jeder so seine eigenen Sachen machen mußte: Rotkreuz, Arbeitsdienst usw.
Naja, in „Glaube und Schönheit", das waren eben die schönen Mädchen... da wurde geturnt, mit Reiten, Ballspiele, wir waren auch viel in großen Lagern. Aber da ging die Zeit auch zu Ende.
Unterricht hatten wir auch, aber wissen Sie, da war die Zeit noch nicht so, da waren wir noch jung und nicht so aufnahmebereit für politische Dinge. Wir wußten, wir gehörten da 'rein in diesen ganzen Kram, aber was da so an Schulungen war, das ist zunächst mal an mir vorbei. Ich fand das erstmal schöner, wenn wir bastelten oder Lieder gesungen haben, wir haben dann erstmal unseren Ofen angeheizt, jeder mußte Brikett mitbringen.
Frau L, Jg. 1923, G.

249
Ich mußte auch immer kassieren und neulich habe ich noch unsere Gruppenführerin von damals, die habe ich noch gefragt: „Was mußten wir eigentlich an Beitrag bezahlen?" Zehn Pfennig waren das – und ich kriegte das nicht zusammen, ich hatte solche Leute, wo ich das holen mußte, die überhaupt kein Geld hatten. Nachher habe ich das immernoch dazu gelegt, von meinem Taschengeld habe ich das selbst bezahlt.
Frau A, Jg. 1923, G.

250
Also ich könnte mich nicht daran erinnern, daß es soziale Unterschiede gab. Beim BDM, wenn wir unser Butterbrot mitbringen mußten, jeder brachte ja Butterbrote mit, man mußte ja 'was essen, dann kam ein großer Teller, jeder packte sein Brot dadrauf und dann ging das reihum. Keiner kriegte da sein Brot. Also das war, man konnte eben viel Kameradschaft erleben.
Frau L, Jg. 1923, G.

251
Es gab ja auch immer den freien Sonnabend, das war der sogenannte Staatsjugendtag. Da wurden Geländespiele gemacht, vormilitärische Ausbildung.

Es gibt da auch noch ein Bild von der „Führerschule“ in Aumühle, wo oft Schulungen stattgefunden haben.
Herr G, Jg. 1921, E.

252
Sport wurde bei den Nazis ja wirklich groß geschrieben. Herbert Schöttge war ein Supersportler, der Mann hatte wirklich überall seine Erfolge und dann hieß es eines Tages, der übernimmt das Jungvolk. Da wurde der aufgefordert, das Jungvolk zu übernehmen und konnte an den Veranstaltungen nicht mehr teilnehmen, wenn er das nicht gemacht hätte. So war dann für das Jungvolk ein Vorbild gefunden.
Herr K, Jg. 1923, G.

253
Jeden Samstag war Staatsjugendtag und das fanden wir ja nicht verkehrt, weil wir dann ja keinen Unterricht hatten. Wir konnten dann eben 'rausmarschieren, ins Gelände, Spiele machen, Märsche machen oder es wurde Sport gemacht. Das war immer bis Mittags, genau wie die Schulstunden.
Und eine hatten wir in der Klasse, deren Eltern waren absolut strikt dagegen, daß die da den Tag mitmachte. Die durfte da nicht hin und die mußte als einziges Kind von der ganzen Schule Unterricht nehmen, da kam der Direktor und hat ihr im Lehrerzimmer Unterricht gegeben. Das Mädchen hat uns ja eigentlich immer Leid getan. Das müssen sie sich mal vorstellen: alle anderen haben Staatsjugendtag und machen da mit und das Mädchen mußte da nun morgens antreten.
Also es war ja nicht so – wenn du das absolut nicht wolltest, dann hattest du das Recht, das nicht zu machen. Aber trotzdem hätte das dem Vater ja beruflich schaden können. Das hat es aber nicht. Vielleicht war unser Ortsgruppenleiter hier nicht so scharf und da nicht so hinterher. Also man hätte den anzeigen können und das hätte wohl Folgen gehabt. Aber ich meine, das hätte Herr Ammermann wohl über sich ergehen lassen. Der war beim Katasteramt, das war ein ganz feiner Mann. Das war eine Familie, die war so, die war einfach anders.
Also auf dem Marktplatz war immer Treff bei dem Staatsjugendtag, da wurde angetreten und die Führerin hatte irgendein Programm. Dann marschierten wir 'raus und dann wurde gesungen, dann wurde vielleicht auch mal ein Thema abgehandelt, irgendein Thema, vaterländischer Art wahrscheinlich. Erstmal mußten wir hinmarschieren, da war schon eine Stunde 'rum. Dann wurde geturnt oder Geländespiele gemacht, was weiß ich, lauter so Gemeinschaftliches, dann war Frühstückspause und schließlich mußten wir wieder zurück. Es war nichts mit Auto oder Fahrrad.
Frau L, Jg. 1923, G.

254
Also das muß ich nochmal eben sagen: Die größten Nazis, das waren nämlich die Lehrer! Die mußten vermutlich auch... aber trotzdem, die Lehrerschaft, die

wir da hatten, das waren so richtig, das waren wirklich Nazis. Das waren wirklich die, die in vorderster Front mitmarschiert sind und die uns da ja mitgerissen haben.
Also ich hatte damals nichts gegen die Geschichte, eben weil das Ordnung war und Ordnung hat mir immer schon behagt, schon als Kind.
Bernhard Behrens, der war anders, der war kein Nazi.
Frau L, Jg. 1923, G.

255
Unser Lehrer Bernhard Behrens, der fragte mich mal: „Wenn Du wählen könntest, was würdest Du wählen?“ Da war ich so 13/14 Jahre alt: „Ja, den Adolf!“ Das war ja in der Schule populär, was sollte ich auch sonst sagen?
Ich weiß noch, am 1. Mai waren immer die Aufmärsche im Krandel. Bernhard Behrens, Rektor Freytag, Heini Behr waren ja damals unsere Hauptlehrer und die wurden gezwungen, die Armbinde zu tragen. Die waren in Zivil, aber sollten eben mit der Hakenkreuzbinde den Aufmarsch mitmachen. Das wollten sie erst nicht und wurden dann gezwungen... und haben nachher geschimpft, wie die Rohrspatzen. Aber es hat nichts genutzt: sich erst zu gebärden und dann wirst du doch gezwungen. (Frage: Hat es einen Wildeshauser Widerstand gegeben?) Es gab keine Wildeshauser, die wirklichen Widerstand organisiert haben. Vor allem die Jugendlichen waren doch sehr für den Nationalsozialismus.“
Herr G, Jg. 1921, G.

256
Mutige Leute hat es in Wildeshausen auch gegeben. Lehrer Immohr zum Beispiel. Der war nicht in die Partei eingetreten und das war der Einzige, der am 1. Mai, nicht 1933, sondern später, da wurde ein Aufmarsch gemacht am Krandel. Jeder bekam natürlich seine Armbinde um mit Hakenkreuz. Er war der Einzige, der sagte: „Nix!“ Hat er auch nicht gemacht. Und man hat ihm nachher auch nie irgendwie ernsthaften Schaden zugefügt. Das lag dann wieder an der Parteispitze, an Petermann. Das wußten alle, daß er nicht mitmachte, aber keiner hat ihm da irgendwie etwas wollen.
Herr B, Jg. 1903, G.

257
Der Cordes, Luise, die ist voriges Jahr gestorben, das war auch so ein Tapferer. Da war der erste Aufmarsch in Wildeshausen, eine große Sache, die kamen auch von Oldenburg usw. Cordes, der stand auch mit in der Gruppe als Zuschauer und die sollten den Arm hoch machen zum Gruß. Kommt ein SA-Mann: „Die Hand hochhalten!“ – „Kann ich nicht, ich habe Rheuma in der Hand.“ – „Die Hand hochhalten!“ „Das kann ich nicht, ich habe Rheuma in der Hand.“ Da konnte der nichts mehr machen. Alle ’drumherum lachten nur.
Dieser SA-Mann war der Postbote von Harpstedt, den habe ich vorher auch mal in voller Uniform, das war so ein kleiner, gut genährt, auf einer Kundgebung in Harpstedt gesehen. Da hatte ich beruflich in Harpstedt zu tun, gucke das dann

an und denke: „Teufel nochmal, das macht schon ’was her. Uniform, gut genährt. . .“ Naja, das nur am Rande. Dann war halt dieser Aufmarsch in Wildeshausen und ich denke: „Den kennst du doch?!“ Das war halt dieser Postbote von Harpstedt. Der wurde hinterher noch Polizeipräsident, vorher Knecht und durch die Partei groß, das stand ganz groß in der Zeitung.
Herr J, Jg. 1908, G.

258
Fidi Mallü, der fuhr die Jauche ab für Wildeshausen, mit seinem Pferdewagen, da hatte er Tonnen hinten ’drauf und da wurde das ’reingekippt. Der sagte immer: „Ich fahre die braune Masse auseinander.“ – „Wieso die braune Masse?“ – „Ja, die Jauche, die braune Masse.“ Da konnten die Nazis dann nichts ’dran machen.
Und der hatte so ein mageres Pferd, keine fetten Pferde. Da kommt er dann in Delmenhorst auf den Markt, Wochenmarkt und kriegt da Streit wegen seiner mageren Gäule und machte so eine Äußerung gegen Hitler: „Mit meinen Gäulen ziehe ich euren Adolf aber noch vom Thron.“ Da haben sie ihn dann gleich weggeholt und eingesperrt. Petermann hat dann angerufen bei der Parteizentrale: „Sie müssen den Mann unbedingt wieder freilassen. Wir haben sonst keine Gülleabfuhr.“ Und als er draußen war, sagte er gleich: „Ja, dann muß ich die braune Masse doch wieder abfahren.
Herr J, Jg. 1908, G.

259
Die haben das ja so angefangen: Nur wer in der Partei war, der konnte auch ’was werden und wurde ’was! Das merkte man ja auch und denn ging man halt blind in die Partei! Und nachher war das ja sowieso Zwang.
Mit der Wildeshauser Zeitung war das genauso: Wenn die nicht über den Nationalsozialismus schrieb, wurde die gesperrt! Was war das alles für ein Druck, das ging alles durch Befehl von oben!
Das war alles eine Erziehung, die Jugend, die mußten morgens immer ein Lied singen und dann ging alles wie am Schnürchen, den ganzen Tag! Das war nur alles unter Kommando, die jungen Mädchen mußten auf dem Lande arbeiten, der Arbeitsdienst war da.
Herr C, Jg. 1901, G.

260
Ich wollte, 1938 mag das gewesen sein, ein Grundstück von der Gemeinde Neerstedt kaufen. Das wurde aber abgelehnt wegen meines „parteipolitischen Verhaltens“. Dann bin ich dahin zum Bürgermeister, ich sagte: „Was habe ich denn nun gemacht?“ Ich machte ja nichts, fiel ja gar nicht auf. „Ja, ich besuche keine Versammlungen usw.“ – „Oh, wenn es daran liegt, dann besuche ich jede Versammlung von jetzt an.“ Deswegen habe ich wohl das Grundstück doch bekommen – und ich habe auch Versammlungen besucht.
Herr B, Jg. 1903, E.

Reichsarbeitsdienstlager Bühren. Ende der Grundausbildung. Um 1935. Fotoarchiv Panschar.

261
Also nach der Gleichschaltung und den Rassegesetzen, was war da, da waren nur noch die SS-Männer die hervorragenden Kulturmenschen und Rassemenschen! Da lief doch alles 'drauf hinaus, das sollte doch die Meinung sein! Die deutsche Rasse!
Herr C, Jg. 1901, G.

262
Nach der Gleichschaltung und der Verabschiedung der „Deutschen Gemeindeordnung" 1935 hatten die Stadträte ja nichts mehr zu sagen, keine Befugnisse mehr und Hermann Petermann konnte alles alleine entscheiden... natürlich kamen die Anordnungen von einer höheren Stelle, die kamen von oben und dann hat der das so gemacht. Da wurde sich wohl noch im engeren Kreise abgestimmt und sicher auch manches diskutiert. Ob die dann noch Kleinigkeiten ändern konnten, weiß ich nicht, das kam dann alles von oben. Petermann hatte nicht viel zu sagen.
Herr C, Jg. 1901, G.

263
Eines Tages kam Carl de Haas mit seiner Braut, das war eine geborene Klöver, und bestellte bei mir im Rathaus das Aufgebot. Das nahm ich auf. Nach 14 Tagen sollte die Trauung stattfinden. Das mußte ja ordnungsmäßig aushängen im Kasten – Einwendungen waren nicht erhoben, also stand der Eheschließung nichts entgegen.
Aber nun waren inzwischen die Nürnberger Gesetzte gekommen, 1935, daß Juden keine Mischehen mehr schließen konnten... ja was nun? Ich hatte gehört von den Nürnberger Gesetzen, weiter aber auch nicht. Ich wußte wohl soviel: Irgendetwas stimmt hier nicht.
Ich ging zu Petermann, zum Bürgermeister und sagte: „Herr Bürgermeister, das Brautpaar ist anwesend, die Trauung kann vorgenommen werden." – „Richtig," sagte er, „Du traust ja sonst auch." Ich fragte: „Ist das ein Auftrag? Dankschön, ja."
Und dann hat mir das richtig Spaß gemacht, wie ich die beiden getraut habe. Da war Moritz dabei und Bernhard, die waren beide Trauzeugen.
Den andern Tag ging es los – noch denselben Tag. Die den Brautwagen gefahren hatten, die wurden aus der SA ausgestoßen und die, die die Kränze vorge-

schlagen hatten, das waren die Nachbarn, die wurden auch alle bestraft. Nur bei mir ist keiner gekommen. Konnte ja keiner. Petermann war der Erste und ich hatte einen regelrechten Auftrag bekommen. Der Petermann hatte das so entschieden — so war der.

Herr B, Jg. 1903, G.

264

Mein Schwager, wenn der in der Stadt war, dann kam er auch häufiger bei mir 'rein — und auch bei Petermann. Die kannten sich auch gut. Aber er ist nie 'reingegangen bei Petermann und hat „Heil Hitler“ gerufen. „Heil Moskau“, sagte der. So wahr wie ich hier sitze. Und wenn Petermann Nazi gewesen wäre... — aber so war Petermann.

Und ich kann noch eine Geschichte davon erzählen. Irgendwie mußte ich mal eine Unterschrift von ihm haben, nahm das Aktenstück und ging in sein Zimmer 'rein. Wir hatten ja Zimmer an Zimmer. Dann sitzt da jemand, also er hatte Besuch und Petermann ist aber am telefonieren. Nun komme ich 'rein und gehe so auf ihn zu, da sagt der Andere zu mir: „Wenn man hier 'reinkommt, sagt man „Heil Hitler“.“ Ich antworte erst gar nicht und dann war das Telefonat zu Ende und ich sage: „Herr Bürgermeister, kann ich eben eine Unterschrift haben?“ — „Ja.“ Petermann unterschreibt. „Dankeschön.“ Und dann habe ich den Mann erstmal fertiggemacht. Ich sagte: „Was ich hier zu tun und zu lassen habe, das weiß ich selbst! Ich habe ganz 'was anderes zu bedenken, als „Heil Hitler“ zu schreien, wenn sie hier sitzen.“ Das war auch noch in diesem Ton. Und dann 'raus in mein Zimmer. Dann sah ich, das hatte ich in meiner Aufregung gar nicht gesehen, daß er das goldene Parteiabzeichen usw. trug. Das waren ja die Allerersten.

Dann sagte ich einem Kollegen, daß ich da wohl gerade in ein „Fettnäpfchen“ getreten wäre. Das dauerte eine Zeit, dann telefonisch: „Kommen sie mal eben 'rüber.“ Petermann.

„Was hattest du da mit dem Mann?“ Ich sagte: „Mensch, ich komme hier 'rüber, habe meine Sachen bei der Arbeit, will nur eine Unterschrift haben von dir und dann will der mir das Grüßen beibringen.“ Der hatte immer so drastische Ausdrücke, der Petermann: „Soll sich an'n Mors kleien!“ — „Wer war denn das?“ — „Ja, das war der Erste von Delmenhorst. Von der Partei.“

Aber so war Petermann. Der sagte dann noch: „Soll uns den Buckel 'runterrutschen.“ Also wenn das ein richtiger Nazi gewesen wäre... der hätte bestimmt gesagt: „Untragbar und weg mit dir“.

Wochen später, da kommt derselbe Mann nachmittags, geht die Tür auf, ohne anklopfen. „Wo finde ich hier wohl Behrens?“ fragte der und hatte wieder seine Uniform an. Er schlägt die Tür wieder zu, raus. Dauert ein Moment, kommt der wieder 'rein. „Können sie mir denn nicht sagen, wo ich den wohl finde?“ Ich sagte: „Ich kann ihnen auch noch viel mehr erzählen, z. B. wenn sie 'reinkommen, dann klopft man eben wenigstens an die Tür. Und dann trägt man vor, was man will und nicht so 'rein- und 'rausgestürmt wie ein Wilder.“ — „Ja, Ent-

schuldigung." Ich sagte: „Bitteschön. Dann will ich ihnen eben zeigen, wo Behrens ist."
Da hat der dann überhaupt nichts mehr gemacht, weil er wußte, mit wem er es zu tun hatte.
Herr B, Jg. 1903, E.

265
Das war im Dritten Reich. Schmied Brinkmann hatte guten Kontakt zu Hermann Petermann. Der kam immer mal vorbei und schnackte mit ihm, aber von den Nazis wollte Brinkmann nichts wissen. Hermi Petermann kam dann mal wieder: „Heil Hitler!" – „Moin!" Und als er wieder ging: „Heil Hitler!" – „Hermann, komm nochmal her. Das will ich dir sagen: Wenn du nocheinmal „Heil Hitler" zu mir sagst, dann haue ich dir welche an die Schnute! Das du Bescheid weißt!"
Herr J, Jg. 1908, G.

266
Petermann hat seine Macht nicht ausgenutzt – was hatte er denn für Macht? Er war Bürgermeister und hatte alles auszuführen, was von oben kam! So Kleinigkeiten vielleicht, die er hier entscheiden konnte... aber das Wesentliche kam alles von oben!
Herr C, Jg. 1901, G.

267
Hermann Petermann war ja hier ganz angesehen, der hatte immer für alles Verständnis.
Frau A, Jg. 1923, G.

268
Ich war mal auf dem Rathaus und wollte mich da anmelden, 1942, da traf ich den Hüttemeyer, der arbeitete immer ganz eng mit dem Petermann zusammen und der sagte mir: „Wir haben festgestellt, Du bist noch gar nicht in der Partei 'drin! Komm' man eben gleich mit 'rein zu Hermann Petermann, dann nehmen wir Dich gleich mit auf!" Dann kamen wir bei Petermann 'rein und Hermi Petermann sagte: „Du, jetzt haben wir keine Zeit, komm' man später wieder, das können wir ja noch die nächsten Tage machen!" Und so war Hermann Petermann... auf diese Art und Weise bin ich da gar nicht in die Partei 'reingekommen.
Herr K, Jg. 1923, G.

269
Ich habe Petermann in Verdacht, daß der mich so ein bißchen 'rausgehalten hat, daß der so seine Hand davorgehalten hat, vermute ich, weiß ich aber nicht... einer muß es gewesen sein, sonst wäre ich da so nicht durchgekommen.
Herr C, Jg. 1901, G.

270

Der Hermann Petermann, unser Bürgermeister und Ortsgruppenleiter im Nationalsozialismus, der war davon überzeugt, vom Nationalsozialismus. Aber im guten Sinne! Nicht im schlechten Sinne!

Ich kann ja auch an irgendetwas glauben und bin doch nicht schlecht darum. Und das war Petermann: Petermann war ein Idealist. Ich kann nur das allerbeste Zeugnis über ihn sagen... wenn wir alle solche Nationalsozialisten gehabt hätten, dann wäre das gut gegangen.

Herr B, Jg. 1903, E.

BDM-Ausflug zum Staatsjugendtag ins Hölscher Holz. Wohl 1936.

271

In Bremen hatten wir einen Bekannten, der war Hafenkapitän von Bremen und Bremerhaven. Die hatten keine Kinder und ich bin nun jedes Jahr ein paar mal bei denen gewesen... und dann war es früher ja so, da hieß es zur Begrüßung immer: „Heil Hitler!“

Wenn ich aber bei denen in Bremen war, dann sagte dieser Kapitän: „Bei uns heißt das 'Guten Tag'!“ Der hatte mit den Nazis gar nichts zu tun und wollte das auch nicht... deswegen ist der aber auch gleich 1933 abgesetzt worden.

Das jetzt nur mal als Beispiel dafür, daß es auch Leute gab, die das Ganze abgelehnt haben... aber es war früher eben so, wer wichtige Ämter innehatte und nicht in die Partei wollte, wurde abgesetzt!

Auch eine eigene öffentliche Meinung gab es so gar nicht – die Meinung wurde von der Partei gemacht! In den Zeitungen stand nichts anderes 'drin, das wurde ja alles genau gelenkt, genauso im Radio, war alles nur eine Meinung! Vom Ausland kam nichts 'rein, das waren also nur die Leute, so wie dieser Kapitän, die auch im Ausland waren und 'was anderes sahen und sich eine eigene Meinung bilden konnten... naja, das war dann nach der Olympiade 1936 oder ein Jahr später, ich kann das nicht genau sagen, da kam das Gespräch dann mal und dieser Kapitän sagte: „So, es gibt bald Krieg!“ Ich sagte: „Du bist wohl verrückt, wie kannst Du das sagen!“ Als Kind konnte ich das gar nicht verstehen. „Ja,“ sagte der, „ich ziehe hier weg!“ Die wohnten in der Hafengegend. „Das Erste, was kaputt geht, ist der Hafen,“ sagte der. Und so sind die dann später, ich glaube 1942 erst, weggezogen.

Herr K, Jg. 1923, G.

272
Später im Nationalsozialismus, wie er die Juden angegriffen hat und den Glauben, da hieß es schon, jetzt geht er kaputt. Das Vertrauen hatte man da allmählich verloren und es fing an, daß man Angst bekam... deswegen sagte auch niemand etwas, denn es hieß ja nur noch: „Adolf, Adolf, Adolf!“.
Frau E, Jg. 1908, G.

273
Ich muß schon sagen, anfangs, wie Hitler anfing zu regieren, das war ja auch vorteilhaft. Arbeitslose waren wenig da, es wurde viel Arbeit geschaffen, jeder jubelte ihm zu. Nachher wurde das ja erst Zwang. Mein Mann sagte immer, wenn Hitler damals nicht die Juden und den Glauben angegriffen hätte, dann wäre er 'was gewesen.
Frau E, Jg. 1908, G.

274
Bei der Synagoge haben wir als Kinder auch oft gespielt, also wir spielten dann bei Kolloge, bei Benecke, dem Lohgerber, Bernhard war ja in meiner Klasse, und weil wir die jüdischen Bräuche gar nicht kannten, hieß es dann immer: Heute abend ist wieder Tam-Tam!
Bei dem Gebetraum, das war ja ein Schuppen, überdacht, da konnte man an der Tür unten durchgucken und wir lagen dann manchmal da und konnten gar nicht verstehen, was die da machten, der Sing-Sang von Heinemann... das war etwas völlig Fremdes für uns.
Herr K, Jg. 1923, G.

275
Das Verhältnis zu den jüdischen Bürgern war schon ein bißchen anders als zu den anderen Bürgern: Oma Goldstein isolierte sich immer so ein bißchen, die ließ niemanden an sich heran und die beiden Jungs, Julius und Arthur, na, Julius, den kannte ich nicht mehr so, aber Arthur, der wohnte bei uns gegenüber in der Wohnung, über dem Stall. Und immer wenn ich da hin mußte, das weiß ich noch, dann roch das da so... und zwar hatte er die ganzen Felle oben auf dem Boden, unten war ja die Bäckerei und da stieg dann natürlich die Wärme hoch – zum trocknen war das ja ideal, aber gerochen hat das!
Herr K, Jg. 1923, G.

276
Von unserer Seite aus war der Abriß der Synagoge ein Spektakel, ein Skandal, wir wußten ja, was sie den Juden antaten. Aber wir konnten es nicht ändern! Wir konnten es ja nicht ändern! Uns saß auch die Angst in den Knochen. Sie müssen sich vorstellen: Es wurde nur eine Meinung verbreitet – eine Gegenmeinung gab es gar nicht. Und man sagte auch nichts.
Herr C, Jg. 1901, G.

277
Die Zerstörung der Synagoge, daran kann ich mich noch sehr gut erinnern. Wir hatten nachmittags Schulunterricht, und zwar hatten wir Schreibmaschine. Wir mußten unsere Schreibmaschine ja mitbringen von zu Hause und unser Lehrer hieß Herr Nimschek, das war auch wohl so ein bißchen ein Nazi. Nachmittags saßen wir also in der Schule und dann sagte er auf einmal: „So, heute könnt ihr alle nach Hause gehen. Die Synagoge wird gleich abgerissen, geht man alle dahin." Wir zogen also alle dahin... und dann hatten sie es ja so versucht, aber die kriegten sie doch einfach nicht 'runter. Dann kam ja dieser Bauer Langhorst wohl mit seinem Trecker und dann wurde da ein Tau umgelegt und dann zog der Trecker an und dann fiel das ganze Ding so zusammen. Die Erinnerung habe ich noch daran.
Die Vielen, die da zugeguckt haben... wir durften ja nichts dazu sagen, wir durften uns ja nicht äußern, das war ja eben das, daß man nichts sagen durfte.
Frau A, Jg. 1923, G.

278
Die Feuerwehr setzte bei dem Abriß gar nicht ein, die durfte ja nicht einsetzen! Stellen Sie sich das einmal vor! Die mußten zugucken! Alles was da gemacht wurde, geschah ja in Führers' Namen! Natürlich gab es auch Parteimitglieder, die, wollen wir mal sagen, aus „beruflichen Gründen" Mitglieder waren und eigentlich 'ne ganz andere Meinung hatten, aber nichts sagen durften, die gab's auch. Aber die konnten jetzt dabei auch nichts anderes machen, die mußten das tun, was vorgeschrieben war, die mußten da genauso zugucken! Selbst wenn sie das bedauerten und da 'was aufhalten wollten, das durfte dann aber keiner sehen.
Herr C, Jg. 1901, G.

279
Die Synagoge wurde eingerissen, sie müssen sich mal vorstellen, wenn da das Haus angezündet worden wäre... dann wäre ja der Komplex mit abgebrannt, das ging ja alles ineinander über, da in der Huntestraße, das war ja eins... der Stall hinten ging an Beneckes 'ran, an Rugen ging das zur Seite 'ran...
Wie 1895 und 1900 bei den großen Bränden, das war ja nun 'mal so, wenn da ein Haus anfängt zu brennen, sind die Anderen gleich mit 'dran.
Herr K, Jg. 1923, G.

280
Maria Pieper wurde dann auch inhaftiert... hinter dem Katenbäker Berg, Richtung Hölingen, war ja von 1939-1941, glaube ich, ein Lager, da waren Juden aus Österreich, Professoren, Doktoren usw., die mußten dort arbeiten und zwar wurde die Hunte begradigt, da mußten die arbeiten. Diese Menschen versorgte nun Maria Pieper mit Fleisch von Gebken und brachte ihnen sonstwas hin. Eines guten Tages wurde sie dann von der Gestapo abgeholt und hat tatsächlich in Vechta im Gefängnis gesessen, ein viertel Jahr lang oder ein halbes Jahr, eine

ganze Zeit jedenfalls! Das war so eine Sache, vor der man auch Respekt hatte, weil man wirklich merkte: Die Gestapo ist doch unterwegs!
Herr K, Jg. 1923, G.

281
Mein Vater hat den Juden da immer Wasser hingebracht, nachmittags, die wurden nachmittags immer von der Arbeit zurück eingesperrt und mein Vater hat denen da Wasser von der Katenbäke hingeschleppt.
Morgens mußten die arbeiten und nachmittags um vier wurden die bei großer Hitze schon wieder eingesperrt. Mein Vater ist dann da mit zwei Eimern Wasser hin und hat denen da Wasser im Sommer hingebracht, weil die so einen Durst hatten.
Frau A, Jg. 1923, G.

282
Einmal im Monat durften die von der Katenbäke 'raus aus dem Lager, glaube ich, in die Stadt 'rein und dann gingen die zu Scheland hin und holten sich Lederfett, damit die ihre Schuhe einfetten konnten, weil die im Wasser arbeiten mußten. Und dann wurde das bekannt und eines guten Tages hieß es dann da auch, ich weiß nicht, wer da gekommen ist, aber dann hieß es bei Scheland: "Wenn Ihr das weitermacht und denen 'was verkauft, machen wir den Laden dicht!"
Und die hatten vorher auch schon mal so etwas: Hermann Scheland arbeitete mit den de Haas zusammen, kriegte Felle von denen, auch von den Goldsteins und von anderen Bauern, die verkauften ihnen die Felle. Und Hermann Scheland hatte ja eine Lohgerberei, außerdem war der Einer, der konnte niemandem etwas Böses tun. Eines guten Tages stand schließlich an seiner Stalltür: „Handelt mit Juden!", stand da groß angeschrieben.
Vater Scheland hatte das dann gesehen, der holte morgens von der Pumpe immer Wasser für die Pferde und Kühe und sagte dann: „Du, geh mal schnell hin, daß die das abmachen, daß die Mädchen das nicht sehen!"
Also ich will nur sagen, so lief das damals – und es gab eben Leute, die das doch anders gesehen haben und nicht die Einstellung der Nazis hatten.
Herr K, Jg. 1923, G.

283
Mein Vater behandelte auch die Juden und das war ja auch für ihn... also die beobachteten ihn natürlich, die Nazis, und dann ging er immer durch den hinteren Eingang. Die de Haas und Goldsteins, die hat er doch alle behandelt, die Goldstein, die hat doch so oft im Krankenhaus gelegen. Also dadurch hatte er wirklich oft richtige Schwierigkeiten.
Frau A, Jg. 1923, G.

284
Die KZs, also wir konnten uns darunter nichts vorstellen, da hieß es nur: „Da kommen diejenigen hin, die sich gegen den Nationalsozialismus auflehnen, die

BDM-Ausflug zum Staatsjugendtag ins Hölscher Holz. Wohl 1936.

werden da umerzogen!" So hatte man uns das gesagt! Und selbst gesehen haben wir ja alle nichts!
Herr K, Jg. 1923, G.

285
Von den KZs habe ich zum ersten Mal von Börgermoor gehört, weil mein Vater da hin sollte – nach Börgermoor... da war doch auch so eine „Angelegenheit". Das war, was ich wirklich zum ersten Mal mitgekriegt habe, wenn meine Mutter sagte: „Mensch, der Vati soll nach Börgermoor hin!" Das war bei Papenburg da oben... und wie ich neulich mal bei Clemenswerth war, da fiel mir das wieder ein, daß Mutti immer so eine Angst hatte.
Frau A, Jg. 1923, G.

286
Also wir haben oft gesagt – man machte dann ja auch als junger Mensch so seine Glossen über diese Geschichten, wir waren ja auch fröhliche, junge Menschen... und wir sagten dann immer: „Mensch, sag' das bloß nicht so laut, nachher kommst du weg!"
So sagte man wohl schon, aber daß es nun riesige Vernichtungslager gegeben hat... man hätte sich jetzt vielleicht vorgestellt, man kommt in irgendein Gefängnis, das hätte man sich schon vorstellen können, aber daß da so riesige Vernichtungslager irgendwo sind, daß haben wir doch auch nicht gewußt.
Und man braucht jetzt auch gar nicht, also wie nennt man das denn heute...? Daß man das verleugnen würde... also ich würde jederzeit sagen: Das haben

wir wirklich nicht gewußt! Das kam ja alles erst 'raus nachher, als diese Leute aus den Lagern kamen, als die dann richtig befreit wurden!
Wir wußten wohl, daß unsere Juden weg waren, ja, die waren dann plötzlich weg, wo sie aber wirklich waren... also wenn ich an die Goldsteins denke: Der Arthur ging mit seiner Frau nach Holland und der Julius ging nach Amerika. Die de Haas, die wurden abgeholt, das war etwas anderes... aber dann waren die weg und da konnte man dann ja auch nichts, man konnte ja die de Haas nicht mehr retten, die waren weg. (Frage: Sie wollten nicht wissen, wo die hinkamen?) Da konnten wir auch wirklich nirgends nachfragen, da war irgendwie so eine Sperre, vor der man vielleicht jetzt auch Respekt hatte: Da ist irgendwas!
Das stellen Sie sich jetzt so einfach vor, da kann man mal eben nachfragen. Wir leben heute in einer Demokratie, da kann man wirklich nachfragen, da kann man jedem so tief auf den Grund gehen – das war derzeit nicht möglich!
Frau L, Jg. 1923, G.

287
Im nachhinein wird ja immer ganz viel hineininterpretiert. Das Kriegsende, als die Engländer nach Wildeshausen kamen, haben wir damals sicher nicht als Befreiung empfunden. Genauso, wie uns immer unterstellt wird, daß wir alle wußten, daß es KZs gab. Das ist gar nicht wahr! Also von den ganzen Frontsoldaten wußte keiner, was hinten passierte! Und was passiert ist, das wußte eine kleine Gruppe.
Neulich las ich noch einen Artikel: „Hitler war von einer Sekte umgeben!" Das bezog man jetzt auf den Giftgasanschlag in Japan, daß die Mitglieder da auch nicht wußten, was um sie herum passierte. Also ich weiß nicht, was von Hitler's Kreisen da so durchsickerte.
Herr K, Jg. 1923, E.

288
Es gab damals eine Zeitung, die hat dann eine Meinung verbreitet. Es gab ein Radio mit der gleichen Meinung und wenn sie dann andere Sender hörten, dann waren sie ja schon dran, wenn sie versuchten, also sie durften keinen englischen Sender hören. Das tat man, aber man durfte es nicht. Und da hätte man 'rankommen können! Aber da hätte ich ja nicht gedacht, ich komme da in irgendein Vernichtungslager, ich hätte gedacht, also irgendwie hier, wie Maria Pieper nach Vechta oder so.
Frau L, Jg. 1923, G.

289
Wie die Nazizeit kam, da sagte mein Mann vorher schon: „Wenn Adolf Hitler ans Ruder kommt, dann sieht das für uns schlecht aus." Und das war ja auch so! Sofort zu Anfang!
Mein Mann wurde krank, der kriegte eine doppelte Lungenentzündung und wir waren in Osterscheps, da war mein Mann Lehrer. Dann hat der Dr. Jacobi angerufen und der sagte: „Wir holen dich!" Da hat er seinen Chauffeur Horstmann

geschickt und meinem Mann war so furchtbar Elend... in Wildeshausen kam er dann ins Krankenhaus und bekam seine Entlassung aus dem Schuldienst gleich 1933. Aus rassischen Gründen, Halbjuden sollten nicht arbeiten.
Im Krankenhaus wurde und wurde er nicht besser und Dr. Jacobi sagte immer: „Du mußt dir da keine Gedanken machen, das wird alles wieder gut." – „Ja Adolf, für mich ist das aus. Ich weiß, daß ich gar nicht wieder in den Schuldienst komme."
Und er lag noch im Krankenhaus, da kriegte er schon Nachricht, daß er vom Dienst suspendiert sei, vorläufig.
Und dann ging das ja los: Wir hatten ja nichts. Das Gehalt wurde gestrichen. Wir kriegten noch 95 Mark, das war nicht einmal die Hälfte von dem vorherigen Verdienst und da mußten wir von leben, das war auf fünf Jahre festgesetzt. Also machten wir die kleine Landwirtschaft von meinen Eltern, da haben wir uns ganz 'drauf umgestellt, weil wir sonst keine Arbeit hatten.
Er fing dann an, als Heini Doppelbauer Müller kam und fragte: „Du, unser Sohn, willst du den nicht unterrichten?" Und so waren mehrere aus Wildeshausen, die mein Mann unterrichten konnte, aber als die dahinter kamen, war sofort Schluß, der darf das nicht, der darf nicht arbeiten, keine Nachhilfestunden geben, da ist uns das auch wieder genommen.
Dann ist er in eine Marmeladenfabrik gegangen, hat auch bei Küper-Poppe gearbeitet, aber immer, wenn sie dahinter kamen, war das sofort wieder gestrichen. Wir durften nichts unternehmen. Das haben immer irgendwelche gemeldet, aber Hermi Petermann sagte immer: „Ich weiß von nichts. Ich weiß von nichts." Der war ganz korrekt uns gegenüber.
Dann ging er zur Heilstätte hin und unterrichtete dort einen Schüler, da fuhr er jeden Nachmittag hin mit dem Fahrrad, das war wohl noch nicht laut geworden. Und was das Unglück will: Wie er wegfährt, kommt gerade der Postbote, der gibt ihm den Entlassungsbrief. Ich wußte ja von nichts und er kam gar nicht wieder nach Hause und ich dachte: „Mensch, wo ist er denn?"
Dann kam mein Bruder und fragte: „Ist der noch nicht wieder da?
Ja, dann weiß ich Bescheid!" Ich fragte: „Was ist denn?" Und mein Bruder sagte: „Der ist in der Heilstätte angekommen und hat gesagt, er könnte nicht unterrichten, er hätte gerade seine Entlassung gekriegt." Und anstatt zurück nach Wildeshausen ist er in den Zuschlagsweg in den Wald gegangen. Wir haben ihn dann gesucht, erst bin ich mitgegangen und dann nach Hause... der Turnverein hat noch mitgesucht, aber er kam und kam nicht.
Nachts um zwei Uhr kam er dann nach Hause und sagte nichts und ich sagte auch erst nichts. Da sagte er: „Mutti, habe keine Angst, ich tue mir nichts an, aber ihr müßt mich zufrieden lassen. Ich muß das erst überwinden."
Und dann habe ich viel erlebt die Jahre, wo er sagte, er geht eben zur Post hin und war dann die ganze Nacht weg... wie oft bin ich über den Wall gelaufen und habe ihn gesucht... da mußte er einfach alleine sein.
Und dann kam Gustav Wortmann, das war auch ein Turnfreund von ihm – mein Mann war ja Turner – und sagte: „Ich habe im Gemeinderat vorgesprochen,

du sollst bei uns angestellt werden, bei der Bank.“ In Dötlingen. Der Vorstand der Bank, der Vorsitzende war auch ein Nazi, der hat trotzdem gesagt: „Man hat dem Mann Unrecht getan, der hat ja nichts gemacht, also den stellen wir ein.“ Und dann wurde er da eingestellt, 1942.

Erst mußte er jedoch zur Regierung hin, daß man ihm die Papiere gegeben hat und da sagte er: „Mein größter Schlag war, wie ich da ’rauskam und den Entlassungsbescheid hatte, da kommt mir einer entgegen, guckt mich an und sagt, daß er sich freut, einen richtigen Germanen vor sich zu sehen!“ Das hat der zu ihm gesagt und mein Mann sagt: „Das war für mich wie ein Schlag ins Gesicht!“ Wird entlassen wegen seiner Abstammung und der sagt das so, weil mein Mann so germanisch aussieht.

Am 10. Oktober 1944 kam er nach Hause und sagte: „Mutti, ich muß weg. Die Gestapo holt mich. Ich muß mich melden. Nach Delmenhorst.“

Dann fuhren wir dahin, ich ging mit und im Büro dort kam er ’dran: „Können wir ihnen vertrauen? Sie fahren nach Bremen und wenn sie da nicht ankommen, dann wissen wir sie ja zu finden.“ – „Darf ich fragen wohin?“ – „Sie sollen eine wunderbare Vergnügungsfahrt machen,“ sagte er dann. „Den Koffer nehmen sie mal wieder mit nach Hause, den braucht ihr Mann nicht.“

Ich bin dann nach Hause gefahren und habe ihm den Koffer doch mitgegeben, ich denke: „Dann sollen sie ihm den Koffer man abnehmen nachher.“ Acht Tage, zehn Tage habe ich nichts gehört. Dann kriegte ich auf einmal einen Anruf aus Elsfleth, von einem, den man auch erst mitgenommen hatte und jetzt wieder entlassen. Der rief an und sagte, ich sollte nach Elsfleth kommen, aber niemandem etwas erzählen, er würde da irgendwie auf mich warten.

Ich stieg dann da aus und die Züge waren alle voll mit Militär, da erstmal hinzukommen nach Elsfleth. . . – der Bahnhof wurde dann leerer, da stand dahinten ein Herr und ich denke: „Mensch, das muß er sein.“ Ich ging dann auf ihn zu und der sagte: „Gehen sie weiter.“

Ich bin ihm dann nachgegangen und dann erzählte er mir, daß die in Farge waren, bei Bremen. Die leben in einem Lager, man hätte ihnen alles abgenommen: Decken und Uhren und Ringe und alles weg. Da wäre auch ein Russenlager und dann kriegten sie die Schalen von den Russen und dann gab es bloß Kürbissuppe. Aber mein Mann hätte ihm gesagt, er will mal sehen, daß er Nachricht kriegt, die würden da wegkommen, wohin, wüßte er nicht. Dann erzählte er mir, was da für Zustände wären.

Mit dem nächsten Zug bin ich dann nach Hause, da war bei uns eine Lehrerin, die ging immer ein und aus, und in meiner Aufregung, wie mein Mann da behandelt wird und so weiter, meine Eltern fragten auch, was ich im Argen habe, da erzähle ich gleich alles.

Ein paar Tage später kriege ich Nachricht, ich möchte dahin kommen – den Namen will ich jetzt gar nicht nennen. Ich gehe dahin – Klavierstunde, dann wißt ihr genug – Klavierstunde hatte meine Tochter da, und ich denke: „Ach, die will Margrid nun nicht mehr haben.“

Da fragte sie mich nur: „Haben sie diese Äußerung gemacht?“ – „Ja, habe ich.

Ich habe das erzählt zu Hause, ich kann meinen Angehörigen wohl erzählen, was ich über meinen Mann erfahren habe." – „Ja, man hat mir das unterbreitet und ich muß sie der Partei melden." Ich sagte: „Das können sie von mir aus gut machen. Bringen sie mich auch dahin, wo mein Mann ist. Mir ist das ganz einerlei."

Das ist dann aber so mit dem Mantel zugedeckt, da ist nichts weiter 'draus geworden. Aber unsere Tochter habe ich da weggenommen, das war mir ganz einerlei.

Dann kam eine Karte von meinem Mann, da war er nach Holzminden, nach Lenne in ein Zwangslager. Da waren Russen, da waren Juden, da waren Mischlinge... da mußten die im Steinbruch schwer arbeiten und wurden von der SS bewacht. Aber sie hatten Kontakt.

Da war immernoch ein Vorarbeiter, der auch mal einkaufen mußte oder dies oder jenes und der hatte Kontakt zu einer Familie. Dadurch konnten die immer Post 'rauskriegen. Mein Mann sagte dann: „Mutti, schick'was du kannst, du kannst das immer schicken zu den Leuten, das wird uns hingebracht."

Dann habe ich ihm natürlich tüchtig 'was eingepackt, da haben sie auch nicht viel zu essen gekriegt und die haben sich immer echt gefreut. Und dann – ach, das war alles ein Ding, das ist eigentlich ein Roman, kann ich wohl sagen... das war auch im Winter, mit einem Mal geht bei uns die Tür und ich denke: „Wer kommt dahinten denn 'rein?" Da kam mein Mann!

„Ja," sagte er, „ich bin für ein paar Tage hier. Wir hatten dahinten nichts mehr zu essen, gar nichts mehr zu essen. Und da sagte der von der SS zu uns, der war auch notgedrungen SS-Mann, der hat gefragt, wer denn wohl da ist und 'was besorgen kann. Und da habe ich gesagt, ich kann das. Und noch einer aus Oldenburg, der hat mal in einer Konservenfabrik gearbeitet."

Dann sind die nach Doppelbauer Müller und haben Kartoffeln, alles mögliche, Eßwaren, einen ganzen Waggon haben die zusammengekriegt. Wie sie in Delmenhorst ausgestiegen sind, ist die SS gerade eingestiegen, die hatten ein Glück gehabt, weil die ja keine Ausweise und nichts hatten.

Wie er wieder wegging, gab er mir seinen Trauring und sagte: „Mutti, hier hast du meinen Trauring, ob ich wiederkomme, weiß ich nicht. Denn in die Knie gehe ich nicht, daß tue ich nicht. Ich weiß auch nicht, ob wir jetzt gut wieder ankommen."

Und dann ist ja der Beschuß gekommen. Mein Mann war ja groß und er hatte vorher schon immer als Wache mitstehen müssen bei den SS-Leuten, die haben das Russenlager bewacht. Jeden Tag ist dann ein Lager weggekommen, alles in die Gaskammer, alles weg und weg und weg. Dann hat ein SS-Mann gesagt: „Morgen kommt ihr 'dran." Und da sagte mein Mann: „Ich will dir sagen, wir gehen nicht mit. Meine Bude geht nicht mit! Dann sollt ihr uns hier erschießen, wir gehen nicht mit."

Dann haben die sich hinter den Schränken und überall versteckt in der Bude und die anderen haben durch die Fenster 'reingeschossen. Einen Förster haben die bei sich gehabt, der war waldkundig und dann hat mein Mann mit der Uhr in

der Hand alle zwei Stunden jemanden 'rausgelassen, in den Wald 'rein – zu dreizehnt waren die – so sind die gerettet. Zwei Tage sind sie dann im Wald gewesen und wie sie zurückkamen, sind die Engländer schon dagewesen. Da haben sie dann satt zu essen gekriegt, haben das große Lager gefunden, wo die Gestapo die Eßwaren alle hatten, haben dann Radio und alles gehabt und da hat er gehört: „Schwere Kämpfe um Wildeshausen!"
Da hat ihn dann nichts mehr gehalten. Aus Bremen war noch einer, der war 16 Jahre, den hatten sie auch mit im Lager. Mein Mann und der Kleine, die haben dann von den Leuten, die immer für sie gesorgt haben, ein Fahrrad bekommen und dann sind sie mit dem Fahrrad hier angekommen. So kam er hier an, im April, wir waren auch gerade wiedergekommen und räumten auf. Wie die Engländer kamen, sind wir auch für acht Tage 'raus aus Wildeshausen und dann waren bei uns alle Fenster, war alles kaputt. Wir waren gerade am Einräumen, da kam mein Mann schon.
Zwei Tage später holte man ihn dann auf das Rathaus und ich habe geschrien als sie ihn wegholten und mein Mann sagte: „Nun sei doch still. Es ist ja vorbei, die tun mir doch nichts mehr." Die Angst saß ja drin. Und die Wut.
Nach vier Wochen schon war er hier auf dem Rathaus ja angestellt, beim Schulamt.
Dann kamen alles bärtige Männer und ich denke: „Wer ist das denn?" Da kamen seine Kollegen aus Lenne, die konnten nun noch nicht 'rein, die Ortschaften waren ja immer noch gesperrt und nach und nach konnten die dann erst nach Hause. Zwölf Mann kamen an. Wir haben sofort unser Zimmer ausgeräumt und alles Stroh 'rein, Decken, was wir so hatten, Mama setzte sofort den großen Kessel mit Suppe auf, daß sie zu essen kriegen... dann blieben die eben alle so und so lange, bis sie nach Hause konnten.
Dieser Jäger fand in unserer Werkstatt, die hatte man früher auch beschlagnahmt, deutsche Soldaten hatten da Munition und alles, die sagten dann, jetzt müssen sie weg, aber sie kommen nochmal wieder und dann hatten sie bei uns so ein Paket stehengelassen, das fand der jetzt und sagte: „Das haben die Soldaten hinterlassen, da haben die Gewehre 'drin. Bloß weg damit, nachher heißt es noch, wir hätten das gespeichert."
So sind wir lange zusammen geblieben und am 12. Oktober sind sie alle weggeholt worden, unter anderem auch ein Rechtsanwalt von Oldenburg, ein Schauspieler, da war die Frau Jüdin, aber man hatte ihn auch mitkassiert und der hat immer so Bange gehabt, daß man seine Frau holte und die hat man nachher auch geholt und die hat er gar nicht wiedergesehen. (Frage: Wie lange war ihr Mann in dem Lager?) Mein Mann war insgesamt weg vom 12. Oktober 1944 bis 14. April 1945. Als er dann 1954 gestorben war, der hatte ja einen schweren Herzfehler und ist auch immer in Behandlung von Dr. Jacobi gewesen, ist er gerade mal fünfzig gewesen. Und dann ging es ja auch noch um die Wiedergutmachung – wir hatten die Atteste von Dr. Jacobi, daß mein Mann ein Krankheitsfehler gehabt hätte und nach dem Kriege sofort in Behandlung zu ihm gekommen wäre. Da kämpfte er noch um die Wiedergutmachung... und als er gestorben war,

ging das weiter, da haben wir gekämpft, der Rechtsanwalt aus Oldenburg, der mit meinem Mann zusammen im Lager. Und wir haben gekämpft und gekämpft – ich konnte zuletzt die blauen Briefe nicht mehr sehen. Also da waren wahrscheinlich noch Nationalsozialisten am Ruder, die innerlich noch Nazis waren, ein Doktor aus Oldenburg, das war so ein harter Mann, der meinen Mann überhaupt nicht gekannt hat und sagte, ich hätte ja nicht gelitten unter dem Krieg, ich wäre ja nicht eingezogen worden. Und mein Mann hat den Herzfehler schon immer gehabt, trotzdem das Attest von Dr. Jacobi vorlag.
So ging das immer weiter. Mein Mann wäre fettleibig gewesen und sein Vater wäre ja auch an Schlag gestorben – also so drehte man das. Das waren dann schon Jahre hin – und daß ich an meine Tochter gedacht habe, daß die irgendwie was bekommt!
Von meines Mannes Seite aus die älteste Schwester, die hatte ein uneheliches Kind. Und mein Mann hatte mal gesagt: „Das nehme ich voll und ganz an. Wenn du später lernen kannst, dann kriegst du von mir eine Lehrerinnenausbildung, wenn du da Lust zu hast, das nehme ich voll und ganz an."
Die ist natürlich damit zur Wiedergutmachungsstelle gegangen und hat 5000 Mark gekriegt. Und ich nicht einen Pfennig! Auch für meine Tochter nicht!
Der Rechtsanwalt sagte: „Wir gehen weiter." Dann haben wir glaubwürdige Menschen als Zeugen angegeben, daß mein Mann nicht fettleibig gewesen ist: Den Oberkreisdirektor, Pastor Prochnow und Doppelbauer Müller. Dann haben sie schnell abgeschlossen und dann war das erledigt. Ich war nervlich so fertig. Jedesmal, wenn ein blauer Brief kam, ich flog. Nun haben wir nichts an Wiedergutmachung bekommen, aber ist auch ja einerlei... aber das waren harte, harte Jahre.

Frau E, Jg. 1908, G.

290

Ich war damals, weiß ich nicht mehr, 11 oder 12 Jahre alt und mußte dann zu Theo Cohn zum Unterricht hin nach Hause, Nachhilfe, meine Eltern sagten dann: „So, Du gehst jetzt zu Theo Cohn zum Unterricht." Das war ja während des Krieges und Theo war früher unser Lehrer an der Schule, aber später ist er dann entlassen worden, weil er Halbjude war. Mit der Nachhilfe, das habe ich dann hinterher verstanden, haben ganz viele Wildeshauser versucht, ihn zu unterstützen, also auch finanziell usw. Daß die dann ihre Kinder zum Unterricht zu ihm nach Hause schickten, war so eine Solidaritätsbekundung.
Ich habe damals gar nicht verstanden, warum ich da hin sollte, weil, so schlecht war ich gar nicht in der Schule.

Herr K, Jg. 1923, G.

291

Meine Tochter ging damals zur Schule und die Lehrerin, das war Fräulein Murken, das war die Frauenschaftsleiterin. Und vom ersten Tag an, als das Kind zur Schule ging, wurde es geschlagen. Wenn da Papier auf dem Schulplatz lag, die guckte aus dem Fenster, wenn die Pause vorbei war und wenn da Papier lag,

dann wurde das Kind geschlagen und immer an den Kopf geschlagen. Bis unser Nachbar ankam und sagte: „Das dürft ihr Euch nicht gefallen lassen!"
Dann bin ich zu Fräulein Murken gegangen und sie sagte: „Dafür sind solche Kinder da." Und ich sagte: „Aber bitte schlagen sie sie doch nicht an den Kopf." – „Ich sagte doch: Dafür sind solche Kinder da. Diese unterstütze ich nicht. Die braucht nicht zu lernen! Die kann dumm bleiben!" Hat sie dann wörtlich gesagt. Das Kind würde nicht gefragt in der Schule, sie könnte ihre Arbeiten machen, aber die würden nicht angeguckt. Als dann die Zusammenlegung der Schulen kam, hat sie eine neue Lehrerin bekommen. Die sagte dann zu mir: „Was habt ihr denn mit dem Kind gemacht?" Ich sagte: „Ja, das ist ganz traurig." Also bei ihr wurde das Kind dann gefördert, aber die hatte solche Angst. Und dann bin ich mit ihr zum Arzt gewesen und die hat da heute noch mit zu tun.
Zur Weihnachtszeit stand unsere Kleine mal bei Schnittger vor dem Schaufenster und da kam dann die Klasse vorbei. „Guck mal, das möchte ich gerne haben." Dann haben die gesagt: „Judenkinder kriegen nichts zu Weihnachten." Dann kam sie nach Hause: „Mutti, bin ich ein Judenkind?" Daraufhin erzählte ich das Frau Murken auch. „Ja, das ist sie ja auch!", sagte sie. Die war furchtbar hart und ich hasse bestimmt niemanden, aber dort...!
Frau E, Jg. 1908, G.

292
Die Juden waren dann schlagartig alle weg. Nachdem der Polenfeldzug beendet war, 1940 waren die weg.
Mein Papa, der war am Pflügen und dann kam der nach Hause und sagte: „Mensch, ich habe da eben 'was erlebt. Minna de Haas, die kam da an auf dem Land und schrie: 'Opa, hast du nicht gesehen?'"
Die waren ja alle als Zwangsarbeiter bei der Hunte, da mußten die arbeiten, bei der Huntebegradigung. Und der sagte dann: „Nee." – "Oh, die haben sie alle weggeholt, die haben sie alle weggeholt!" Die hatten sie dann weggeholt, die beiden de Haas.
Frau E, Jg. 1908, G.

293
Auf der Bank vor unserem Haus saßen dann abends unsere Eltern und Ferdinand, unser ältester Bruder, dann kamen die Nachbarn, Schulte, Dr. Schulte sein Vater, der war damals bei der Post. Die trafen sich auf der Bank, bei uns vor der Tür und unterhielten sich da. Dann kam noch Bernhard de Haas, das war ein Jude, ein ganz prima Mensch, das haben wir damals ganz bitter empfunden, als der auch abgeholt wurde und vernichtet wurde. Da hatte man kein Verständnis für. Mensch, der tat keiner Menschenseele etwas, der war herzensgut und wurde eines Tages abgeholt. Das war etwas später schon. Es wurde ja gemunkelt, was mit denen geschah, aber die Leute durften ja nicht erzählen. Zu

Hause haben wir das mitgekriegt, zu Hause wurde ja doch darüber gesprochen, aber man sagte immer: „Du darfst nichts sagen."
Herr J, Jg. 1908, E.

294
Gewußt haben wir davon mehr oder weniger schon, wo die Juden hinkamen, was da geschah. . . bei uns war mal einer, der hat mal einen Judentransport gefahren. Und da hat er gesagt: „Wenn ich den zweiten Transport fahren soll, dann lasse ich mich erschießen, das tue ich nicht wieder!"
Da hätten die Juden gestanden und die Gräber aufgeschaufelt. . . wie sie dann ankamen, gleich die Klappe 'runter vom LKW, mit Maschinengewehren alle so weggemäht und dann wären sie in die Grube so 'reingefallen und die anderen hätten das wieder zuschaufeln müssen. Und dann sagte er: „Also so etwas fürchterliches!" So einen Anblick werde er nie vergessen.
Frau E, Jg. 1908, G.

295
Hitler, der hat ja auch gedacht. Wollen wir doch mal ganz ehrlich sein, da waren keine Arbeitslosen mehr, das lief doch alles. Das war dann ein großer Fehler, daß er gegen die Juden ging, gegen die Juden und den Glauben. Als der Glaube angegriffen wurde, da sagte mein Mann: „Jetzt ist der Krieg verloren.
Frau E, Jg. 1908, G.

Westerstraße / Ecke Huntestraße um 1936. Fotoarchiv Panschar.

296
Das war der Fehler, den der Adolf gemacht hat, daß er gegen die Juden ging – finde ich.
Frau I, Jg. 1914, G.

297
Richtig. Da war er nicht gut beraten. Das ist ja so, einer kann alleine nicht viel machen, der hat ja viele Helfer und das sind manchmal keine Guten.
Herr O, Jg. 1923, G.

298
Der Langhorst hätte uns Kleinbauern damals am liebsten alle in die besetzten Gebiete nach Osten geschickt. Wir standen schon auf einer Liste, die er für die Partei von Bauern aus Wildeshausen fertig gemacht hat, sagte man.
Frau H, Jg. 1927, G.

299
Langhorst war auch so einer, der hat damals gesagt, da wurden die kleinen Höfe teilweise enteignet: „Ihr müßt alle hin in den Osten! Ich kriege hier die ganzen Höfe!" Da hat der mit gerechnet. Darauf hat er sich eingestellt. Die Jungs heute sind ja anders eingestellt. Die sind da nicht mehr für verantwortlich.
Ich höre das heute auch noch, wenn bei Schütze auf dem Hof exerziert wurde, der Langhorst mußte dann kommandieren und der brüllte da, der hatte ein echtes Organ... bei Leffers um die Ecke, da konnte man das schon hören.
Herr J, Jg. 1908, E.

300
Nun war ich ja in der Partei und dann bin ich abends auch hingewesen zu einer Versammlung. Und da wurde ich eingeteilt zur SA-Reserve und dann hieß es: „Morgen abend acht Uhr ist Übung."
Aber ich war am nächsten Tag mit meiner Frau in Bremen mit dem Motorrad und abends sind wir noch nach Neerstedt zu den Schwiegereltern. Und da sagte meine Frau dann: „Wir müssen los, du mußt doch um acht Uhr zur Übung!" Ich sagte: „Nix, wir fahren um acht Uhr durch Wildeshausen und dann sehen wir, wie die anderen die Übung machen. Wollen doch mal sehen, was da los ist!"
Und dann kamen die gerade wieder, als wir in die Stadt reinfuhren. Na, und wir dann gleich angehalten und erstmal zugesehen wie die also marschierten. Vor dem „Lindenhof" hieß es dann: „Abteilung halt! Rechts um!" – und dann war aber drin Besprechung. Ich bin dann mal mit hoch und habe mich auch entschuldigt.
Herr M, Jg. 1899, E.

301
Ich mußte ja auch in die SA, habe mich aber immer so ein bißchen 'rausgehalten. Eigentlich gehörte ich nirgends zu. In der SA mußte ich mir auch ein Hemd kaufen, das habe ich mit 50 Pfennig monatlich abbezahlt.

Im Lindenhof war dann eine Versammlung, eine Ausmusterung, acht Tage vor Weihnachten, auf einem Sonntag. Ich war aber nicht da, weil wir die vier Sonntage vor Weihnachten noch unser Geschäft auf hatten und da ruft unsere Nachbarin an: „Du, die wollen dich aus der SA 'rausschmeißen." Ich sagte: „Gott sei Dank!" Die läßt den Hörer fallen und war weg. Dann hatte ich erstmal hier in der Familie damit zu tun. Meine Schwiegereltern, die lebten noch und sagten: „Mensch, wie kannst du das machen? Wie kannst du das tun?" Dann haben sie mich solange bearbeitet, daß ich zu dem Kessemeier hinmußte. Der hatte, ich weiß nicht, ob da gerade etwas besonderes war, eine große Uniform an... und der hat mich vielleicht zur Sau gemacht. Und der war ja früher auch im Stahlhelm, aber er hat mich so richtig zur Sau gemacht. „Dann kannst du heute nachmittag ja wieder mitmarschieren. Dann ist das in Ordnung," sagte er.
Meine Frau holte dann das Hemd. Ich sagte: „Das lass' man weg." – „Du mußt doch heute wieder mitmarschieren!?" Ich sagte: „Nee, heute ist bei mir Familientag. Wir gehen jetzt spazieren. Wir haben vier Wochen sonntags gearbeitet." Dann waren wir mal angetreten bei Altona und da wollten sie mich so richtig 'runtermachen. Ich sagte: „Heinrich, das kannst du tun. Ich stelle mich aber vor die Kompanie, da wo du stehst, damit sie mich alle sehen. Nicht hier im Glied. Dann kannst du sagen, was du willst. Aber ich ziehe meine Konsequenzen." Er hat es nicht getan.
Später war es denn mal in Zwischenbrücken, da waren wir angetreten. „Wo waren sie denn die letzten Tage?" fragte mich so ein Scharführer. Ich sagte: „Wenn ich im Geschäft zu tun habe..." – „Erst kommt Dienst, dann kommt Geschäft!" Ich habe mich vor die Kompanie da gestellt, „Heil Hitler", kehrtgemacht, abgehauen.
Und das das alles so gut gegangen ist, das verstehe ich nicht. Ich gehörte eigentlich nirgends zu und habe nur noch 50 Pfennig gegeben, wenn es mittags auch Eintopf gegeben hat.
Herr C, Jg. 1901, E.

302
Weil ich nun bei der Stadt war und Parteimitglied, sollte ich auch SA-Dienst machen. Und mein Nachbar war da der Gruppenleiter. Ich habe mich aber nicht weiter 'drum gekümmert, SA-Dienst, da mußte man exerzieren usw. und ich bin da gar nicht hingewesen.
Eines guten Tages kriegte ich dann Bescheid: „Sie werden hiermit aus der SA ausgestoßen!" Das hieß damals 'was. Wenn man irgendwo ausgestoßen wurde. „Donnerwetter nochmal!"
Ich sagte dann einem Arbeitskollegen, der war auch in der SA: „Georg, du mußt mal eben nach Knüpling hingehen und sagen, daß ich keinen Dienst machen kann. Ich wohne in Neerstedt, arbeite in Wildeshausen, soll nun Abends erst nach Neerstedt fahren und dann von Neerstedt nach Dötlingen noch zum SA-Dienst." So wurde ich dann großzügerweise von Knüpling entlassen. Also nicht, daß der da Schwierigkeiten machte. Aber mein Nachbar, also nicht, daß ich dem

nun, da konnte ich gut mit, aber der wollte mir zeigen: „Du mußt genauso Dienst machen wie wir."
Herr B, Jg. 1903, E.

303
Mich wollte man damals in die Arbeitsfront haben. Ich war bei Kolhoff und Wappler. Ich hatte Außendienst und alle waren schon 'drin, nur ich war noch nicht 'drin. Mich konnte man auch immer schlecht erreichen, weil ich viel unterwegs war. Wenn die anderen in der Firma den kommen sahen, der mich aufnehmen wollte, dann sagten die immer: „Du, der kommt!" Er kam: „Ist der noch da?" – "Nee, der ist schon auf Tour." Ich hörte das ja, ich stand ja hinter der Tür. „Ja, dann komme ich mal wieder 'rein. Bestellen sie ihm mal, der soll sich melden." Ich habe mich natürlich nicht gemeldet.
Eines Tages war es auch wieder so weit. „Du, der kommt!" Ich konnte gar nicht so schnell weg, nur eben hinter die Tür. „Das ist ja eine Schweinerei. Ich kann den nicht erreichen." – „Ja, da kann ich auch nichts 'dran machen. Aber ich sage ihm, er soll sich melden.
Ja, später war ich dann Soldat, aber in der Arbeitsfront bin ich nie gewesen.
Herr J, Jg. 1908, G.

304
Ich war von den SS-Leuten in der Heilstätte eingesetzt, da waren doch die lungenkranken Soldaten, und ich mußte nur die SS-Leute betreuen, also so etwas fürchterliches... die schleppten mir alles ins Haus, Sekt und alles so besonderes. Dann mußte ich da immer hin und den SS-Soldaten das abgeben, aber nur für die SS-Männer – und dann lagen da auf dem Zimmer auch andere Soldaten, die kriegten nichts! Dann ging ich in den Weinkeller von meinem Vater und nahm eine Flasche für die anderen Soldaten mit... also das war so fürchterlich, diese Bevorzugung!
Frau A, Jg. 1923, G.

305
Auf unserer Station im Lazarett hatten wir auch einen SS-Mann und einmal, da kam dann ein anderer, ganz hoher SS-Mann, den Kranken irgendwie zu besuchen... der kam in schwarzer Uniform, große Aufschläge und mit ganz vielen Paketen, sagte dann, er wolle da und dahin, zu dem und dem. „Ich bin dadrüben gewesen, da liegt er nicht!" meinte der und ich sagte: „Bei uns liegt der auch nicht, der ist nämlich tot!" Ja, und dann ist der gleich wieder abgeschwirrt und hat den ganzen Kram aus den Paketen für diesen einen SS-Mann wieder mitgenommen und hat für die anderen Soldaten nicht mal eine Tafel Schokolade zurückgelassen!
Frau D, Jg. 1910, G.

306
Ich war Ende 1943 als junger Leutnant aufgrund einer Verletzung in Neisse und wohnte da in einer Familie. Die Tochter, die heiratete damals einen SS-Mann

Wildeshauser Synagoge in der Huntestraße kurz vor der Zerstörung am 10. November 1938. Fotoarchiv Panschar.

und der kam aus Krakau, hieß es... der brachte dann morgens zur Hochzeit alles mit und ich dachte: „Wo kriegt der das nur alles her?" Die haben wirklich groß aufgetischt und auch an Sachen unheimlich viel gehabt.
Ja, im nachhinein wußte ich dann, der hat in Auschwitz gearbeitet und da kamen die Sachen alle her! Aber vorher hieß es nur, der kommt von Krakau!
Herr K, Jg. 1923, G.

307
Nun muß man ja unterscheiden: also es gab die Waffen-SS, Soldaten, und die schwarze SS, das waren diejenigen welchen... also die Waffen-SS, das waren junge Leute, die wurden eigens dafür ausgemustert, kräftige... ob die da hinein paßten, politisch, da wurde gar nicht nach gefragt, also die wurden dann nachher dementsprechend bearbeitet, denen wurde das eingetrichtert, was man von denen erwartet! Auch im Kriege hinterher, die, mit denen ich so zusammen gewesen bin, das waren alles nur junge Kerle und die von der Waffen-SS waren auch nicht so davon überzeugt, denen ist das aber eingetrichtert worden! Von

der schwarzen SS, von den wirklichen Nazis, ist bei mir im Kriege niemand mit dabei gewesen.
Herr C, Jg. 1901, G.

308
Wie gesagt, ich war ja in dem Lazarett, das damals für die SS-Leute in Wildeshausen war, eingesetzt. Da mußte ich nun einmal zum Kursus nach Bremen, das ging übers Wochenende, und da wurde uns gesagt, wir sollten Kinder kriegen, die Unverheirateten usw. Da habe ich schnell gesehen, daß ich da wegkam.
Frau A, Jg. 1923, G.

Krieg

Die beiden Weltkriege haben tiefe Zäsuren in der neueren Geschichte gesetzt: Sie brachten unsägliches Leid über Millionen Menschen und haben umfassende Veränderungen der europäischen Staatensysteme und weltpolitischen Verhältnisse bewirkt.

In den Erinnerungen der befragten Senioren zählten die zahlreichen Kriegserlebnisse und –erfahrungen aus dem Ersten wie Zweiten Weltkrieg zu den prägendsten Einflüssen ihres vergangenen Lebens. Die Männer verarbeiteten in ihren Erzählungen immer wieder Ereignisse und Begebenheiten aus dem Krieg, Fronterlebnisse und damit verbundene Ängste, während die Frauen vor allem die Überlebensnöte und Sorgen der Familie in den Kriegsjahren darstellten.

Noch mit Jubel- und Begeisterungsstürmen wurde 1914 der Beginn des Krieges von der deutschen Bevölkerung gefeiert. Als sich im Juli der Kriegsausbruch abzeichnete und am 1. August die deutsche Kriegserklärung an Rußland erfolgte, wurden die deutschen Mobilmachungszüge von der einheimischen Bevölkerung in patriotistischer Euphorie und siegeslustiger Stimmung begleitet. In Wildeshausen folgten zahlreiche Bewohner den einberufenen Soldaten zum Bahnhof und verabschiedeten dort ihren Ehemann, Vater, Sohn oder Bruder.

Am 1. September 1939 entfesselte Deutschland mit dem Einmarsch in Polen den Zweiten Weltkrieg – im Frühjahr 1945 zogen amerikanische, englische, französische und sowjetische Truppen in besiegte Städte und Gemeinden Deutschlands ein. In dieser Zeit war das Leben der deutschen Bevölkerung vor allem von der Sorge ums Überleben geprägt: In den Erinnerungen der befragten Senioren kennzeichnen Alliiertenangriffe, letzte Mobilmachungen und Rekrutierungen zum Volkssturm sowie die Angst vor Terrormaßnahmen des NS-Regimes bei Kriegsverweigerung den Alltag.

Am 10. April 1945 wurde Wildeshausen von Truppen der 7. britischen Panzerdivision besetzt. Schon am Tag zuvor sind viele ältere Stadtbewohner sowie Mütter mit Kindern nach einem Daueralarm am Spätnachmittag und dem ersten Artilleriebeschuß in die Dörfer der Landgemeinde geflohen. Andere richteten sich mit Nahrungsrationen im Keller ein.

Die Kämpfe in und um Wildeshausen dauerten bis zum 13. April. Von Dötlingen aus, über Altona und den Bahndamm angreifend, starteten deutsche Soldaten des Panzergrenadierregiments 115 mehrere Rückeroberungsversuche, in deren Verlauf sowohl Soldaten wie Zivilisten starben und Gebäude durch Artilleriebeschuß beschädigt wurden. Kurzzeitig gelang den deutschen Soldaten die Einnahme des Bahnhofs. Neben den Todesfällen waren in der Schadensstatistik der Gebäude vor allem die Zerstörung der Alexanderkirchturmspitze und der Glocke, der Bruch der St. Peter Kirchenfenster sowie die Beschädigung vieler und die völlige Zerstörung einiger Wohnhäuser zu beklagen.

Bau der Wildeshauser Luftschiffhalle 1916. Fotoarchiv Panschar.

Am 8. Mai 1945 waren Krieg und Nazi-Herrschaft zu Ende. Mit der Unterzeichnung der bedingungslosen Kapitulation in Reims und Berlin-Karlshorst war Deutschland besetzt und befreit in einem – eine historische Paradoxie, die von den Zeitzeugen als Erlösung und Niederlage gleichermaßen empfunden wurde. Wohl niemand vermochte in jenen Tagen so recht zu beurteilen, ob dies einen Neuanfang oder das Ende für Deutschland bedeuten würde.

309

Ich war gerade zur Schule gekommen, als der Erste Weltkrieg ausbrach. Ich weiß noch, mein Vater, der war Tischler und hatte gerade Stühle bekommen. Wir standen in der Durchfahrt. Die Stühle waren mit Stroh zusammengebunden. Ich mußte das dann abmachen und plötzlich fingen die Glocken an zu läuten, da war ein Aufruhr. Dann kam mein Bruder: „Jetzt muß ich in den Krieg, Krieg ist ausgebrochen!“ Das weiß ich noch ganz genau.
Mit zwanzig Jahren ist er dann auch sofort eingezogen. Nachher ist er in Frankreich gefallen. Und das war ganz komisch: Da heirateten Günthers und der Kranz wird gerade angemacht. Meine Mutter stand da auch und guckt – da hört sie auf einmal, daß mein Bruder ruft! Komisch! Da hört sie die Stimme von meinem Bruder und geht nach Hause.
Mein Bruder hatte einen Kanarienvogel und wollte auf Urlaub nach Hause kommen. Am anderen Morgen liegt der Vogel tot im Kasten. Meine Mutter sagte

dann noch, daß mein Bruder das nicht gleich merken sollte, wenn er nach Hause kommt. Aber an dem Tag ist er schon gefallen... ist das nicht komisch?!
Frau E, Jg. 1908, G.

310
Von 1914 bis 1918 war Krieg – und alles war auf. Man sah nur Soldaten. Als Kind, nur Soldaten. Und begeistert natürlich – also da wollte ich auch hin.
Herr B, Jg. 1903, G.

311
Ich sehe das noch, den Nachmittag, als der Erste Krieg ausbrach, nachmittags um vier Uhr, die Nachbarn stehen auf dem Wagen und fuhren Ernte ein. Kaiser Wilhelm, der sagte ja: „Ich kenne keine Parteien mehr, ich kenne nur noch die deutsche Partei!" Wieviel Freiwillige sich da gemeldet haben! Die waren alle begeistert.
Herr C, Jg. 1901, G.

312
Am Bahnhof, wenn die Züge wegfuhren, mit welcher Begeisterung die Leute da waren. Ich sehe die Einzelnen noch: Julius Bock, Hermann Segelken, Schulz... Schulz, der sang dann: „Ach wenn das der Petrus wüßte, daß der Schulz in den Krieg müßte." Also eine Begeisterung!
Im Zweiten Krieg war das ganz anders, da gab es keine Begeisterung mehr. Keine Begeisterung! Ich war ja selbst dabei. Als wir eingezogen wurden, daß da einer mal am Straßenrand, oder wenn wir irgendwo hielten, „Hurra" rief – gar nichts. Das war der Unterschied von 1914 zu 1939. 1939, da wußten sie genau, was Krieg bedeutet. Das waren ja alles Leute, die schon im Krieg gewesen waren. Die haben den Ersten Krieg zum Teil ja mitgemacht.
Herr B, Jg. 1903, G.

313
Der Erste Weltkrieg, der begann 1914 auf einem Sonnabendnachmittag. Da kam ein Auto an, da standen ein paar junge Kerle 'drauf und riefen: „Mobil! Mobil! Mobil!"
Die Leute kamen alle aus ihren Türen 'raus, zuerst Oma Wilken, die Hebamme, meine Mutter usw. Die Leute hier hatten alles Söhne, die gleich Soldaten wurden. Mein ältester Bruder, der mußte auch als erstes gleich mit.
Wir Kinder haben das gar nicht so mitgekriegt. „Mobil! Mobil!" – "Was war das?" – „Ja, zum Krieg." – „Und was ist Krieg?" So war das!
Dann nacher hat das vier Jahre gedauert. Und die Begeisterung damals am Anfang, die war groß. Aber das ließ bald nach. Wie die ersten Todesnachrichten kamen, da wurde das doch anders.
Die haben auch gedacht, die marschieren los hier, von Wildeshausen über Berlin nach Frankreich, Paris und haben den Krieg gewonnen. Das haben wir Deutschen ja zweimal gemeint... im Ersten und im Zweiten Weltkrieg.

Bei uns beim ersten Mal ging es noch gut: Meine ältesten Brüder waren Soldat und alle sind wiedergekommen. Dann war der Krieg aus.
Im letzten Krieg waren wir wieder Soldat, eins, zwei, drei, und mein jüngster Bruder auch. Der wurde „UK“ gestellt, unabkömmlich, wurde zurückgestellt, und ich war auch schon Soldat, komme irgendwann wieder und da sagt der: „Du, ich habe mich freiwillig gemeldet.“ – „Aber ich denke du bist „UK“? – „Nee, ich habe mich freiwillig gemeldet.“ Ich sagte: „Alex, Alex, was hast du da gemacht?“ – „Ja,“ sagte der, „ich bin in Bremen“ – mein Bruder war als UK-Gemeldeter in Bremen in einer Kleiderfabrik und mußte für die Wehrmacht Kleider herstellen – „und die Leute dort in Bremen, jeder sagt: 'Sie junger Mann sind nicht einmal Soldat?!' und das höre ich tagtäglich – das will ich nicht mehr!“
Später war ich dann auf Urlaub und besuchte meine Schwester in Jever, da geht das Telefon, war Alex das, der lag in Oldenburg auf dem Güterbahnhof: Transportzug nach Rußland. „Mensch Alex, ich komme gleich mit dem nächsten Zug von Jever nach Oldenburg.“ Da haben wir uns dann noch gesprochen, ich habe ihm Hoffnung gemacht und wir haben uns verabschiedet.
Einige Monate später, wie es gerade so will, ich bin wieder im Urlaub, da kommt die Post, das vergesse ich nie, war gerade Mittag und ich habe das erst beiseite gelegt, weil Mutter das nicht haben wollte – die Nachricht, daß Alex gefallen war. Das war ein Schlag! Der Alex, der tat keiner Fliege 'was zu Leide! Wenn sie den verprügelten, der schlug nicht zurück! Der arme Junge, den haben sie noch ins Feuer geschickt! Was war denn das zuletzt? Da wurden ja alle nur noch ins Feuer geschickt! Gerade der, der keiner Fliege 'was zu Leide tun konnte. Ich bin überzeugt, der hat nicht einmal das Gewehr gehoben und richtig gezielt.
Herr J, Jg. 1908, E.

314
Im Ersten Weltkrieg, zu Anfang, da gingen die Böller aber noch hoch, da wurden Böller geschossen, als die ersten Kämpfe gewonnen wurden.
Herr B, Jg. 1903, G.

315
Damals, als wir 1917 für den 1. Weltkrieg eingezogen wurden, war Antreten in der Stadt, da standen wir immer zu dritt hintereinander und ich stand in der Mitte und dann bekamen wir die Papiere und mußten nach Hannover mit der Bahn. Und das dauerte damals vier Stunden nach Hannover, Bummelzug, an jeder Station hielt der Zug an, außerdem waren die Züge im Krieg immer überfüllt.
Am Bahnhof in Hannover, da lief einer, nicht ganz groß, mit einer Mütze auf, und den fragten wir: „Wir müssen hin zu den Königsulanen, an der Burg, da müssen wir uns stellen.“ Ja, da sollen wir mit ihm kommen, er gehört auch zu dem Verein. Und dann sind wir mit ihm gefahren, Straßenbahn Nummer 6 zur Kaserne.

Beim Ankommen gab es erstmal essen: Verfaulte Kartoffeln, wirklich verfaulte und Klippfisch, also eigentlich nicht 'runterzukriegen, aber trotzdem, wir hatten ja Hunger.
Am nächsten Tag war Einkleidung, und dann mußten wir noch Reiten lernen, die allermeisten von uns waren ja Bauern und konnten das schon, aber ich konnte das noch gar nicht. Mich haben sie also hingesetzt, wie ich sitzen mußte, aber die anderen mußten umschulen, das war viel schwieriger. Das ganze dann noch ohne Steigbügel, also schon gesattelt aber keine Steigbügel und da war so ein Langer, Krone hieß der, der hatte wirklich Probleme. Da saßen wir dann alle, aufgesessen, und dann hieß das „Tarab" und dann ritten wir los im Sand, in der Reithalle. Ja, und die nächsten Tage, also geritten hatte ich ja, aber immer ohne Gepäck, da ritten wir mit Gepäck. Die Packtaschen an den Seiten und auf den Rücken, da hatten wir dann vom Sattel hoch alles hingearbeitet, so hochgeschnürt mit den ganzen Riemen und Gurten, also den Hafersack, der wurde so aufgerollt, die Decken und noch einen Rucksack, so daß wir hinten fast wie im Sessel saßen. Beim ersten Mal, als ich mit dem ganzen Plunder aufsitzen wollte – BUMMS – da war der Sattel wieder unten, da hatte ich nicht fest genug zugezogen, aber das hatte ich nur ein einziges Mal gemacht.
Naja, den Gaul, den ich damals da gekriegt habe, den hab' ich auch behalten, der hat mir nie Kummer gemacht.
Herr M, Jg. 1899, E.

316
Im ersten Weltkrieg waren wir ja noch jung, die Vorgesetzten waren alle älter, das hätten unsere Väter sein können. Da wurden wir wirklich noch gut behandelt, das ging wirklich noch im ersten Weltkrieg.
Herr M, Jg. 1899, E.

317
Die erste Zeit im Krieg haben wir Straßenpatrouille gemacht, wurden an einer Kreuzung aufgestellt und mußten die Soldaten sammeln, also alle, die dort ohne Befehl 'rumliefen. Die mit einem Schrieb um den Hals konnten wir laufen lassen, die hatten Erlaubnis. Da waren jedenfalls viele, die abhauen wollten, die Angst hatten und wir haben auch viele laufen lassen, denn unser Vorgesetzter Hartmann hat gesagt: „Die hauen Dich sonst tot, wenn Du die festhälst, die wollen hier nicht wieder her!" Also Helden waren wir jedenfalls alle nicht.
Herr M, Jg. 1899, E.

318
Wenn der Zeppelin von Wildeshausen wegflog, dann standen wir als Kinder da und sangen: „Zeppelin, Zeppelin, flieg nach England hin, lasse dort von Wildeshausen heiße Grüße niedersausen. Zeppelin, mit dir das Glück, kehre heil und froh zurück." Das haben wir immer in der Schule gesungen, wenn der 'rausflog.
Frau E, Jg. 1908, G.

Bau der Wildeshauser Luftschiffhalle 1916. Fotoarchiv Panschar.

319

Da war 1917 die Erkenntnis: Der Krieg wird wahrscheinlich verloren! Zum Bußtag 1917 wurde ein Kriegsnotgottesdienst eingerichtet. Am Buß- und Bettag! Wir Schulkinder mußten da zum Singen in die Kirche gehen.

Herr J, Jg. 1908, G.

320

Also ich weiß bei uns zu Hause, so persönlich, da war die Begeisterung nicht so groß. Der Oma Wilke von gegenüber, der kamen die Tränen, wenn sie davon sprach.

Als der Krieg zu Ende war, war an Feiern natürlich nicht zu denken. Der Krieg war verloren, die Jungs waren auch noch nicht zu Hause, die waren teilweise in Gefangenschaft, und die Rückzüge, wie kamen die? Die kamen kaum mit der Bahn, die fuhr nicht, Personal war ja nicht da, waren ja alle Soldat, viele Bahnen waren zerstört. Ich weiß noch mein Bruder Hermann, der kam Weihnachten bis Bremen und da hatte er Anschluß bis Harpstedt, dann war es aus. Da bin ich mit dem Handwagen nach Harpstedt gefahren und habe ihn abgeholt. Das vergesse ich nie. Das war eine Freude – und auch zu Hause, als Hermann kam. Das vergesse ich nicht. Bei den anderen war die Freude auch groß, aber das vergesse ich nicht, weil ich mit dem Handwagen dahin gefahren bin.

Herr J, Jg. 1908, E.

321
1918 sind die Truppen gekommen vom Rheinland, also die, die aus dem Krieg wiederkamen, und das wurde hier aufgelöst, das Regiment. Nachts stand der Güterzug von Altona bis zur Visbeker Straße, so lang war der, mit den Truppen und den Pferden und was noch alle dazu gehörte. Wir haben uns vorher noch schlafen gelegt, weil wir die dann nachts erwartet haben. Die wurden erst mal privat untergebracht und blieben eine ganze Weile, die Pferde, die sie mitbrachten, kamen in die Knagge, da wo heute der Kindergarten ist, das war damals der Pferdestall.
Frau P, Jg. 1896, E.

322
Wie der Krieg vorbei war, 1918, da wurde hier Kölner Artillerie oder irgendwas wurde hier aufgelöst. Da waren so rohe Soldaten, die haben die Pferde angebunden und die Pferde waren ja abgemagert, da haben sie den Pferden einen Sack über den Kopf gebunden, daß die nicht sehen konnten und dann mit dem Knüppel darauf. . . und die Pferde fangen ja an dann hin und her, die stießen sich an den Köpfen, das vergesse ich gar nicht! Im Luftschiffhafen war das.
Herr C, Jg. 1901, G.

323
Auch die umliegenden Dörfer, die waren alle belegt, als hier die rheinischen Truppen aufgelöst wurden. Das Rheinland war ja noch besetzt, da waren ja Franzosen, da konnten die ja gar nicht hin.
Herr B, Jg. 1903, G.

324
In der Knagge, also da im Garten bei der Villa, da war die Auflösung vom Militär aus dem Ersten Weltkrieg. Ich weiß nicht mehr genau, wie die das nannten, aber das waren die Soldaten, die von Köln kamen – also die wurden hier aufgelöst und dann war das an der Knagge alles besetzt. Das waren wohl die Soldaten von der Gegend hier – und so kam ich erst nach meiner Jugend darauf, daß es auch „Herren“ gab . . . als Kinder haben wir ja nur mit „Jungs“ gespielt. Der Gärtner von Knagge hatte sechs Jungs und dann war da ein Zollbeamter, der hatte einen und Jan Becker von der Rampe war, das war auch noch unser Kumpel. Aber da bei dieser Militärauflösung, mit dem ganzen Getöse, was die da alles gemacht haben. . . da haben die immer von „Männern“ und „Herren“ geredet und mich so beeindruckt damals, das weiß ich noch, daß ich nun wußte, was „Herren“ sind.
Frau P, Jg. 1899, E.

325
Vorübungen für den Krieg hat es ja schon lange gegeben, also das ganze Militärische, auch in Wildeshausen, damit haben die Nazis ja gleich angefangen: Antreten im Lindenhof, das Exerzieren, Marschieren, die Übungen dann draußen.
Herr C, Jg. 1901, G.

326
Nach der Musterung waren auch immer die Belehrungen von Major Rabe. Das erste Mal standen wir bei Rigbers oben im Saal, im Lindenhof, und ich stand direkt am Fenster. „Stillgestanden!" rief der, „Augen geradeaus!" Und dann las der uns was vor. Interessierte mich ja gar nicht, ich machte dann so und guckte über Bord aus dem Fenster, was auf der Straße los war, das konnte ich ja sehen... „Stillgestanden! Ich habe geradeaus befohlen!" schrie der dann. Ich denke: „Klei mi doch an'n Mors! Machst am besten ein dummes Gesicht und sagst gar nichts!" – „Waren Sie schon mal Soldat?" fragte der. Und ich wollte mich ja dumm stellen, sagte also: „Nee, nee, ja, ja, damals, im vorigen Krieg." – „Und weshalb jetzt nicht?" – „Wegen Herzfehler." – „Herzfehler? Herzfehler?! Herzfehler gehört abgestellt! Der Mann geht Montagmittag nach Oldenburg zur fachärztlichen Untersuchung!"
Tja, und da hatte ich dann in Oldenburg zu erscheinen, noch mit zwei anderen, die aber wirklich einen Herzfehler hatten, der eine ist auch bald totgegangen. In Oldenburg sagten die dann: „Legen Sie sich da mal hin, Beine hoch..." Ich kannte das ja gar nicht, EKG, wie das gemacht wurde. Dann kommt der nächste. „Oh", sagt der Arzt zu dem, „sie haben auch wohl die letzte Nacht durchgemacht?!" – „Nö", sagt der. „Jaja, sagen sie man die Wahrheit, vorige Woche war auch einer hier, hatte auch die Nacht durchgemacht und ist trotzdem Soldat geworden!"
Naja, das war Montag und am Sonnabendmittag beim Essen kommt der Postbote: „Sie haben sich am Montagmorgen um acht Uhr in Delmenhorst zu stellen!" Da war ich Soldat, weil ich meine Schnauze nicht gehalten habe, weil ich da im Lindenhof aufgefallen war... naja, aber ich bin ja doch ganz gut durch den Krieg gekommen.
Herr M, Jg. 1899, E.

327
Beim 2. Weltkrieg mußte ich mich in Bühren stellen, mittags um 12 Uhr mußte ich da sein, das war auf einem Sonntag und das war noch vor Ausbruch des Krieges. Um halb 12 Uhr waren aber die Kartoffeln noch nicht gar und ich wollte doch noch 'was essen zu Hause. Dann wollte ich anschließend mit dem Motorrad hinfahren, aber meine Frau sagte: „Laß man das Motorrad besser hier und fahre mit dem Fahrrad, dann fällst Du nicht gleich so auf!" Ja, und mit dem Rad, da mußte ich mich dann aber sputen bis ich da war, ich habe ganz ordentlich in die Pedalen getreten.
Beim Eingang, das war in dem Arbeitsdienstlager, da saß ein Mann, ein Soldat oder was das war, der sagte gleich: „So, wer jetzt noch kommt, wird aufgeschrieben!" Das war nämlich schon halb eins Uhr, bis ich endlich in Bühren war. Das war gleich ein schöner Eindruck, den ich hatte. Naja, nun war ich ja da. Und da war noch August Rügemann und noch mehr von Wildeshausen, die sich stellen mußten. Die liefen da schon in Hemd und Hose 'rum. Ich fragte: „Was fehlt Euch denn?" – „Wir müssen hin zur Untersuchung!" – „Wann seid

Ihr denn gekommen? Gestern?" – „Nein, heute mittag um 12." Naja, ich sagte dann: „Mir hat keiner was gesagt von der Untersuchung, ich gehe auch nicht hin!"
Aber trotzdem, ich bin natürlich mitgegangen. Und dann war da so ein großer Arzt von Löningen, der war noch einen ganzen Kopf größer wie ich, der untersuchte mich. Nun war ich ja gerade auf Touren, frisch angekommen und so schnell mit dem Fahrrad hergefahren. Der faßte mich an den Puls: „Sie werden nachher wieder aufgerufen", sagte der.
Dann gab es erst Mittagessen, zwei Würstchen und Kartoffeln oder was es gab, das weiß ich nicht mehr, anschließend: Antreten! „So, folgende Personen, die ich jetzt aufrufe, rechts raus!" Na, und da war ich natürlich dabei. „Ihr müßt zur weiteren Untersuchung," hieß es. Wir waren so fünf, sechs Mann. Dann kam der Arzt wieder mit dem Lagerkomandanten. „Ja", sagte der und meinte mich, „diesen Mann habe ich vorhin gründlich untersucht, der kommt uns zu teuer!" – „Ja", dachte ich, „das ist die Masche!" Und dann habe ich den ganzen Krieg auf einem Herzfehler 'rumgeritten, überall, wo ich hinkam, bin ich zu Musterungen und Untersuchungen...!

Einberufung von Ernst Frost zu den Königsulanen 1917 in Hannover.

Herr M, Jg. 1899, E.

328

Im Zweiten Weltkrieg war die Mobilmachung schon früher. Am 25. August waren die doch schon alle weg und am 1. September fing der Krieg an. Bei Nacht und Nebel wurden die eingezogen – abends einberufen und am nächsten Morgen weg.

Herr O, Jg.1923, G.

329

Als der Zweite Weltkrieg anfing, wurde ich am ersten Tag sofort eingezogen, als einziger Selbstständiger hier in der Gemeinde im Dorf. Wohl aufgrund meines politischen Verhaltens oder Nichtverhaltens, war ich sofort „Abkömmlich". Gleich am ersten Tag.
Nach einem Jahr, ich machte den Westfeldzug mit, wurde ich auf meinen Antrag hin, in Frankreich „UK", unabkömmlich, gestellt und kam wieder hierher. Ich mußte ja den Hof bewirtschaften.

Dann eines Tages, das muß 1944 gewesen, da kam meine Frau: „Komm' mal eben 'rein, der Ortsgruppenleiter ist da. Von Wildeshausen, von Dötlingen und hier von Neerstedt.“ Von Wildeshausen, das war Petermann. Ja, ich kam 'rein, „Heil Hitler“ natürlich, das wurde so gesagt: „Heil Hitler.“ – „Heil Hitler.“ – “Was gibt es neues?“ – „Ja, so und so.“ Da wurde erst belangloses Zeug erzählt, meine Frau kochte Kaffee und dann rückten sie damit 'raus, was sie wollten. „Ja,“ sagte der Ortsgruppenleiter von hier, ich machte ja nichts mit. Ich müßte auch etwas mitmachen. Alle anderen wären an der Front oder die, die hier sind, machten hier wenigstens mit. Und ich mache nichts mit. „Ja,“ sagte ich, „wenn ich etwas machen soll, dann muß ich wohl mitmachen.“ Soldat wollte ich ja auch nicht spielen.
Ich sollte dann Ortsgruppenorganisationsleiter machen. Ortsgruppenorganisationsleiter. Einmal in der Woche hatten wir Versammlung. Jede Woche bin ich dann einmal dahin gegangen.
Ein paar Tage später treffe ich einen Berufskollegen, der war erster Nazi gewesen hier, genau wie mein Schwager, das waren die ersten Nazis, die zur Partei gingen, aber das waren auch die Ersten, die wieder 'rausgingen, vor 1933 gingen die noch wieder weg und wollten damit nichts mehr zu tun haben. Die standen natürlich auch immer unter Druck und Aufsicht. Ich sagte: „Das macht doch nichts. Ist ja ganz einerlei. Was wir wirklich denken, ist doch unsere Sache. Was meinst du wohl bin ich geworden? Was meinst du wohl?“ fragte ich ihn. Ich sagte: „Ortsgruppenorganisationsleiter.“ – „Oh, du Unglücksvogel,“ sagte er, „oh, du Unglücksvogel. Weißt du denn gar nicht, was los ist?“ Ich sagte: „Nee. Was denn?“ – „Mensch, die Engländer stehen da am Rhein. Die sind schon morgen hier. Und du wirst Ortsgruppenorganisationsleiter?!“
Den Tag vergesse ich gar nicht wieder. Wie ich da zusammengeknickt bin. Ich denke: „Donnerwetter. Was hast du da gemacht?!“
Da kriegte ich dann ein dickes Buch. Da sollte ich die Chronik 'drin schreiben. Mitgenommen nach Hause und in den Schrank gelegt. Nach einiger Zeit fragten die: „Wie weit bist du denn mit der Chronik?“ – „Donnerwetter nochmal. Da bin ich noch gar nicht beigegangen. Ich weiß gar nicht, wie ich da anfangen soll.“ – „Och, das ist doch ganz einfach.“ Ich sagte: „Ja, mach' du mir man den Anfang, ich mache dann weiter.“ So gab ich ihm das wieder und nach 14 Tagen hat er tatsächlich den Anfang gemacht. Ich habe das Buch dann wieder in den Schrank gelegt und da kein Komma 'reingeschrieben. Ich hatte einfach keine Lust. Ich hätte es ja machen müssen, alles was wir machten, da aufzuschreiben. Nachher habe ich das oft bedauert.
Dann kam die Besatzung und wir mußten alles, was nicht hasenrein war, vernichten. Unter anderem auch das Buch. Hitlers „Mein Kampf“ usw., das bekam man bei der Stadt ja umsonst. . . aber ich habe alles vernichtet. Bis auf meine Erkennungsmarke vom Militär, die habe ich nicht vernichtet.
Die Engländer kamen und besetzten alles. Hier kamen sie nachmittags. Am anderen Tag bin ich in der Stube: „Hast du denn noch irgendetwas, daß verschwinden muß?“ Weil ich so eine Angst hatte, fing ich dann an, darüber nachzudenken.

Da ging die Tür auf, kommt ein Engländer 'rein. Ich sagte aber gar nichts – er hatte auch nicht angeklopft, geht wieder, kommt wieder.
In der Diele hatte ich ein Bild hängen von mir, da stehe ich, eine Fotografie, vom Kölner Dom, mit zwei Kameraden und meine Frau. Ich lag ja im ersten Kriegsjahr im Westen und dann war meine Frau zu Besuch – da wurde diese Aufnahme gemacht. Und ich war beim berittenen Militär, bei der Reiterei, hatte also Reithosen an und lange Reitstiefel, Sporen usw. Der Engländer fragte: „Sind sie das?" – „Ja, das bin ich." – „Komm mit!", sagte der. „Was ist denn nun?" – „Komm mit!"
Über den Hof 'rüber, da lag alles Militär. Dann ging er erst zu einem Wagen hin und meldete da 'was, dann Richtung Dorf. Kam Militärpolizei, englische, in einem offenen Wagen, hält an und – WUPP – saß ich auf dem Wagen. Das spielte sich alles innerhalb einer Viertelstunde ab, ohne daß einer hier im Hause davon Kenntnis genommen hatte.
Dann ging es Richtung Brettorf. Ich denke: „Nun schlägt's doch dreizehn! Was ist denn nun los hier? Was ist denn los?" – „Ja, Intelligence, intelligence." Das verstand ich. „Ach," denke ich, „Intelligence."
Nun war ich ja früher bei der Stadt – und alle Bürgermeister wurden natürlich sofort abgesetzt, genauso, wie sie 1933 die Anderen absetzten. Ich denke: „Och, die wollen zum Gemeindebüro mit mir." Nee, nix, da ging es vorbei, immer weiter, husch, husch, husch und – BUMMS – waren wir in Delmenhorst. Im Gefangenenlager.
Der Engländer sagte zu mir, ich solle da vorne an der Tür stehen bleiben. Ja, da blieb ich stehen. Dauerte auch gar nicht lange, da kam er wieder: „Komm mit." Wieder rauf auf den Jeep und dann fuhren wir wieder Richtung Heimat. Und wie wir raus aus Delmenhorst waren, hatte er eine Karte und wußte nicht so recht... ich fragte: „Wo wollen wir denn hin?" – „Ganderkesee." Ich sagte: „Ich weiß Bescheid." Und dann habe ich ihm gezeigt, wo es hinging und genau, wo wir hinwollten. Dann kam ich wieder zurück auf den Hof.

Herr B, Jg. 1903, E.

330

Mein Mann wurde gleich miteingezogen. Am 1. September 1939 brach der Zweite Weltkrieg aus und am 9. wurde er gleich mit eingezogen. Trotzdem er aus dem Schuldienst 'rausgeworfen war, er war ja Halbjude, wurde er in den Krieg eingezogen.
Da ist er erst mit nach Polen und wurde dann wieder nach Hause geschickt, entlassen. Nachher im Mai 1940 ging das dann nach Frankreich, da wurde er wieder eingezogen und kam auf die Schreibstube. Da war er so glücklich und schrieb mir noch: „Mutti, ich bin jetzt so froh, daß ich allen wieder gleichgestellt bin."
An meine Kusine und Tante nach Bremen hat er auch geschrieben, das waren große Nationalsozialisten. Er wäre so glücklich und man hätte ihn wieder anerkannt und er hätte den verantwortungsvollen Posten des Rechnungsführers – die

geht mit dem Brief sofort zur Partei und mein Mann wurde als Rechnungsführer abgesetzt. Sein Chef hat gesagt: „Sie bleiben solange Rechnungsführer, aber sollte hier Kontrolle kommen, dann sind sie einfacher Soldat."
Meine Kusine, das müßt ihr euch mal vorstellen! Auch nachher noch, die hat uns nur schikaniert! Ihr glaubt es nicht!
Ich vergesse gar nicht, das war ein paar Tage vor Kriegsende, man hörte schon die Kanonen, und dann fing die wieder an zu reden über meinen Mann, daß wir gar nichts zu erwarten hätten, wir kämen nachher noch nach Sibirien hin... ich sagte: „Laß meinen Mann zufrieden. Ich glaube an meinen Herrgott, daß er mir meinen Mann wiederbringt." – „Ja, dann glaube du an deinen Herrgott, wir glauben an Adolf Hitler!" Ich sagte: „Ja, ist gut."
Als der Krieg dann zu Ende war, kamen die mal zu meinem Mann, da saß der schon auf dem Rathaus und sagten: „Du mußt uns helfen, wir haben keine Streichhölzer mehr." – „Da müßt ihr euch an Adolf Hitler wenden, ich habe auch keine mehr," antwortete mein Mann.
Also meine Tante, das war die jüngste Schwester von meinem Vater, die hat nachher so gelitten, man soll es nicht glauben, ich sage immer: „Unser Herrgott rechnet doch ab." Meine Tante nachher ist blöd geworden und meine Kusine, die uns soviel Böses angetan hat, zehn Jahre hat die im Koma gelegen. Die hat sich wohl immer noch mit meinem Mann beschäftigt und zu ihrem Mann gesagt: „Du hast ihn ja nicht so gekannt, das war ein ganz guter Mann." Immer so im Unterbewußtsein hat die gesprochen. Die ist ganz elend zugrunde gegangen.
Frau E, Jg. 1908, G.

331
1940 bin ich aus der Schule entlassen und war dann ein halbes Jahr zur Haushaltsschule nach Bremen. Und dann mußten wir ja Pflichtjahr und Arbeitsdienst ableisten im Krieg. Im Pflichtjahr hätte ich zum Bauern müssen, meine Freundinnen haben auch alle Pflichtjahr gemacht und ich überlegte mir: „Ich melde mich gleich zum Arbeitsdienst, dann ist das alles erledigt und ich bleibe nur ein Jahr im Arbeitsdienst."
Dann wurden wir richtig wie beim Militär gemustert, in Stegemanns Hotel war eine große Musterungskommission. Da war Bürgermeister Petermann mit dabei und der kam auf mich zu und fragte: „Wissen sie wohl, daß sie jetzt ein Jahr im Arbeitsdienst bleiben müssen? Sie haben sich freiwillig gemeldet." Ich sagte: „Das weiß ich. Aber so habe ich mein Pflichtjahr auch gleich abgeleistet und dann ist die Geschichte erledigt."
Im Oktober wurde ich dann gleich eingezogen und kam nach Westrhauderfehn in Ostfriesland. Meine erste Arbeit war Rübenziehen.
Untergebracht waren wir im Barackenlager, wir waren so zu vier Kameradschaften eingeteilt und mit je, weiß ich nicht, 20 schliefen wir wohl in einer Baracke.
Dann hatte ich ja auch Küchendienst, aber ich verstand gar nichts von Küche. Und da war auch Hedwig Dirks, die jetzt hier in Wildeshausen verheiratet ist,

die hat mich jedesmal dermaßen unterstützt, sonst hätten die alle nichts zu essen gekriegt.
Seitdem der Arbeitsdienst zu Ende war, stehe ich immer noch mit mehreren Frauen in Verbindung.
Frau A, Jg. 1923, G.

Russische Fremdarbeiter um 1917.

332
Ich verstehe das nicht, der Krieg, was wollten die alle mit dem Land? Wenn sie keine Leute mehr haben?! Oder die alle schon angeschlagen sind?!
Man muß das alles am eigenen Leibe spüren, sonst weiß man das nicht, sonst sieht man das auch nicht ein. Da kann man reden und reden und erzählen soviel wir wollen, das sieht man dann nicht ein.
Frau D, Jg. 1910, G.

333
Immer wenn der Bürgermeister auf den Hof kam, wußte man schon, daß wieder einer gefallen war oder vermißt gemeldet. Das machte er ja immer selber damals, der Petermann.
Frau H, Jg. 1927, G.

334
Es war ja auch Krieg und deswegen sollten wir als Frauen natürlich einen Beruf lernen und auch arbeiten. Wir mußten die Männer ersetzen.
Frau A, Jg. 1923, G.

335
Im Krieg hatte ich polnische Arbeitskräfte – wieviel hatten wir? Fünf, sechs, sieben Mann hatten wir, die hier beschäftigt waren. Ich machte damals viel Gemüsebau, Arbeit war immer genug da. Ich hatte auch immer gute Leute und mit dieser Familie stehe ich heute noch in Verbindung – wir besuchen die in Polen, aber ich habe sie 1976 das letzte Mal besucht, auch mein Sohn, meine Schwiegertochter und die Enkelkinder. Und die kommen hierher. Gestern haben wir noch einen Brief bekommen.
Also im Krieg sowieso: Das Arbeitspersonal waren alles nur Fremdarbeiter, ein Drittel war doch Fremdarbeiter, was hier war. Die haben hier auf dem Hof gewohnt, durften natürlich nicht mit am Tisch sitzen... das haben wir auch gemacht, nicht weil sie nicht mit am Tisch sitzen durften, sondern weil wir auch schon vier, fünf waren und die auch mit sechs, sieben – das hätte ja eine große

Tafel abgegeben, so große Räume hatten wir ja gar nicht. Da haben die immer für sich gegessen, holten das aber aus der Küche 'raus und sahen ja genau was wir aßen – also die bekamen natürlich dasselbe.
Einmal habe ich einen Tag zwei Russen gehabt, wie ich daran gekommen bin, weiß ich auch nicht. Ich bin dann mit denen in den Wald gegangen, ich habe einen größeren Waldbestand, und war da im Wald mit den beiden. Das waren Hünen von Männern und ich dachte noch: „Die können auch mit dir machen, was sie wollen." Mittags, wie gesagt, die aßen auf der Diele und meine Frau bringt denen eine große Kumme voll Eintopf 'raus, für die beiden. Wir aßen auch und ich sagte zu meiner Frau: „Guck mal nach, ob die auch satt geworden sind oder ob die noch 'was haben wollen." – „Och," sagte meine Frau, „das kriegen die ja gar nicht auf." Geht raus, nichts, alles weggeputzt, geht nochmal wieder hin und bringt denen noch eine Kumme – wieder alles weggeputzt. Die waren ja ausgehungert. Sind aber bloß einen Tag hiergewesen.
Und russische Gefangene wüßte ich überhaupt nicht, daß die sonst hier gewesen sind, zu arbeiten. Wohl im Ersten Krieg.
Die Verteilung der Gefangenen, der Fremdarbeiter ging über die Partei. Wenn Polen kamen, dann kriegten wir Bescheid vom Bürgermeister, wir fuhren nach Oldenburg und da war der ganze Transport gekommen. Wir holten die dann ab in einer Wirtschaft, ganz bekannte Wirtschaft, ich komme nicht 'drauf, in Osternmoor... im großen Saal. Und da habe ich die ausgesucht, so ein bißchen befragt usw... da waren ja auch intelligente Burschen dabei. Der Eine, den ich zuerst befragte, das war mein erster Vogel, den ich bekam, aber nicht mein bester, wirklich ein ganz intelligenter Bursche, der Vater war Arzt und der konnte fließend, perfekt deutsch – das war ein Junge von vielleicht 18 Jahren.
Den habe ich aber nicht lange gehabt, denn später bekam ich eine Familie und die hatten zwei Kinder, der Junge war 12 und das Mädchen war 14 Jahre und da ging das mit den Kindern in Spielerei über. Das wollte man ja auch nicht, die mußten ja auch ein bißchen 'was tun alle. Da ist der Kasimir zum Übernachbarn gekommen und der ist auch schon wieder ein paar Mal wieder hiergewesen. Zu Besuch.
Also Gefangene waren das ja nicht, das waren Leute, die in Polen alle von ihren Höfen weggeholt wurden.

Herr B, Jg. 1903, E.

336

Ich habe noch in Erinnerung, als das Huntewehr, das wurde ja auch von Kriegsgefangenen im Kriege gebaut, die in Reckum ihre Unterkunft hatten, ihr Lager. Und wenn diese ausgemergelte Truppe morgens kam und abends von der Arbeit wieder nach Hause ging, geschickt wurde so gut wie ohne zu essen, also die hatten es nicht einfach. Dazu muß ich allerdings sagen, die Bewachung, die Bewacher dieser Kriegsgefangenen waren meistens ältere Soldaten, die für den Frontdienst nicht mehr geeignet waren. Ich habe sehr oft gesehen, daß die diesen Gefangenen viel Freiheit gegeben haben, Freiheit, soweit sie es selbst ver-

antworten konnten, daß wir als Kinder diesen Gefangenen Essen hinbringen durften, Kartoffeln usw. Das Aufsichtspersonal sagte: „Kinder, bringt keinen Speck. Sowas können die nicht vertragen, dann gehen die tot. Bringt Mohrrüben und Kartoffel usw." Am besten auch noch ungekocht. Die nahmen sich das mit und haben sich das abends im Lager auch selbst gekocht, wenn sie es nicht schon so aufgegessen haben, weil sie so einen Hunger hatten.
Ich weiß wohl, an der Hunte standen damals auch Weiden, und dann haben die sich da Weiden geschnitzt und haben für Oma und Opa, Tante und Onkel Körbe geflochten und Schälwannen, haben wir immer gesagt. Für uns Kinder haben die Rasseln gemacht, aus Weiden, da waren ein paar Kieselsteine drin. Die kriegten dann auch ein paar Kartoffeln dafür oder Mohrrüben oder auch mal ein Stück Brot. Da sagte der Wachtposten, das weiß ich noch genau, als Kind: „Nur altes, trockenes Brot dürft ihr denen geben. Was ihr nicht mehr essen könnt. Die können das nicht vertragen. Sonst werden die alle krank."
(Frage: Was haben die denn für Arbeiten gemacht?) Am Wehr, die Spundwände, das ist später nochmal alles erneuert worden, das ist damals alles mit Schaufel und Schüppe gemacht worden, da gab es keinen, ja, einen Bagger gab es vielleicht... auch die Spundwände, die wurden mit alle Mann getragen und eingesetzt, alles fast ausschließlich in Handarbeit. Das muß so 1944 gewesen sein.
Herr Q, Jg. 1935, E.

337
Im Krieg war das so, daß es abends, von wegen Brot und Auflage, da gab es erstmal das aufgewärmte Essen vom Mittag oder vom Tag vorher. Oder mal Milchsuppe. Und dann vielleicht eine Scheibe Brot – aber zusammengeklappt, nicht etwa so.
Frau D, Jg. 1910, G.

338
Ich höre immernoch meine Mutter: „Oh, wenn der Krieg zu Ende ist, dann will ich aber Brot essen!" Das war also für sie... „Dann will ich immer nur Brot essen!" Im Krieg hatten wir einfach wenig!
Frau A, Jg. 1923, G.

339
Es gab auch immer diese Stäbchenbomben, die aus den Flugzeugen geschmissen wurden. Das waren so Eisenstäbe, lange Eisenstäbe wie Spaghetti, und darin war das Pulver.
Wir haben als Kinder immer damit gespielt, die gesammelt, in Flaschen gesteckt, auf einen Weidenpfahl gestellt, angezündet und sind in Deckung gegangen.
Ich weiß nicht genau, was das für Bomben gewesen sind, so Brandbomben, aber wir sagten immer Stäbchenbomben dazu und spielten dann damit. Das waren wohl die, die beim Aufprall nicht explodiert sind, oder wo das Pulver übrigblieb, das weiß ich nicht mehr so genau.
Frau H, Jg. 1927, E.

340
Nachts sind dann mal Flieger von Bremen gekommen und haben hier einen Notabwurf gemacht, ihre Schächte gelehrt... da sind in der Knaggerei vier oder fünf und Bomben 'runter und am „Haus am Krandel" zwei Volltreffer 'drauf – zehn Bomben waren da wohl gefallen und beim „Haus am Krandel" starben sechs Menschen. Das war 1942. Mein Bruder seine Frau, Schwägerin und der Junge, alle tot. Und was für Löcher am Boden!
Herr N, Jg. 1909, E.

341
An den Kriegstagen konnten wir die englischen Bomber am Himmel immer zählen und einmal im Winter, das weiß ich noch, war ganz klares Wetter und blauer Himmel, da zählten wir über 300 Flieger, die auf einmal über Wildeshausen gingen. Vorher war Alarm und dann kam das große Rauschen, die flogen so Richtung Lehmkuhle und Pestruper Straße über uns hinweg. Wir waren gerade beim Schlachten und standen da und hatten Schiß uns zu bewegen. Nach vier Stunden kamen die dann zurück.
Frau H, Jg. 1927, E.

342
Im Kriege hat meine Mutter natürlich nichts mit mir besprochen, was für ein Regime wir haben, durfte man ja nicht. Ich weiß bloß, daß wir immer den englischen Sender gehört haben. Dieser Sender gab immer Adressen durch von deutschen Soldaten, die in Gefangenschaft gekommen waren. Und das ist ja ganz klar, daß die Frauen zu Hause gesessen haben: „Was ist nun mit meinem Mann?" Das war aber bei Todesstrafe verboten. Und ich weiß noch, daß das Ding, den alten Volksempfänger, den wir hatten, da lag meine Mutter dann mit dem Kopf unter einer ganz dicken Wolldecke und dann war da auch eine Nachbarsfrau, die ab und zu kam, die hat dann aufgepaßt, ob irgendwie sich 'was bewegt am Fenster. Man hatte ja damals noch keine Klingel, das waren ja alles die alten Häuser. Dann wurde der Sender schnell umgedreht auf Deutschlandfunk, man durfte ja nicht dabei erwischt werden.
Herr Q, Jg. 1935, E.

343
Wir mußten mal einem deutschen Soldaten den Arm amputieren und ich war als Assistentin dabei. Dann hatten wir aber kein Licht mehr und der Doktor Maier hat seine Batterie aus dem Auto geholt, damit wir überhaupt noch Licht hatten. Naja, und dann war das wohl so hell und schien so raus, daß da die Tiefflieger wieder kamen und – ZACK, ZACK, ZACK – schossen die bei uns ins Verbandszimmer, also nicht richtig 'rein, das haben sie dann wohl doch nicht getroffen, aber mensch, wir krochen da alle unter den Verbandszimmertisch und der Soldat lag da, der war ja narkotisiert. Zum Glück ist aber nichts weiter passiert!
Frau A, Jg. 1923, G.

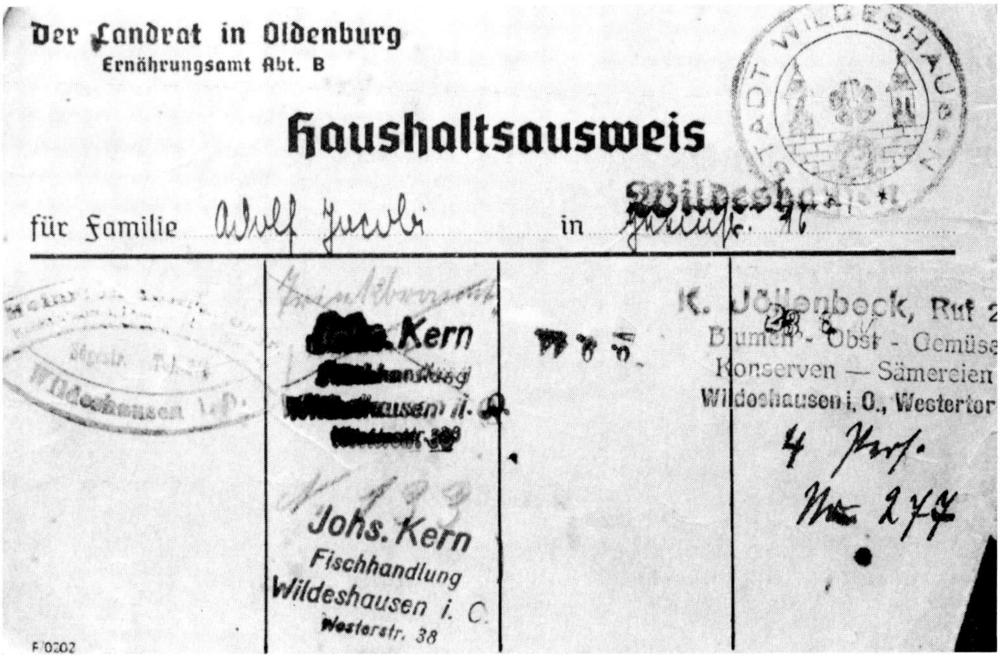
Der Landrat in Oldenburg
Ernährungsamt Abt. B

Haushaltsausweis

für Familie ... in Wildeshausen

[redacted]

Johs. Kern
Fischhandlung
Wildeshausen i. O.
Westerstr. 38

K. Jüllenbeck, Ruf 2
Blumen - Obst - Gemüse
Konserven — Sämereien
Wildeshausen i. O., Westertor

4 Pers.

F/0202

Haushaltsausweis von 1944.

344
Als wir dann im Feld lagen, da kam ein Befehl, ein Schreiben, das durfte ich ja gar nicht lesen, aber ich war damals in der Schreibstube und hab' das dann doch gelesen: „Wenn es vorwärts geht, heißt es vorwärts – das Feld bleibt liegen! Es darf sich keiner um den anderen kümmern!" Angenommen, du fällst irgendwie hin, die hauen Dir das Bein ab, dann bleibst Du liegen! Weg damit! So war das! Junge, wie ich das gelesen habe, da sind mir die Haare zu Berge gekommen!
Dann hab' ich natürlich gedacht, wenn es jetzt vorwärts geht, dann mußt Du sehen, daß Deine Knochen heile bleiben!
Herr M, Jg. 1899, E.

345
Wenn dicke Luft war, gab es immer Schnaps. Das konntest Du schon vorher merken: Wenn die abends Schnaps ausgeteilt haben, war anderntags meistens dicke Luft... die Artillerie schoß rein oder der Feind hat angegriffen... das konnte man vorher schon immer merken.
Herr M, Jg. 1899, E.

346
Mit einem Fahrzeug bin ich dann nach Bryansk ins Lazarett. Dort hatte ich erst Zeit, mich umzugucken. Das war eine Riesenschule, wo das war, zwei Etagen, Parterre. Ich guckte mich also um und dann stand da: „Diensthabender Arzt Dr.

Freytag". Und die Unterschrift „Freytag", ich denke: „Mensch, die kommt dir so bekannt vor."
Dann bin ich dahin und habe gefragt: „Was ist das für ein Doktor Freytag? Wo kommt denn der her?" – „Aus Norddeutschland." Das war der ganze Kommentar.
Dann bin ich den Gang zurück und da lagen vor jedem Raum sechs, zehn, zwölf Leute, alles Schwerverletzte, und die warteten auf der Bahre, daß sie abgefertigt wurden... mit Schußwunden oder sonst irgendetwas.
Dann habe ich den Raum gefunden von Dr. Freytag und bin da an der Tür gestanden, guckte da rein... zwei Sanitäter hielten einen fest und machten da 'rum, die guckten in Richtung Tür und Freytag guckte in die andere Richtung. Die Sanitäter deuteten immer mit dem Kopf, ich sollte wieder verschwinden und als Dr. Freytag sich dann umdrehte: „Mensch, du hier? Geh mal nebenan 'rein, da können wir uns einen Augenblick unterhalten, lange Zeit habe ich auch nicht."
Da stand der, weißes Käppi, dann Gummischürze, Gummistiefel – und die ganzen Verbände lagen in der Ecke, das sah aus, auf dem Schlachthof sieht das heute nicht so aus wie da! Aus den ganzen Verbänden sickerte das Blut in rauhen Mengen... – das war so die Erinnerung an da!
Herr K, Jg. 1923, E.

347
Ich sollte befördert werden und habe mich nicht befördern lassen, weil ich sagte, wenn der Krieg gewonnen wird... ich will mal sagen, man war ja Anfang 1944 immernoch im Zweifel – gewinnen wir oder verlieren wir? Das hieß ja immer, wir gewinnen. Aber so wie ich das gesehen habe, war das damals schon weg. So habe ich mich nicht befördern lassen, weil ich sagte: Wenn wir den Krieg gewinnen, dann müssen wir irgendwohin hin! Wir müßten ja besetzen. Und ich wollte in meinem Beruf bleiben. Deswegen bin ich das geblieben, was ich war.
Herr C, Jg. 1901, G.

348
Wir lagen schon an der russischen Grenze damals, das war noch ein paar Tage vor dem Krieg, also vor dem Russenfeldzug, da kam ich gerade vom Stab wieder, hatte Meldungen hingebracht und geholt, da sagte unser Zugführer zu mir, das war ein Oberleutnant aus Bremen: „Na, was gibt's neues?" Ich sagte: „Ja, meine Frau ist krank!" – "Haben Sie denn gleich Urlaub eingereicht?" Ich sagte: „Urlaub eingereicht? Ist doch Urlaubssperre!" Es gab nur Urlaub, wenn es von der Partei bestätigt war, von der NSDAP. „Nee, nee, so geht das ja nicht", sagte der, „Sie gehen sofort wieder zurück zum Stab!" – „Ja, gut." Er konnte mir den Urlaub nämlich nicht geben, das mußte wieder sein Vorgesetzter machen. „Gehen Sie man hin, ich ruf dann gleich mal an und sage dem Chef schon, was Ihrer Frau fehlt." Ich gehe also in die Schreibstube, höre aber nichts, da meldet sich auch niemand, also gehe ich wieder retour... „Ja", sagte der Oberleutnant dann, „ich konnte nicht durchkommen, das Telefon ist nicht in Ord-

nung. Aber morgen geben wir die Pferde ab, dann erinnern Sie mich an Ihren Urlaub." Naja, ich denke: „Klei mi an'n Mors, das ist dem sowieso egal!"
Dann mußten wir die Pferde abgeben und ich als Schreiber mußte schreiben: „An das Artillerieregiment so und so. . .", das war so meine Aufgabe damals. Naja, als wir dann fertig waren mit alle Mann, da haut der Verein wieder ab und dann kommt der Oberleutnant zu mir und sagt: „So, morgen früh dann fahren Sie in Urlaub! Sonderurlaub!"
Ich sagte also dem Wachhabenden Bescheid: „Weckt mich morgen früh zur rechten Zeit, ich fahre in Urlaub!" Am anderen Morgen wecken die mich auch, aber meinten dann: „In Urlaub fahren brauchst Du nicht mehr, der Krieg ist alle im Gange! Du hättest mal sehen müssen heute nacht, wieviel Flugzeuge, was da alle in der Luft war! Und das Geballer da hinten!" Naja, ich denk: „Dann bleibst Du hier!"
Dann war es so um zehn, elf Uhr 'rum, da läuft mir der Oberleutnant über den Weg: „Ich denke, Sie sind in Urlaub?!" Ich sagte: „Der Krieg ist ja in Gang!" – „Das spielt keine Rolle", sagte der, „wenn Sie fahren wollen, dann fahren Sie heute, morgen kommen Sie nicht mehr weg! Sie gehen sofort zur Schreibstube und sagen: 'Meinen Urlaubschein her!' Wenn der nicht fertig ist, dann sagen Sie: 'Dann und dann muß der fertig sein!'"
Ja, ich also hin zur Schreibstube, da war so ein Ostfriese Unteroffizier, aber der Chef war nicht da. Ich sagte: „Wie ist das mit dem Urlaubschein?" – „Ja, der Urlaubschein ist fertig, aber der muß noch unterschrieben werden." Und dann schickt der einen Soldaten los zum Unterschreiben lassen.
So hatte ich also meinen Urlaubschein und mußte über Königsberg fahren. Da war der Bahnsteig voller Nazis und Soldaten, die kamen dann mit Kettenhunden an: „Urlaubschein! Rüber zum anderen Bahnsteig!" Ich sagte: „Nix, ich habe hier den Urlaubschein, meine Berechtigung!" – „Sie hören ja: Anderen Bahnsteig!" Ich sagte: „Donnerwetter, wo kann man sich hier beschweren?" – „Ja, unten in der Unterführung." Da war dann ein Schalter mit einem Obergefreiten und ich sagte: „Ich hätte mal ganz gerne meinen Urlaubschein und die Schnellzugfahrt bestätigt!" – „Nix, gibt es nicht," sagte der. Dann kam noch ein Offizier, der sagte dasselbe und ich sagte: „Nun schlägt doch das ein, wo gibt es denn sowas, wo kann man sich hier weiter beschweren?" – „Nebenan!" Da stand auch ein Offizier drin, ein Leutnant oder was der war und ich sagte: „Ich hätte ganz gern meine Schnellzugfahrt bestätigt, meine Frau liegt im Sterben und wenn ich nicht jetzt hinfahre, vielleicht treffe ich sie nicht mehr an!" – „Ja", sagte der, „ist in Ordnung."
Und dann kam ich wieder auf den Bahnsteig, der ganze Bahnsteig war voll Kinderwagen, das kannst Du dir gar nicht vorstellen. Und ich denke, ja, eine Kinderwagenfabrik – nee, das waren Flüchtlinge, da flüchteten Frauen mit ihren Kleinkindern, ich habe von Königsberg nach Berlin auf einem Fuß gestanden, mehr Platz war nicht im Zug, so voll waren die Züge, die flüchteten, die an der Grenze wußten ja, was los war.
Naja, aber so habe ich dann meinen Sonderurlaub bekommen.
Herr M, Jg. 1899, E.

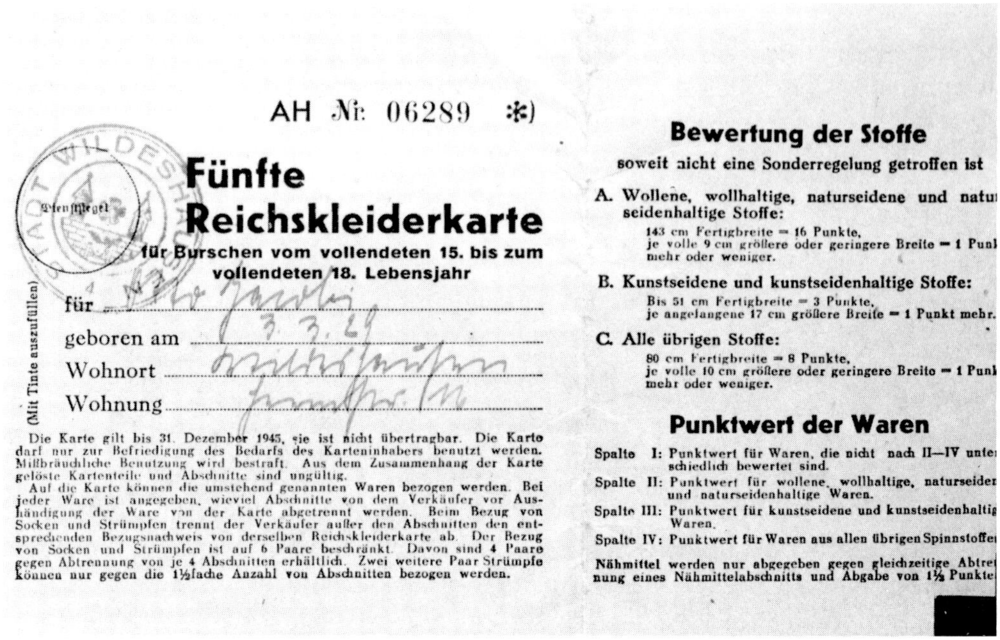

AH Nr. 06289 *)

Fünfte Reichskleiderkarte

für Burschen vom vollendeten 15. bis zum vollendeten 18. Lebensjahr

(Mit Tinte auszufüllen)

für ...

geboren am ...

Wohnort ...

Wohnung ...

Die Karte gilt bis 31. Dezember 1945, sie ist nicht übertragbar. Die Karte darf nur zur Befriedigung des Bedarfs des Karteninhabers benutzt werden. Mißbräuchliche Benutzung wird bestraft. Aus dem Zusammenhang der Karte gelöste Kartenteile und Abschnitte sind ungültig.

Auf die Karte können die umstehend genannten Waren bezogen werden. Bei jeder Ware ist angegeben, wieviel Abschnitte von dem Verkäufer vor Aushändigung der Ware von der Karte abgetrennt werden. Beim Bezug von Socken und Strümpfen trennt der Verkäufer außer den Abschnitten den entsprechenden Bezugsnachweis von derselben Reichskleiderkarte ab. Der Bezug von Socken und Strümpfen ist auf 6 Paare beschränkt. Davon sind 4 Paare gegen Abtrennung von je 4 Abschnitten erhältlich. Zwei weitere Paar Strümpfe können nur gegen die 1½fache Anzahl von Abschnitten bezogen werden.

Bewertung der Stoffe

soweit nicht eine Sonderregelung getroffen ist

A. Wollene, wollhaltige, naturseidene und natu
seidenhaltige Stoffe:
143 cm Fertigbreite = 16 Punkte,
je volle 9 cm größere oder geringere Breite = 1 Punk
mehr oder weniger.

B. Kunstseidene und kunstseidenhaltige Stoffe:
Bis 51 cm Fertigbreite = 3 Punkte,
je angefangene 17 cm größere Breite = 1 Punkt mehr.

C. Alle übrigen Stoffe:
80 cm Fertigbreite = 8 Punkte,
je volle 10 cm größere oder geringere Breite = 1 Punk
mehr oder weniger.

Punktwert der Waren

Spalte I: Punktwert für Waren, die nicht nach II—IV unte
schiedlich bewertet sind.
Spalte II: Punktwert für wollene, wollhaltige, naturseide
und naturseidenhaltige Waren.
Spalte III: Punktwert für kunstseidene und kunstseidenhaltig
Waren.
Spalte IV: Punktwert für Waren aus allen übrigen Spinnstoffe

Nähmittel werden nur abgegeben gegen gleichzeitige Abtre
nung eines Nähmittelabschnitts und Abgabe von 1⅓ Punkte

Reichskleiderkarte von 1945.

349

Ende Januar/ Anfang Februar 1945 mußte ich von Neisse aus im Fußmarsch eine Kompanie nach Görlitz bringen – das waren Rekruten, die waren in Neisse eingezogen und dann kam der Angriff, der Russe stand vor Breslau und dann marschierte ich mit diesem Haufen los. . . ich hatte einen Beiwagen, da ich aufgrund meiner Verletzung das Marschieren nicht abkonnte. So konnte ich also mit dem Beiwagen immer vorfahren und Vorkommando machen – und auf einer Strecke, im Raum Glatz, da, auf einmal, lief eine ganze Kolonne, ungefähr hundert Leute hintereinander auf der Straße, in einer Aufmachung, ganz grau, ihr Käppi auf, in gestreiften Hosen, eine Wolldecke über und jeder hatte so eine Blechdose in der Hand. . .

„Wo kommen die denn her?“ dachte ich und sprach die an, aber die reagierten gar nicht, die trotteten nur so dahin. . .

Dann stieß ich auf so einen Wachposten, das war ein SS-Mann, den sprach ich an und fragte: „Sag' mal, wo kommen die denn her?“ – “Hau' bloß ab, zieh' Leine, mach', daß Du wegkommst hier!“ Keine Auskunft! Dann ging ich zum Nächsten hin: Genau dasselbe!

Da waren das KZ'ler, die von Auschwitz kamen. . . von Auschwitz hatten die dann noch teilweise Leute 'rausgenommen, bevor die Russen kamen. . . wo die hinkamen, weiß ich nicht.

Das war aber so das erste Mal, daß ich 'was vom KZ gesehen oder vermittelt bekommen habe.

Herr K, Jg. 1923, G.

350
Ein Glück, meiner Ansicht nach, daß wir den Krieg nicht gewonnen haben. Das wäre fürchterlich gewesen, wenn wir den Krieg gewonnen hätten. Wer weiß, was da alles gekommen wäre.
Herr C, Jg. 1901, G.

351
Ich bin ja nun zuletzt in Sachsen gewesen und war Nachrichtenmann. Da hörten wir natürlich alle Nachrichten und da habe ich zum erstenmal, ich weiß nicht, am 6. oder 7. April 1945 Wildeshausen im Wehrmachtsbericht gehört: „Kämpfe im Raum Wildeshausen!“ Also ich habe das dreimal gehört: „Wildeshausen!“ Als die Engländer noch vor Wildeshausen waren, da war das schon!
Herr K, Jg. 1923, G.

352
Also Petermann hat damals 1945, das weiß ich noch genau, da waren wir im Kino und dann trat Petermann auf und sagte zu uns, wir möchten uns alle einen kleinen Koffer packen, wir würden sehr wahrscheinlich noch evakuiert. Da waren die Engländer schon kurz vor Wildeshausen.
Da weiß ich noch, daß ich ganz aufgeregt zu meiner Mutter kam und sagte: „Mensch, der Petermann hat das gesagt. Wir müssen hier noch weg von Wildeshausen.
Frau A, Jg. 1923, G.

353
Also ich kann mich noch erinnern, als die Engländer kamen, da sind die Wildeshauser alle ’raus aus der Stadt auf’s Land... überall verteilt und bei uns an der Goldenstedter Straße blieben auch welche, die anderen zogen mit Handwagen oder Rädern weiter nach Kleinenkneten, Lüerte, Düngstrup usw. und sind bei den Bauern untergekommen. Ganze Trecks zogen da los und waren für 7 oder 8 Tage aus Wildeshausen raus, bis das Schlimmste vorbei war, bis die Engländer allmählich weiterzogen. Ein paar Häuser blieben aber beschlagnahmt, da wohnten die Truppen dann drin, da hatten die ihr Quartier gemacht.
Ich weiß auch noch, das muß wohl dieser Tage da gewesen sein, daß meine Schwester Kommunion hatte und wir zur Kirche hin sind. Wegen der kritischen Zeit ist das in die Woche verlegt worden und eine Feier gab es nicht.
In der Kaiserstraße waren so Panzersperren oder ’was, wie so große Kabelrollen zum Blockieren aufgestellt, das hatte der Volkssturm mitten auf der Straße errichtet, daß keiner durchkam... also wie wir dann hingingen zur Kirche, war die Sperre noch auf und wie wir zurückkamen, da hatten sie die zugeschoben und wir sind an der Seite so durchgeklettert und ab nach Hause. Am selben Tag rückten dann noch die Engländer nach Wildeshausen ein.
Frau H, Jg. 1927, E.

354

Ob Wildeshauser waren, die verteidigt haben, weiß ich gar nicht so genau. Wir hatten ja den Volkssturm, die hatten schon vorher neben den Straßen tiefe Schützengräben ausgehoben und gewaltige Sperren errichtet an der Huntebrücke und so, mit gewaltigen Rädern, aber was die noch aufhalten sollten, das war uns schon nicht mehr klar, als wir das gesehen hatten. Ich weiß auch gar nicht mehr, ob das dann letztlich da noch hingerollt worden ist.

Frau L, Jg. 1923, G.

355

Mein Vater wurde da auch noch eingezogen zum Volkssturm, hier in Wildeshausen, der mußte die Sperren auch noch mitbauen.

Herr K, Jg. 1923, G.

356

Es gab ja den Volkssturm. Und in der Zeit, in der der Volkssturm aufgestellt wurde, hat man ja an allen Ausfallstraßen von Wildeshausen Barrikaden gebaut, aus Fichten- und Kiefernstämmen, und die hat man dann mit dicken Pflastersteinen gefüllt. Mit der Meinung, da könnte kein Panzer durch. Aber entweder sind sie da herum gefahren oder sie haben sie weggestoßen, die meisten Sperren sind überhaupt nicht mehr geschlossen worden.
Dann war hier auf dem Marktplatz ein Antreten des Wildeshauser Volkssturms. Mit markigen Worten hat der eingesetzte Leiter des Volkssturms, der Kompanieführer des Volkssturms, auf so einem ganz alten Auto, früher hatten die Autos ja noch so Trittbretter, der war ein kleiner Mensch und hielt sich an der Tür fest und hat eine zündende Rede gehalten. Da kann ich mich noch dran entsinnen: „Und wir verteidigen unseren Heimatort usw."
Ausbildung war dann für Halbwüchsige und für alte Männer. Und dann wurde auf der Burgwiese, wo jetzt die Konzertmuschel ist, in diesem Wall, da wurden die Wildeshauser Volkssturmmänner von Soldaten, auch von Kriegsbeschädigten, die hier waren, mit einem Arm, einem Auge, die nun „kriegsunfähig" waren oder wie auch immer das geheißen haben mag, von denen wurden die ausgebildet im Panzerfaustschießen, mitten in der Burgwiese. Und die standen dann auch auf dem Marktplatz, ihre Panzerfaust geschultert und irgendwelche Jagdgewehre auf der Schulter und da wurde eben diese markige Rede gehalten. Und dieser Volkssturmführer aus Wildeshausen war einer der Ersten, die sich abgesetzt haben. Der hat sich ganz schnell abgesetzt und hat seinen Volkssturm im Stich gelassen. Der ist auch nicht mehr in Wildeshausen zum Einsatz gekommen.

Herr Q, Jg. 1935, E.

357

Im April, als die Schießerei losging, wie die Engländer kamen, da war am Waldschlößchen noch eine SS-Kompanie, die unbedingt nach Wildeshausen 'reinwollte. Da ist die Schießerei eigentlich erst so richtig angefangen, die schossen

immer noch wieder 'rein und wollten nun unbedingt wieder 'rein. Aber die Engländer waren ja nun schon 'drin – und am Bahndamm kamen dann auch welche.
Margaret Huntemann, ihr Vater ist erschossen worden, an der Bahn. Und ihre Schwester auch – die sind beide von Engländern erschossen worden. Die sind wohl nicht stehengeblieben, sondern weitergelaufen.
Frau A, Jg. 1923, G.

Alexanderkirche nach dem Artilleriebeschuß 1945. Fotoarchiv Panschar.

358
Frau Schulte, von Zahnarzt Schulte die Frau, die ist gerade am 10. April, als die hier einmarschiert sind, ist die erschossen worden. Die wollte noch Spielzeug holen, ihre Kinder waren bei Langhorst untergebracht, am Friedhof und sie fährt noch einmal zurück und da kriegt sie auch einen Schuß, vom Artilleriebeschuß. Wo jetzt das Seifenhaus ist, da ist sie umgekommen.
Frau A, Jg. 1923, G.

359
1945, als es hieß: „Alarm in Wildeshausen, der Tommy rückt an" – da hatte hier das Schuhhaus Melcher, die ganz alten Melchers hatten Silberhochzeit an dem Tag. Da fuhren dann die deutschen Soldaten auf der Flucht vor den Engländern, die hatten ja nichts mehr, ganz jämmerlich aussehend, auf dem Fahhrad ohne Reifen, mit einer Panzerfaust auf der Schulter. Die sind alle erstmal in Richtung Ahlhorn, weil man im Gegensatz zu dem, was sich tatsächlich ereignet hat, plötzlich feststellte, daß der Feind aus Richtung Harpstedt kam. Die sogenannten „guten Wildeshauser", die ihr Grundstück auf dem Katenbäker Berg hatten, die waren dorthin und hatten sich dort ihre „Bunker" gebaut, aber der Tommy war ja eher am Katenbäker Berg, als in der Stadt Wildeshausen. Naja, und dann sind, mein Vater war ja damals im Krieg und ich hatte noch eine kleine Schwester, die war sechs Jahre und ich war neuneinhalb, wir sind dann erst nach Hause gerannt, wir waren ja bei der Familie Melcher. Und dann wurde es immer schlimmer und wir haben uns in der Mühlenstraße in einem Bunker verkrochen, den mein Onkel damals gebaut hatte. Und da haben wir das die ersten ein, zwei Tage über uns ergehen lassen und sind in unsere Wohnung in der Burgstraße zurückgegangen. Dann begannen die Kampfhandlungen wieder und wir sind zu unserem Nachbarn in den Keller gegangen. Da war schon sehr voll alles und

wir waren auch Hals über Kopf, nichts zu essen und zu trinken dabei – das war eine ganz schlechte Zeit. Meine Mutter wollte dann aus unserer Wohnung ein paar Decken und Lebensmittel holen und ging auch auf die Straße... und da wurde sie hier unten von der Burgstraße aus von einem englischen Panzer beschossen. Dann hat sie sich natürlich fluchtartig zurückgezogen... und dann haben wir doch zwischen den Häusern diese kleine Häusing teilweise heute noch hier in Wildeshausen. Und dann haben Männer, die dabei waren, ältere Männer, die auch nicht mehr zum Kriegsdienst eingezogen waren oder irgendwie anderweitig verpflichtet waren, die Wände von den beiden Häusern durchgebrochen, damit wir in unsere Wohnung konnten, das Notwendige 'rauszuholen.

Eine ganz besondere Episode: Wir hatten ja früher in den Häusern hier überall Plumpsklosetts auf dem Hof – und es war also Feuerpause, stundenlang still, und man mußte ja auch mal zur Toilette, wir saßen ja da unten im Keller mit zwanzig, dreißig Leuten und das war ja nicht gerade angenehm... und dann sagte der Eine: „Geh' man ruhig hin zum Klo." Und ich dann über den Hof zur Toilette, Donnerbalken, den man ja früher hatte, und auf einmal ging das Schießen wieder los und ich hörte wie eine Granate zwanzig, dreißig Meter von mir entfernt ins Haus einschlug. Und da dachte ich: „Die anderen Leute sind ja alle im Keller." Und irgendwie will man ja wohin, dann habe ich meine Hose hochgezogen und mich oben auf's Klo gestellt, auf dieses große Brett. Und in dem Moment geht die nächste Granate in den Garten und wo ich meine Beine gehabt habe, die Bretter unten von der Toilette, da gingen die ganzen Splitter 'rein. Ich habe nichts abgekriegt, ich habe nur fürchterlich geschrien und die beiden älteren Herren, die da wohnten, bei denen wir im Keller waren, die hatten ja nun schon Fronterfahrung und wußten, wie sie sich da an mich ranrobben konnten und unter dem Beschuß haben die mich da wieder rausgeholt und dann in den Keller. Das war damals für mich natürlich ein ganz schöner Schock. Ja, und so allmählich beruhigte sich das dann und wir kamen wieder in unsere Häuser.

Herr Q, Jg. 1935, E.

360

Der Alexanderkirchturm wurde von denen abgeschossen. Wohl weil sie da an dem höchsten Punkt einen Beobachtungsposten vermuteten. Zum Beispiel weiß ich, daß mein Bruder da oben mit drin war. Die mußten da vom Landesschutz oder wo, die waren da mit 'drin. Meine Mutter, die sagte immer: „Nun bleib endlich hier, nun geh' da nicht wieder hin!" – „Nein, ich muß da Dienst machen." Die waren oben im Turm, die haben da eben wohl beobachtet.

Zum Zeitpunkt des Beschusses war wohl niemand 'drin. Meine Mutter ist nachher ja auch mit meinem Bruder nach Lüerte getürmt.

Frau A, Jg. 1923, G.

361

Zu der Zeit, als es hieß, also es wurde der große Alarm gegeben und als es hieß, die Engländer kommen, sind die deutschen Soldaten hier geflohen. Nur immer

Richtung Ahlhorn, immer weg. (Frage: Was waren denn dann für Kämpfe?) Zu der Zeit nicht, aber es waren ja auf der anderen Seite, wo das herkam, kann ich heute ja nicht mehr nachvollziehen, aber es haben ja deutsche Truppen noch versucht, nach Wildeshausen wieder 'reinzukommen. Es hat hier wohl keine direkten Straßenkämpfe gegeben, vereinzelt schon, so am Stadtrand, und, wie soll ich sagen, es ging immer so ein bißchen hin und her. Wir haben das ja im nachhinein alles erst festgestellt, als wir uns frei bewegen durften, z. B. an der Harpstedter Straße, da stand hier ein kaputter Tommy-Panzer, da ein kaputter Panzer, ein deutscher Panzer auf der Hoffmanns Höhe – und ich kann mich noch genau entsinnen, daß Teile eines Menschen oben am Heilig-Geist-Berg im Baum hingen, weil der Panzer explodiert war, ein englischer Panzer. Das waren ja die Panzer, die von den deutschen Soldaten, die ja noch meinten, den Krieg gewinnen zu wollen, so aus den Gärten heraus abgeschossen wurden. Und im Haus Luthard, an der Harpstedter Straße, war zuerst auch ein Soldatengrab, da waren zwei Soldaten beerdigt – ich weiß jetzt nicht mehr, ob das Engländer oder Deutsche waren. Und auf der Hoffmanns Höhe, das ist jetzt der Weg an der Tankstelle, das war ja früher Kleingartengelände, da stand ein deutscher Panzer und wir Jungs waren ja auch unternehmungslustig und wollten gucken, ich kann mich nur noch entsinnen, daß da auch Leichenteile waren.

Herr Q, Jg. 1935, E.

362

Wie die Engländer kamen? Oh, da atmete man richtig auf. Verteidigt wurde ja auch, wir lagen richtig unter Beschuß die Tage hier. Unsere gingen vor und die Engländer schossen zurück, so ging das. Und wenn sie die Engländer ohne Beschuß einziehen lassen hätten, dann wäre in Wildeshausen nichts passiert. Wenn unsere nicht zurückgeschossen hätten.

Herr B, Jg. 1903, G.

363

Wir gingen damals eigentlich immer viel ins Kino, das machte man so mindestens zweimal die Woche, und in der letzten Woche, bevor dieser Endalarm kam, da wurden wir von Bürgermeister Petermann vor dem Film darauf hingewiesen, daß das jetzt bald kommen könnte und wie man sich zu verhalten hätte und, und, und. Wenn also der große Alarm kommt, dann sollten wir nach Hause und in die Keller usw.

Ich meine, das wäre schon Ende März 1945 gewesen, weil da schon Beschuß aus der Gegend gewesen ist, also das war schon einiges bevor die Engländer dann am 10. April gekommen sind. Wir haben uns das also angehört und waren eigentlich noch verhältnismäßig sorglos.

Ich war bei Kolhoff und Wappler beschäftigt und hatte dann nachmittags Schicht, als gegen 17 Uhr/17.30 Uhr die Sirene ging, im Dauerton und das war der Alarm, jetzt war es soweit... das war noch vor dem 10. April. Wir haben dann schnell alle Büromaschinen eingeschlossen und ich bin nach Hause.

Als ich zu Hause war, da fing auch schon die Schießerei an und zwei Frauen kamen vom Huntetor – ich wohnte in der Huntestraße in der ehemaligen Landesbank. Wir sind dann sofort in den Keller mit meinem Vater, meine Mutter lebte nicht mehr, die Bankangestellten waren auch schon nach Hause und es kamen noch ein paar Nachbarn, die schon bei einem Fliegeralarm vorher bei uns im Keller mit waren.

Wir haben dann da den Abend und die Nacht verbracht und die Schießerei wurde schlimmer... bei Dunkelheit hörte das auf, aber uns wurde die ganze Sache dann, ja, ich weiß auch nicht, wir hatten ja einen Bürgermeister und Ortsgruppenleiter Hermann Petermann und wir sind dann nachts, als alles ruhig war, haben wir uns zusammengerottet und sind zum Rathaus gegangen, um zu fragen, was wir denn am anderen Morgen vorfinden würden und wie das denn weitergehen sollte.

Da war Herr Petermann aber schon gar nicht mehr da, da hatte er sich abgesetzt, das war aber für ihn ja auch ganz klar, denn wenn die ihn da gekriegt hätten, wäre das wohl sein Ende gewesen, also das war ja auch verständlich, das der weg war. Aber wir waren in dem Moment so enttäuscht und allein... dann wurde der Vater von meiner Freundin, Zigarrenmacher Ahlers, der war stellvertretender Bürgermeister, der übernahm das dann und der ist dahingekommen und sagte nur, wir sollten man im Keller bleiben und müßten das ja sowieso erstmal abwarten.

Wir verschanzten uns also wieder im Keller, Proviant und so etwas hatten wir alles da. Naja, dann kam der nächste Morgen und es wurde immernoch hin und her geschossen, so daß man sich aus dem Keller nicht herauswagte. Zwischendurch war dann mal Stille und ich weiß noch, da kam Herr Gebken, der hatte ja seine Schlachterei da an der Hunte, der kam und sagte: „Wir hauen ab! Ihr könnt Euch alles aus der Schlachterei holen, was ihr haben wollt!" Das haben wir dann natürlich auch getan, wir haben uns da die halbe Badewanne voll Fleisch gepackt und gar nicht weiter 'drüber nachgedacht, daß das so in dieser Menge bei uns ja auch vergammelte... naja, so hatten wir jedenfalls noch 'was.

Dann war auch eine ganz mutige, schon etwas ältere Dame bei uns im Keller, Maria Pieper, die ging immer nach oben in die Küche und kochte dort essen, die hatte einfach keine Angst, wenn die Schießerei wieder losging... – das war auch die, die den Juden im Arbeitslager am Katenbäker Berg immer etwas gebracht hat, die hatte einfach Mut, eine gewisse Naivität und Verschlagenheit!

Naja, die Schießereien waren immer so in Abständen: mal war es ruhig und dann ging es auch wieder los.

Wir saßen also im Keller und es kamen immermehr Leute, die ihre Häuser verlassen mußten... mittlerweile waren wir schon eine richtig schöne Gemeinschaft und kochten zusammen, es kamen dann nochmehr dazu, eine Frau Huxoll mit ihren vier Kindern, die kam mit einem Handwagen an unserm Haus vorbei und dann sagte mein Vater: „Kommen sie schnell hierein, gleich geht es wieder los und wir haben noch etwas Platz im Keller!" Diese Freundschaft mit der Frau Huxoll, das hat sich bis heute aufrecht erhalten mit der Familie, man denkt irgendwie immernoch darüber nach. Ein Sohn von Frau Huxoll wurde da gerade

vier Jahre alt und dann sagte mein Vater: „Schenken können wir dir nichts, aber ich habe hier ein paar Kinderholzschuhe, die kannst du wohl haben!“ Und dann haben wir ihm die geschenkt. Das fanden wir zu herrlich, dann tapste der Kleine mit seinen Kinderholzschuhen im Keller da herum.
Naja, wir saßen also in unserem Keller und warteten... am 10. April, als die Engländer dann richtig nach Wildeshausen ’reinkamen, da ging der Beschuß nochmal heftig los. Da kriegten wir auch eine Granate in unser Dachfenster und die zerstörte unsere Wohnung so ziemlich. Wir haben uns unheimlich erschrocken, durch diesen Wahnsinnsknall und dann war erstmal Ruhe. Wir warteten unten und dann plätscherte uns das Wasser aus der Heizung entgegen. Mein Vater ging hoch, kam wieder und sagte: „Das ganze Schlafzimmer ist kaputt, Wohnzimmer ist kaputt und die Heizungen sind kaputt!“ Nachher krochen wir dann raus und mußten erstmal tüchtig aufräumen!
Dadurch aber, daß unsere Wohnung zerstört wurde, durften wir bleiben, während die anderen, heilen Wohnungen für die Unterkünfte der Engländer usw. geräumt wurden. Wir sind also dageblieben, konnten in unserer Wohnung bleiben und haben gedacht, dann behalten wir wenigstens unsere Sachen, denn wenn wir jetzt weggingen, es wurde ja alles geplündert, die konnten ja alles gebrauchen, geplündert und verwüstet wurde, mutwillig kaputt gemacht. Ich habe vorsorglich noch Geschirr nach unten gebracht, die allerletzten Tage vor Beschuß, das habe ich alles noch gerettet, denn ich habe gedacht: „Nimmst die Hälfte mit nach unten, vielleicht hilft das ja irgendwie.“ Sonst hätte man uns alles gestohlen.
Wir hatten natürlich Angst, denn die Nebenhäuser waren alle geräumt von den Zivilisten und überall waren Soldaten ’drin, da war man abends schon ängstlich, weil wir auch merkten, daß die Alkohol tranken... aber so passiert ist dann nichts und wir hatten ja auch Ausgangsverbot, wir mußten ja abends drinnen bleiben.
Wieviel Soldaten das mengenmäßig waren, kann ich gar nicht sagen, aber das waren allerlei.
Also in irgendeiner Form ist das Ganze makaber, man hat irgendwie gelebt, man hat versucht, immernoch das Beste aus dem Leben zu machen und da unten im Keller waren wir irgendwie – das habe ich übrigens schon oft erzählt – da waren wir eine richtig nette, ich will nicht sagen fröhliche Gemeinschaft, aber wir waren alle guter Dinge... das muß man schon sagen, auf engstem Raum, wir verstanden uns prima. Der eine schälte Kartoffeln, der andere machte dies und wir sahen zu, daß wir zu essen hatten, die Vorräte waren da – also Not gelitten haben wir eigentlich überhaupt nicht!
Frau L, Jg. 1923, G.

364
Es waren auch noch vereinzelte deutsche Soldaten hier, die vor den Engländern abzogen und sich dann wieder zusammentun wollten. Den einen habe ich noch mit dem Fahrrad hinter die Lehmkuhle gebracht, der hatte sogar noch ein Pan-

zerfaust unter dem Arm. In Lüerte wollten die sich treffen... ich weiß aber nicht, ob die nochmal angreifen wollten oder ob sie sich zurückgezogen haben. Richtung nach Hause kamen in Wildeshausen sowieso einige vorbei. Einer hatte sich auch auf dem Hof bei uns ein paar Tage aufgehalten, der erst nicht wußte wohin und sich dann nach Hause durchschlagen wollte. Das waren alles so einzelne, die dann vor der Front abhauten und zusahen, daß sie Richtung nach Hause kamen, die gar nicht mehr zu der Truppe zurückgingen. Das war ja alles so verstreut. Einer weiß ich noch, der saß bei uns an der Kellertreppe, der hatte mehr Angst wie wir, naja, mehr Angst will ich nicht sagen, wir hatten auch Angst, aber das war noch ein ganz junger, 17 Jahre.

Frau H, Jg. 1927, E.

365

Das habe ich auch nur erzählt bekommen, ich war nicht dabei, aber danach sind meine Eltern, oder meine Mutter und Geschwister, als die Engländer kamen, im Rathaus im Keller gewesen und wurden 'rausgeholt und mußten in die Umgebung, um etwas Sicherheit zu haben. Wie meine Mutter nun wieder nach Hause kam, das Erste, was sie fand: Im Vorgarten lag ein toter Soldat! Ein Deutscher. Aber sonst, muß ich wirklich sagen, aus meiner Sicht sind wir sehr gut mit den Engländern und Kanadiern ausgekommen.

Herr B, Jg. 1903, G.

366

Wir haben ja in der ersten Nacht einen Engländer operiert, so einen Hauptmann oder was das war, der hatte Magendurchschuß. Und Dr. Maier, der hat ihn dann operiert. Der blutete so und der mußte operiert werden.

Ich schlief im Krankenhaus, weil ich damals nicht nach Hause konnte. Schwester Martha hatte mich geweckt, ob ich auch mithelfen wollte. Das wollte ich ja, aber Gott, nein, was war ich aufgeregt! Daß das nun ein Engländer war! Ich konnte mir überhaupt nicht vorstellen, daß Engländer in Wildeshausen waren! Ich war aufgeregt und zitterte wie verrückt! Ich dachte, jetzt kommen nur noch Engländer, alles wird englisch und wir müssen nun englisch lernen!

Schwester Martha sagte dann, ich möchte mal für einen Augenblick aus dem OP gehen, ich wäre ja unfähig. Wirklich, da konnte ich nicht mit fertig werden. Das war für mich also... ich weiß nicht.

Dr. Maier hat sich das damals alles schön bestätigen lassen, daß er ihn operiert hat, der Engländer ist auch durchgekommen und dann entlassen worden. Und Dr. Maier hat schöne Vorteile davon gehabt: Sein Haus wurde nicht durchsucht und nicht geplündert.

Frau A, Jg. 1923, G.

367

Als die Engländer kamen, haben wir ganz schnell einen Revolver an der Katenbäke vergraben, mein Bruder hat den vergraben und den haben wir nicht wiedergefunden. Der ist bis heute noch nicht wieder da. Ich wußte die Stelle ganz genau, aber der sitzt da noch in der Erde. Wenn das später mal umgepflügt wird, dann kommt der sicher mal 'raus.

Frau A, Jg. 1923, G.

368

Ein Wildeshauser Hauptmann ist gekommen und hat sich bei uns umgezogen, schnell ausziehen die Uniform und seine Uniform hat er schön bei uns liegengelassen.

Wir haben damals geheizt mit Sägemehl. Und oben auf dem Boden hatten wir alles so Haufen mit Sägemehl, da war es ja schön trocken. Und dann hat meine Mutter die Uniform da 'drunter gesteckt.

Dann ist sie später dabeigegangen und hat die Uniform auseinandergetrennt und die Stücke einzeln eingefärbt.

Was meint Ihr wohl? Nachher ist der Hauptmann gekommen und wollte die Uniform wiederholen, er wollte seinen Anzug wiederhaben. „Ja, glauben sie denn, daß wir den gelassen haben? Damit sie uns hier kriegen?"

Den hat er nicht wiedergekriegt.

Komisch, da guckt man solche Leute nachher dann für an, wenn die soetwas gemacht haben!

Frau D, Jg. 1910, G.

369

Ich sehe immer noch, wie ich mein Parteiabzeichen in den Herd vom Krankenhaus, in den großen Herd, wie die Engländer kamen, da schmiß ich erstmal das Parteiabzeichen in den Herd und Parteiausweis, alles in den Herd, da ist im Alexanderstift erstmal alles verbrannt.

Frau A, Jg. 1923, G.

370

Viele Häuser wurden von den Engländern besetzt und wir mußten auch 'raus, so für eine Woche ungefähr. Wir mußten alle zu Dunkers hin, da oben beim Waldschlößchen gegenüber, da waren fast alle Leute von der Goldenstedter Straße untergekommen, da waren die ganzen Nachbarn zusammen. Die Engländer hatten dann bei uns so eine Funkstation gemacht und da haben wir alle auf der Hillen geschlafen, über den Kühen der offene Boden, da hatten wir uns Stroh und Heu hingepackt und Decken 'drüber. Bei Dunkers haben wir dann auch alle essen gekocht, jeder hat so für sich gesorgt, was denn so war.

Wenn wir dann zu uns nach Hause kamen, wir mußten ja morgens und abends nach Hause, die Schweine füttern und Kühe melken, da hatten die Engländer den Schweinen schon Kekse und Schokolade gegeben und wir hatten nichts, was wir so in den Hals stecken konnten.

Frau H, Jg. 1927, E.

371

Unser Hof wurde ja auch besetzt. Ich weiß noch, daß die die Federbetten oben auf die Schränke, an die Seite geräumt und in ihren Sachen geschlafen haben.

Wir waren dann ja erst einmal weg und mußten zwischendurch immer wieder nach Hause, Mutter und ich, Kühe melken und Schweine füttern. Und auch auf den Boden 'rauf und Heu 'runterwerfen – und oben auf dem Boden lagen überall Engländer. Ich bin dann mit der Leiter erst auf den Hillen 'rauf und durch die Luke oben auf den Boden... und wenn wir da so durchguckten, wir trauten uns da ja auch gar nicht hoch, wenn da so ein Haufen Männer lag, wir als junge Mädchen und die riefen dann immer schon: „Come on! Come on!" Mit Angst und Schrecken sind wir dann da hoch und haben das Heu 'runtergeschmissen... geholfen haben die uns dann auch.
Da haben sie sich keine Frauen genommen, wo wir da waren, aber in Kleinenkneten, da haben sie zwei Frauen so richtig hergenommen gehabt, die haben sie vergewaltigt. Sonst weiß ich nichts von solchen Gewalttaten.
Frau H, Jg. 1923, E.

372
Als unser Haus von den Engländern beschlagnahmt war, da war irgendein Lazarett oder was die dadrin hatten, weiß ich nicht, und dann haben sie die ganzen Geweihe im Sprechzimmer gesehen. Da haben sie mich geholt, ich war ja im Krankenhaus, meine Mutter war nach Lüerte geflüchtet, mit meinem Bruder und den Hunden.
Dann haben sie mich aus dem Krankenhaus geholt, da kam der Kommandeur, der wohnte bei Stukke-Schröder, da sollte ich mich melden. Und da habe ich mich gemeldet und da sagte er: „Kommen sie doch mal eben mit 'rüber. Ich wollte sie mal eben fragen, sie müßten doch Gewehre haben hier im Hause. Hier hängen doch soviel Geweihe. Ihr Vater war doch sicher Jäger?!" – „Nee," sagte ich, „die hat er sich gekauft. Gewehre haben wir nicht." Ich habe das immer abgestritten.
Meine Mutter hatte die Gewehre in der Garage eingegraben. Da war so ein Loch früher, wo man die Autos, die kaputten, reparieren konnte. Und da hatten wir die Gewehre drin und das Silber und dann sollte Reinekehr das noch eben schnell zuzementieren. Der hat das ganz schnell gemacht und dadrauf stand das Auto von Dr. Maier, der damals hier in Wildeshausen war.
Und dann wurde das Auto von Dr. Maier weggeholt und man sah die frische Kuhle. Das war ja nun ganz frisch zuzementiert.
Dann haben sie mich wiedergeholt. Und da hatten sie die Gewehre! Da haben sie das Loch aufgemacht und die ganzen Gewehre raus – die lagen da alle so rundherum... die Bocksbeutelweine von meinem Vater lagen da auch, den mochte er so gerne, den haben wir da auch noch 'reingepackt.
Dann haben sie mich also geholt: Warum ich das denn nicht gesagt hätte? Wir hätten doch Gewehre und ich hätte das immer abgestritten... ich habe nichts gesagt! Ich dachte: „Jetzt kriegst du einen Genickschuß und fällst da 'rein." Ich dachte wirklich, die schießen von hinten, ich falle da in die Kuhle und es ist aus! Nachher sagten die nur: „Die Gewehre müssen wir mitnehmen nach England." Ich sagte: „Ja, ist gut."

Und dann habe ich schnell – da waren die jungen Mädchen vom Krankenhaus alle mitgekommen, weil die mir alle helfen wollten – und ich sagte: „Holt mal schnell Wäschekörbe!“ Dann haben die Wäschekörbe geholt und wir haben den Wein von meinem Vater erstmal gerettet, das Silber... und die haben nur die Gewehre mitgenommen. Aber wirklich – da habe ich mit meinem Leben abgeschlossen!

Frau A, Jg. 1923, G.

373

Die polnischen Fremdarbeiter, die alle schlecht behandelt wurden, die taten sich zusammen und schlugen zurück. Als die Engländer da waren, sind die richtig losgezogen und haben geplündert.

Bei Depken war auch einer als Knecht, der Jupp, und in einer Wirtschaft war ein Ukrainer Mädchen, Katja, hieß die. Die beiden hatten sich zusammengetan und der Wirt hatte wohl Schiß, daß die mit einem Kind ankommen würde und hatte das verboten.

Dann hielt da mal ein deutscher Panzer, der sich wohl verirrt hatte – das war aber alles noch vor Kriegsende, also bevor die Engländer hier einrückten. Die Soldaten gingen wohl auch in die Wirtschaft. Der Wirt hatte denen das erzählt mit dem Polen und dem Ukrainer Mädchen und dann ist bei Depkens einer angekommen mit schwarzer SS-Uniform – und diese schwarzen waren ja meist noch schlimmer!

Der Jupp war hinten auf dem Feld am Pflügen, der mußte die Pferde stehenlassen und mußte sofort mitkommen. Der wollte erst noch seine Jacke holen und der andere sagte nur: „Nee, die brauchst du nicht!“ Der mußte die Pferde einfach so stehenlassen. Dann mußte er mit zur Lehmkuhle, da ein Loch graben und sich da reinstellen. Der Soldat schoß in die Luft und sagte: „Wenn du dich nocheinmal mit der Katja triffst, dann erschieße ich dich!“ Dann konnte Jupp nach Hause gehen.

Ja, und nachher, als dann die Engländer da waren, kamen auch die Polen und haben in der Wirtschaft alles kaputt gehauen! Der Wirt kam dann bei uns an: „Wo kann ich hin? Wo kann ich hin?“

Und wir sagten dann: „Hinten wieder raus. Wir wollen da nichts mit zu tun haben. Wir haben nichts schlechtes mit denen gehabt.“ Bei uns auf dem Hof sind sie dann auch nicht gewesen und wir brauchten auch keine Angst zu haben, meinten sie zu uns.

Frau H, Jg. 1927, E.

374

Wir hatten einen großen Kessel und haben da Wurst und Fleisch, auch Speck, alles 'rein, den Deckel drauf und dann haben wir das in der Heide eingegraben, für später. Dabei hat mir eine Polin geholfen. Ich sagte: „Janina, komm' eben her, faß' eben mit an, wir wollen das eben da 'rein stellen.“

Und dann hieß es doch: Die Polen klauen so! Ich sagte: „Papa, unser Fleisch ist auch weg. Nachher, wenn wir dahin kommen, ist da nichts mehr von.“

Nichts! Das war noch genauso. Also die Janina war grundehrlich.
Man hat auch vielen Unrecht getan. Die haben wohl geklaut, aber die Bauern, die sich beklagt hatten, daß die Polen da so geräubert haben, die waren selbst viel Schuld daran. Viel Schuld.

Frau E, Jg. 1908, G.

375

Es gab früher oft Spektakel mit den Polen: Die wurden geschlagen, die wurden ausgenutzt bis dorthinaus.
Meine Polen, die kommen heute noch her und wir fahren dahin. Im vorigen Jahr waren sie mit fünf Mann hier. Und dann fahren wir mal wieder nach drüben.

Herr B, Jg. 1903, E.

376

Die Polen waren nachts am Raufen, viele wollten sich rächen bei den Deutschen, wo sie auf dem Hof gearbeitet haben. Jetzt waren sie ja befreit. Richtung Münsterland, so ab Visbek, da gingen die Bauern nachts immer Streife aus Angst vor den umherziehenden Polen. Die hatten ihre Feuerhörner, für jeden Ort ein besonderes Signal und dann ging das nachts los. . . Wenn was los war, dann gingen immer alle Mann zu Hilfe. (Frage: Und in Wildeshausen und der Landgemeinde?) Wir hier hatten das nicht. Aber im Nachbarhaus ist eine Frau erschossen worden, durch das Fenster, die Frau hat mit den Kindern am Tisch gesessen und dann ist sie durch das Fenster erschossen worden. Man weiß nicht, wer das war.

Herr G, Jg. 1921, E.

377

Ich weiß nur, daß an der Bahn, zwischen Grashorn und der Visbeker Straße, eine Familie gewohnt hat, von polnischen Fremdarbeitern – wie man damals sagte – erschossen worden ist. Die haben die ganze Familie umgebracht. (Frage: Haben die denn vorher für die Familie gearbeitet?) Nein. Das war die Familie eines Bahnarbeiters, also, das waren ganz friedliche Leute, die hatten niemandem etwas getan. Wobei ich auch sagen muß, bei der Wildeshauser Bevölkerung, die Kleinbauern und die Landwirtschaftsbetriebe, die hatten ja alle überwiegend Kriegsgefangene als Landarbeiter. Die Männer waren ja im Kriege und die Frauen mußten sehen, daß das Land bestellt wurde. Also, daß hier unangenehme Sachen aufgefallen sind. . . es waren belgische Gefangene, französische Gefangene hier, später Russen. . . wo jetzt Netto ist, da war ja früher die Gaststätte Osterloh und dahinter im Stall war ein Lager für französische Kriegsgefangene.

Herr Q, Jg. 1935, E.

378

Bekannte hatten einen Ukrainer Knecht, einen Fremdarbeiter, und der Alte, der war auch so ein bißchen, Nazi will ich nicht sagen, aber doch parteimäßig angehaucht. Der hat den Ukrainer wohl nicht immer so gut behandelt und da hatte der natürlich eine Wut auf den Alten.

Wie die Engländer dann kamen, hatte sich der Ukrainer natürlich bei denen beschwert und da wollten die diesen Bekannten abführen, der sollte dann bei den Engländern mitkommen. Frau Juchter, die hat dann immer übersetzt, die war da auch Dolmetscherin so ein bißchen, die hat dann immer mit den Engländern geredet und so viel gedolmetscht und getan, daß die den Alten dann doch dagelassen haben.
Frau H, Jg. 1927, E.

379
Hinrichtungen, wüßte ich nicht, daß es die gegeben hat in Wildeshausen. In Dötlingen, vorher, kurz vor der Besetzung, da gab es Hinrichtungen. Von Deutschen. Das waren Nazigegner, um die mundtot zu machen.
Herr B, Jg. 1903, E.

380
Gegen Ende des Krieges war bei uns ein deutscher Soldat, der auch auf dem Weg nach Hause war. Der kam von der Kriegsmarine und wollte sich auch durchschlagen bis zum Rheinland.
Zuerst war der ein paar Tage bei uns und ist mit mir immer zum Melken gefahren, zur Katenbäke. Irgendwoher hatte er dann ein Rad mitgenommen, geklaut, von Polen oder Russen in Wildeshausen, und nachher haben sie ihn dann abgefangen... da haben sie ihn so verdroschen, der kam grün und blau bei uns an! Nachher ist der nicht mehr mitgefahren, so haben die sich damals gerächt, weil er das Rad geklaut hatte!
Frau H, Jg. 1927, E.

381
Mit den Plünderungen, daß weiß ich gar nicht mehr so... einzelne Sachen, klar wurden die geklaut, Schmuck und was so da war. Dann hatten die Engländer auch einen Teil einfach weggeschmissen, da kamen wir dann wieder nach Hause und da lag dann einfach alles... Stühle kaputt gehauen, so einzeln – aber sie haben auch schöne Stühle dagelassen, die haben sie wohl anderswo mitgenommen. Aber die Einrichtungen haben sie nicht kaputtgehauen.
Frau H, Jg. 1927, E.

382
Ihr sagt das gerade, von den Bränden, was bei den Kämpfen im April 1945 alles zerstört wurde. Die Kirche brannte, also der Turm brannte aus, Twisterling am Westertor, dann das Lagerhaus von Nolte, Rickers in der Düsternstraße, das ist unter dem Beschuß alles abgebrannt. Richtig zerstört, also ganz schön 'was abgekriegt, haben auch Opa Besudens Haus und Hoopmanns. Markante Punkte waren auch noch das Wasa-Haus und Haases Haus.
Im Krieg ist ja noch am Krandel, wo heute das „Haus am Krandel" ist, eine Bombe eingeschlagen, bei Vagenpohl. Das war richtig traurig, eine ganze Fami-

lie, der Vater war im Krieg und eine Tochter blieb übrig – insgesamt starben dabei sechs Menschen.
Am kleinen Esch ist auch viel kaputt gewesen.
Herr K, Jg. 1923, G.

383
Es gab auch ein Gräberkommando. Das waren die Kanadier, die waren im Gasthof Müller an der Ecke Sögestraße/ Westertor, wo heute die Boutique 'drin ist, da waren die einquartiert. Das war so ein Volk für sich, also ganz speziell. Die mußten die Toten einsammeln, also die gefallenen Soldaten, die überall verstreut waren, für die wurde ja in Sage ein Zentralfriedhof angelegt und die Kanadier sammelten die ein. Das war so ein Volk, die tranken und waren sehr viel besoffen und gröhlten da 'rum, die nahmen ihre Betten, legten die auf die Sögestraße und legten sich dann da in die Sonne – dann war die Sögestraße gesperrt! Also das war so ein Volk für sich!
Herr K, Jg. 1923, G.

384
Das habe ich auch in Erinnerung, daß es nach den ersten Kämpfen schon mal ruhig war und dann hinterher nochmal losging... aber wie es nun übermäßig heftig war, sicher, es waren ja schon einige Häuser zerstört und Menschen starben – hinterher, wie die Engländer wirklich 'drin waren, lief sich das auch tot. Dann habe ich noch in Erinnerung, daß ein Gefangenentransport kam, ein Lastwagen mit deutschen gefangenen Soldaten. Hintendrauf, auf dem einen Heck, da saß Bernhard Behrens, der Lehrer. Den hatten sie dann auch noch gekascht, der hatte Heimaturlaub gehabt und hatte sich wohl irgendwie abgesetzt und den hatten sie dann erwischt. So wie bei Egon Löhmann, der ist also auch nach Hause gekommen, will ins Haus 'rein, ist alles verschlossen gewesen und dann haben sie ihn auch kurz kassiert und in Gefangenschaft gebracht.
Frau L, Jg. 1923, G.

385
Nach dem Beschuß konnte man dann ja allmählich wieder 'raus und nachher war wunderschönes Wetter. Schließlich trauten wir uns auch wieder richtig 'raus, weil es wieder ruhiger geworden war. Dann weiß ich noch, daß wir unsere Betten aus dem Keller geholt haben und dann haben wir die in den Garten gestellt und uns hinein gelegt und von der Sonne bescheinen lassen.
Frau L, Jg. 1923, G.

386
In den Straßen waren auch Schützengräben ausgehoben, so neben den Straßen entlang hatte der Volkssturm die noch ausgehoben, und hinterher lagen dann da die Kanadier oder Engländer 'drin, das weiß ich nicht mehr, auf jeden Fall lagen die dadrin und hatten ihre Spirituskocher und kochten sich 'was und hatten auch dieses wunderschöne Weißbrot – wir kannten ja immer nur noch dieses graue Mehl und die hatten das herrliche Weißbrot! Wir guckten dann so da unten 'rein

und kriegten auch immer so ein bißchen 'was ab. Das fanden wir ja nun ganz toll! Daß die da so alles hatten, alle möglichen Sachen!
Frau L, Jg. 1923, G.

387
Dann weiß ich noch, der alte Wortmann, also, das Wortmannsche Anwesen war auch total verwüstet, weil da eben diese Leute 'drin waren, und dann waren die nachher ja wieder weg und da ging Fritz Wortmann und räumte seinen Kram so ein bißchen auf. Das war ganz schönes Wetter und da kam er dann zu uns in die Gartenlaube und hatte so ein Stück ganz 'was Komisches in der Hand. Dann nahm er sein Messer, schnitt so alles rundherum ab und sagte: „Ein richtiges Stück Käse, sowas habe ich schon lange nicht mehr gehabt!" Da hat er diesen Bissen noch gegessen, das hatten nämlich die Engländer bei ihm hinterlassen, die schmissen das einfach weg. Das sind so Dinge, die wir dann gar nicht hatten, also genug zu essen in dem Sinne hatten wir schon, bloß das waren die feineren Sachen!
Frau L, Jg. 1923, G.

388
Als das dann alles zu Ende war, normalisiete sich das auch irgendwie. Also die Engländer waren da, es wurde ruhiger und man sah halt zu, daß man zu Rande kam. Ich brauchte nicht zur Arbeit zu gehen, ich war ja dienstverpflichtet und wir räumten also auf. Die Männer kamen zurück, die hatten ja sowieso nichts zu tun und wir haben natürlich aufgeräumt.
Ich war ja vorher bei Kolhoff und Wappler und als man da so in diese Firma kam, also als man das so gesehen hat, da fand man ja nichts wieder! Also buchstäblich! Die entleerten alles so, also da war der Heizungskeller und die Engländer hatten alles an Akten, alles was an Papier da war, in den Heizungskeller geworfen und dazwischen so ihre Notdurft verrichtet und was weiß ich noch alles! Und nun mußten wir das aufräumen! Die mußten ja ihre Buchführung wieder auf Vordermann bringen! Und wir mußten das da alles aussortieren!
Und als das vorbei war, bin ich dann in Ehren entlassen worden und habe mich erstmal dem Haushalt meines Vaters gewidmet.
Frau L, Jg. 1923, G.

389
Also Maria Pieper, das Haus war ja auch kaputt, das war zerschossen, also total! Und die Frau, das war eine schon ältere Dame, alleinstehend, „Single" würde man heute wohl sagen. Die handelte auch mit allem und hatte ein unheimliches Geschick Waren 'ranzukriegen, auch schon den ganzen Krieg über, woher sie das kriegte, weiß der Kuckuck, aber es war eben immer etwas da. Die hat auch immer etwas zu den Juden ins Arbeitslager am Katenbäker Berg gebracht, also die hat wirklich viel für diese Leute getan und war eine unheimlich mutige Frau! Aber dann war ihr Haus total vernichtet, die hatte dann gar nichts mehr, die ist dann erst bei uns untergekommen, hat eine zeitlang bei meinem Vater gewohnt.

Für die war das Kriegsende wirklich ein Schicksalstag und hat ihr Leben total verändert. Das hat sie nicht verdient!
Zuerst hat sie ja bei uns nach Kriegsende gewohnt und hat auch gleich ihre Fühler wieder ausgestreckt, also Speck und Milch war immer da, Mehl und Zucker, wir hatten einfach alles, die hatte sofort wieder ihre Verbindungen! Also wirklich ein einmaliges Geschick!
Die hatte dann noch Verwandte in Bremen und die sind während des Krieges von ihr mit ernährt worden, in Bremen war ja auch nicht alles zu holen. Die kamen also von Bremen immer zu Fuß an und nahmen im Rucksack die Sachen so mit, Fahrräder hatten die auch nicht mehr, die waren auch ausgebombt. Für uns war das damals alles so selbstverständlich – das wurde so eine Überlebenskunst, die man an den Tag legte.
Frau L, Jg. 1923, G.

390
Bevor wir alle geflohen sind und später als Flüchtlinge nach Wildeshausen kamen, mache ich mir jetzt noch den Vorwurf, als meine Schwester damals vom Russen verschleppt wurde, die wurde mitgenommen auf Nimmerwiedersehen, sie war siebzehn. Die wurde vom Russen mitgenommen und ich habe noch zu dem Russen gesagt: „Geben sie die Schwester zurück, zwei sind schon verstorben von meinen Geschwistern. Ich gebe ihnen meinen Ring, aber geben sie die Schwester zurück." Ich war noch mitgelaufen nach draußen. Der sagte: „Ich nur Kamerad, ich kann nichts machen." Und ich mache mir jetzt noch den Vorwurf, daß ich nicht zu dem „Kamerad" gegangen bin und irgendwie, also. . . also jetzt hat man ja noch 50 Jahre Erfahrung gesammelt und deswegen bin ich so gegen den Krieg. Müssen die Menschen denn so leiden?
Also wenn wieder ein Krieg anfangen sollte, ich bin ja schon zu alt dafür, aber dann würde ich sagen, wenn die Männer eingezogen werden, marschieren wir Frauen alle dahin, lassen die Männer zu Hause und sagen: „Das gibt es nicht mehr!"
Frau I, Jg. 1914, G.

391
Das Einzige, was ich im Krieg verloren habe, ist das, was in der Wohnung kaputtgegangen ist. Also ich sage immer, wie wir durch den Krieg gekommen sind und durch das Kriegsende, das war, für das, was überhaupt geschehen war, harmlos. Ich habe das so dankbar empfunden, daß wir so davon gekommen sind.
Frau L, Jg. 1923, G.

392
Als es 1945 zu Ende war, nein, da gab es kein Bedauern. . . ich wüßte nicht, in der Umgebung, daß einer wirklich schlecht gewesen war.
Man sah ja schon, als der Krieg ausbrach, daß Adolf Hitler immer weiter wollte, immer weiter wollte, da sah man erst, wie verrückt der war.
Aber wer wollte ausbrechen? Das konnte keiner mehr.

Und ich meine, die Soldaten haben auch bis zuletzt ’dran geglaubt. Mein Vater lag vor Leningrad, der sagte immer, der schrieb uns immer: „Gebt uns noch zehn Tage Zeit und wir sind in Leningrad drin!“ Die waren so davon überzeugt.
Frau A, Jg. 1923, G.

393
Am 10. Mai 1945 glaubten die ja noch daran, die hier den Mund aufmachten, die jüngeren Leute, die glaubten danach noch an den Endsieg. Aber wer so ein bißchen Verstand hatte, der sah ja, was los war.
Herr B, Jg. 1903, G.

394
Das ist ja nun schon 50 Jahre her, da weiß ich das auch nicht mehr so. Früher war das mit dem Kriegsende noch so, daß man in jedem Jahr, wenn der April kam, dann gesagt hatte: „Oh ja, voriges Jahr um diese Zeit, jetzt ist das ein Jahr, zwei Jahre usw. her.“ Aber nun ist das schon so lange und durch die Erzählungen kommt das dann wieder, plötzlich ist es wieder da.
Frau L, Jg. 1923, G.

395
Das Entscheidende ist ja: In dem Augenblick, wo man erfahren hat, daß der Krieg zu Ende ist, da fiel ’was weg. . . es war wunderschöner Frühling, es blühte plötzlich alles, es war richtig traumhaft schön, es war einfach eine Erleichterung! Obgleich, wenn man jung ist, dann betrachtet man das ja noch anders, dann erlebt man das ja auch anders – wenn man heute so betrachtet, wie das gelaufen ist, was überhaupt so gelaufen ist, dann kann man das ja erst hinterher alles richtig beurteilen! Und ich habe heute noch mehr das Gefühl der Erleichterung, als damals!
Frau L, Jg. 1923, G.

Nachkriegszeit

Das Kriegsende 1945 und die Belastungen der Nachkriegszeit haben bei den befragten Senioren ganz persönliche und individuelle Erinnerungen wie Erfahrungen hervorgerufen. Das Gefühlsspektrum der Zeitzeugen reichte von der Angst vor dem Ende bis zur Freude über den Neubeginn, von der Verbitterung über die Niederlage bis zum Triumph über die Naziherrschaft. Auf der einen Seite waren die Kriegsangst und die Furcht vor NS-Repressionen vorüber, auf der anderen Seite wuchs die Sorge um die Organisation des alltäglichen Lebens. Wie sollte es nach der bedingungslosen Kapitulation und dem totalen Zusammenbruch Deutschlands weitergehen?

In der unmittelbaren Nachkriegszeit warteten die meisten wohl einfach ab und richteten sich zwischen Ratlosigkeit und Erschöpfung eben ein, so gut es ging. Man arrangierte sich – mit sich selbst, mit der Besatzungsmacht und mit dem, was nach den Kriegswirren übriggeblieben war. Von Wildeshauser Zeitzeugen als „Tage der ungewissen Zukunft" bezeichnet, schien nach dem 8. Mai 1945 alles und nichts möglich wie unmöglich.

Zu den alltäglichen Routinen dieser „ungewissen Zeit" gehörte die Verdrängung der Vergangenheit. In den Erzählungen der Senioren traten Erinnerungen an das politische Leben im Nationalsozialismus, Erfahrungen der persönlichen Teilnahme am System, Emotionen zwischen Begeisterung und Betroffenheit sowie Erlebnisse und Begebenheiten aus dem Krieg zunächst in den Hintergrund. In der täglichen Sorge um das Überleben wurde die bewußte Auseinandersetzung mit der eigenen Vergangenheit vermieden. Bis heute fällt es vielen Zeitzeugen schwer, über bestimmte Erinnerungen und Erfahrungen dieser Zeit zu sprechen.

Auf politischer Ebene wurde zur „Besinnung der Deutschen" die „Entnazifizierung" von den Besatzungsmächten verordnet und durchgeführt. Ehemalige Nationalsozialisten und Kriegsverbrecher sollten bestraft und aus wichtigen Ämtern entfernt werden. Zur Überprüfung der politischen Gesinnung sowie des Verhaltens der Deutschen wurden 13 Millionen Fragebögen bis 1950 ausgewertet und frühere Parteigrößen oder Mitglieder in zahlreichen Verfahren als „Hauptschuldige, Belastete, Minderbelastete, Mitläufer und Entlastete" abgeurteilt. Die Oldenburger Ermittlungen gegen den Wildeshauser Bürgermeister und NSDAP-Ortsgruppenleiter Petermann sowie gegen den Bezirksbauernführer und Wildeshauser SA-Sturmführer Langhorst wurden 1948 eingestellt.

Die Verrichtungen des alltäglichen Lebens waren von der Mühsal der Notzeit geprägt. Zwar blieb Wildeshausen von Zerstörungen größeren Ausmaßes verschont, aber Trümmer, Schuttbeseitigung und Aufräumarbeiten kennzeichneten auch hier das Stadtbild. Leere Kaufhausvitrinen, Lebensmittelkarten und lange Käuferschlangen vor den Geschäften bestimmten den Speiseplan, der Schwarzmarkt mit eigener Währungseinheit unter stadtbekannter Adresse erfreute sich großer Blüte und Schwarzschlachtungen waren an der Tagesordnung. Zahlose

Flüchtlings- und Vertriebenenzüge sowie Wagentrecks kamen am Wildeshauser Bahnhof an oder wurden von Oldenburg abgeholt und den Familien zur Eingliederung oder kurzen Notunterbringung zugeteilt. In den Erinnerungen aller Senioren zählte dies zu den bedeutendsten und prägendsten Einflüssen ihres Nachkriegsalltags. Im kalten Winter 1946/47 verschärfte sich die Notlage.

Den wirtschaftlichen und politischen Neuanfang in Deutschland initiierten die Militärregierungen. Verwaltungsaufbau, die Einsetzung von Bürgermeistern, Betriebs- und Firmengründungen sowie die Besetzung wichtiger Posten mit bestimmten Personen kurbelten das öffentliche Leben wieder an. Das Verhältnis der Wildeshauser Bevölkerung zur englischen Militärregierung in Oldenburg schien zunächst von gleichsamer Skepsis wie Neugier geprägt, jedoch waren die Regeln des gemeinsamen Umganges und die Situationen alltäglicher Kommunikation recht schnell ausbalanciert. Vor allem die Jüngeren fanden, auch aufgrund ihrer Sprachkenntnisse, schnell Kontakt zu den Engländern.

In allgemeiner Übereinstimmung der befragten Zeitzeugen wurde die Währungsreform 1948 als bedeutenster Einschnitt für den Wiederaufbau und Neuanfang empfunden. Das zugeteilte DM-Kopfgeld ist individuell sehr unterschiedlich verwendet worden. Die plötzliche Warenfülle in den Kaufhäusern erleichterte die alltägliche Versorgungssituation, ist von einigen Zeitzeugen aber auch mit Neidgefühlen gegenüber den Kaufleuten kommentiert worden. Eine weitestgehende Normalisierung des Alltags empfanden die meisten ab 1950.

396
Heute reden die ja alle von Befreiung, aber das Erste, was wir damals erlebt haben, war unsere Besatzung. Es gab die Ausgangssperre, wir wurden überwacht... also so gesehen – das waren keine Befreier, sondern reine Besatzer. Natürlich war dann jeder froh, daß es zu Ende war. Ein Ende mit Schrecken ist besser als ein Schrecken ohne Ende...!
Herr G, Jg. 1921, E.

397
Wir waren ja froh, daß wir besetzt waren damals. Wir, ich jedenfalls, und ich glaube, es ist hier keiner, der nicht befreit aufgeatmet hat, wie die Besatzung da war. Oder ist euch das nicht so ergangen? Hättet ihr noch gerne weiter gekämpft? Nein! Also auch das Militär hat sich dann anständig verhalten.
Herr B, Jg. 1903, G.

398
Also auch wenn wir uns so ganz gut mit den Engländern arrangierten – und es waren ja nicht wenige Frauen, die dann 'was mit den Engländern hatten und sich auf etwas mit denen einließen... trotzdem waren die nicht gut in der Bevölkerung aufgenommen und es war immernoch ein Feindbild, was man da dann so hatte! Ich meine, das baute sich nicht so schnell ab, da war eine Schranke! So einfach war das nicht.

Englische Truppen in der Sögestraße im Juni 1945.

Auch wenn ich das überlege, das Wort „Befreiung“ – von den meisten Bürgern ist das damals sicher negativ aufgenommen worden, als „Befreiung“ in dem Sinne. . . also der Krieg war zu Ende, das war ganz klar eine Erleichterung, aber das Wort „Befreiung“ haben wir da nie gehört und empfunden oder so.
Frau L, Jg. 1923, G.

399
Kriegsgefangenenlager gab es in Wildeshausen an der Vogelstange, da beim Parkplatz am Krankenhaus und wir hatten auch welche in Neerstedt. Belgier, Franzosen, die haben wir zuerst gehabt, die kapitulierten ja. Zum Teil sind sie dann nach Hause gekommen und zum Teil auch nicht. Ein Franzose, der ist bis zum Schluß des Krieges hier gewesen.
Da war ich, am vierten oder fünften Tag nach der Kapitulation in Wildeshausen und auf der Rückfahrt, da muß man sich vorstellen, die Delmenhorster Straße, das war damals eine kleine, enge Straße, an beiden Seiten große Bäume, eine Allee. Es wogte zu der Zeit alles hin und her in Wildeshausen, hauptsächlich Polen und Engländer waren da, die Polen als Fremdarbeiter hatten ihre Arbeit aufgegeben und wohnten zum Teil in Wildeshausen, z. B. das Amtsgericht war vollständig belegt mit Polen, das Amt auch – da werde ich gerufen an der Delmenhorster Straße. Der Kollege mit dem ich da war: „Du wirst gerufen.“ Ich sagte: „Mensch, mach’ weiter, weiter. Das wir hier wegkommen.“ Da war das dieser Franzose, der am Anfang des Krieges hier gearbeitet hatte. „Mensch, treffen wir uns hier?!“ Er wollte nach Hause. „Wie kommst du denn hin nach

Hause? Das ist ja gleich dunkel. Wo willst du denn schlafen?" – „Ja, weiß ich auch nicht." – „Augenblick." Da habe ich ihm einen Brief aufgeschrieben an meine Mutter: „Da gehst du hin. Da zeigt dir jedes Kind hin. Da bleibst du heute nacht." Das hat er auch gemacht. Die Nacht da geschlafen bei meiner Mutter, das hat er mir hinterher noch geschrieben. Als er gestorben ist, hat seine Frau mir noch Nachricht gegeben.
Ich habe immer ein ganz gutes Verhältnis gehabt mit meinen Gastarbeitern – da bin ich gut mit ausgekommen.
Herr B, Jg. 1903, E.

400
Also im Krieg haben ja die Kriegsgefangenen hier bei uns, Polen, Russen, Ukrainer oder was das waren, die haben da ja alle gehorchen und ducken müssen. Hinterher, wie wir dann besetzt wurden, war das umgekehrt, da mußten wir dann gehorchen.
Frau H, Jg. 1927, E.

401
Als die Polen noch hier waren, die waren ja... ich weiß noch, einmal gingen mein Mann und ich spazieren, da wo jetzt die Volksbank ist, da standen die Polen alle zusammen und da sagte mein Mann noch: „Gehe nicht aus dem Weg." Die standen direkt auf dem Fußweg, die waren ganz schlimm und er sagte: „Komm." Dann hakten wir uns ein und gingen weiter. Na, und dann gingen sie doch auseinander und wir konnten durch. Also da mußte man aufpassen.
Frau E, Jg. 1908, G.

402
Wir mußten alle an unsere Haustür einen großen Zettel anbringen, wer da wohnt, wie alt man ist usw. – Kontrollen wurden auch durchgeführt. Und dann eben das Unangenehme in damaliger Zeit, die polnischen Zwangsarbeiter, die sich ja teilweise sehr unangenehm benommen haben, auf der anderen Seite wurden wir aber auch teilweise wieder von ihren Landsleuten in Schutz genommen. Gut gewesen war, man kannte sich... ich weiß noch, hier, Spedition Debbeler, da waren Polen beschäftigt, Stefan, vergesse ich nie wieder, also der hat sich aber vor uns gestellt. Und beim Schuster Poppe hier in der Burgstraße, da waren russische Kriegsgefangene als Schuhmacher, als Flickschuster beschäftigt... und da also, einer der drehte durch und nahm einem Engländer die Maschinenpistole weg und wollte auf Zivilisten, die wir auf der Straße standen, schießen. Da hat der Engländer den Russen niedergeschlagen.
Herr Q, Jg. 1935, E.

403
Als mein Vater aus dem Krieg wiederkam, hatte er erst keine Entlassung. Er hat hier erst so 'rumgegammelt und sagte dann: „Ich muß mich ja jetzt stellen."

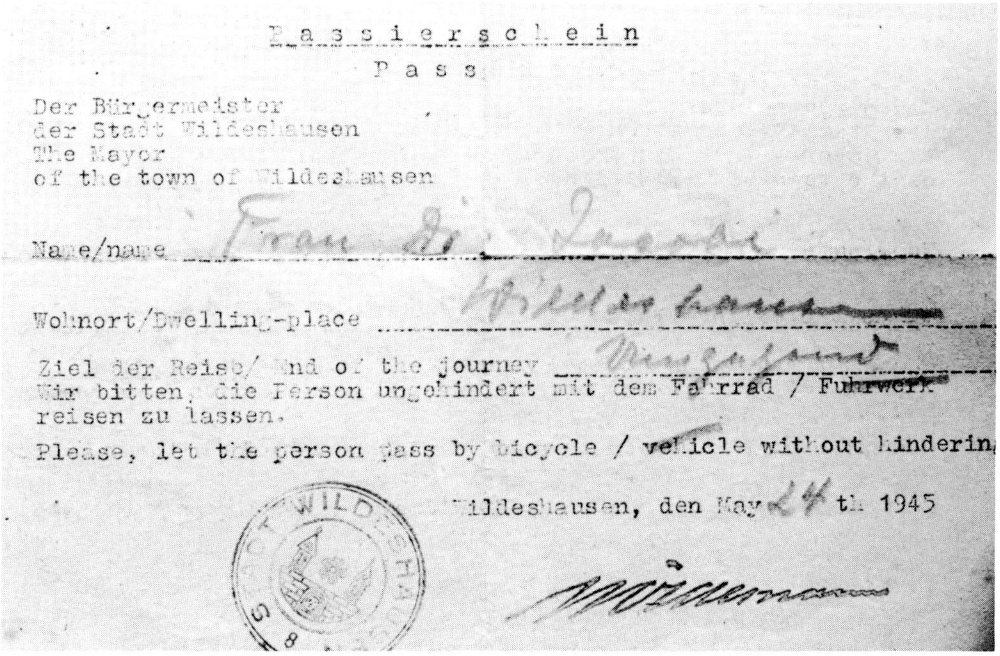

Passierschein

Pass

Der Bürgermeister
der Stadt Wildeshausen
The Mayor
of the town of Wildeshausen

Name/name Frau Dr. Jacobi

Wohnort/Dwelling-place Wildeshausen

Ziel der Reise/End of the journey Umgegend

Wir bitten, die Person ungehindert mit dem Fahrrad / Fuhrwerk reisen zu lassen.

Please, let the person pass by bicycle / vehicle without hinderin

Wildeshausen, den May 24th 1945

Passierschein für die Wildeshauser Umgebung während der Besatzungszeit. Ausgestellt am 24. Mai 1945.

Er hatte keine Entlassung, weil er aus einem Gefangenenlager nach Hause getürmt war und sagte: „Rechnet mal damit, daß ich noch wieder eingesperrt werde."

So konnte er auch keine Praxis wieder aufmachen, weil er eben keine Papiere hatte. Da sagte er: „So, jetzt melde ich mich doch, ich gehe zum Rathaus und mal sehen, wie das weiterläuft."

Da kommt er dahin und da war Herr Cohn auch gerade, der war da schon Stadtdirektor und der sagte zu meinem Vater: „Mensch, wir haben jetzt gerade die Papiere von Gauleiter Röver, die Stahlhelmgeschichte, daß sie verhaftet waren."

Und da waren die Engländer dabei, der Oberste war auch gerade auf dem Rathaus. Und weil die Akten da nun lagen und weil er im Gefängnis gesessen hatte, kriegte er sofort Stempel und alles. „Sie können morgen ihre Praxis wieder aufmachen."

Das Glück, daß die gerade diese Akte im Rathaus da gefunden haben. Auto kriegte er gleich wieder, so klappte das alles.

Frau A, Jg. 1923, G.

404

In Gefangenschaft in Eger war ich seit dem 12. Mai. Und dann wurde ich entlassen am 10. Juli.

Wir waren mit 4 Wildeshausern: Willi Westphal, hatte damals hier eine Werkstatt, da wo jetzt die NWZ ist, Heini Meier, Notschlachter Meier, Helmut Lang-

horst, der war bei Schröder, und ich. Zu zigtausenden lagen wir da auf dem Flugplatz, gesagt wurde mir von 60 000 Mann, das war ein Riesenkomplex mit allen Gefangenen. Und das vergesse ich nie: Wir wurden zusammengestellt nach den Regionen – amerikanische Zone wurde entlassen, französische Zone wurde entlassen – und dann kam die Englische. Da mußten wir zum Sammelpunkt, da wurden wir konzentriert, wo die Gebiete lagen... Und dann kam Helmut Langhorst, der war der Erste, den ich von Wildeshausen wiedersah! Und das war so ein schöner Tag, schönes Wetter und der Langhorst sagte gleich als erstes: „Mensch, jetzt ein schönes Schwarzbrot mit Bienenhonig!"
Wir wurden dann über Oldenburg entlassen, an einem Sonntagnachmittag kamen wir dort an und dann hieß es: „Ja, seht zu, daß ihr nach Wildeshausen kommt!" Und dann sagte Helmut Langhorst: „In Tungeln kenne ich eine Firma, die arbeitet mit Schröder zusammen, da kriegen wir Fahrräder."
Dann sind wir natürlich da hin, aber die Fahrräder waren nicht da, dafür waren Tommies da. In der Nachbarschaft war ein Taxiunternehmen, das durfte fahren und das fuhr auch für die Tommies. Dann sind wir dahin, aber ab 21 Uhr war schon Sperrstunde und die sagten: „Ja, dann müßt ihr eben bis morgen früh warten, ab 6 Uhr können wir wieder fahren. Hier habt ihr eine Flasche Schnaps, da ist ein Stall, da ist Stroh, da könnt ihr schlafen."
Dann fuhren wir am nächsten Tag über Ahlhorn nach Wildeshausen. Und wenn man über die Höhe von Aumühle ist, kann man ja die Alexanderkirche sehen. Und die sahen wir nicht! Und dann dachten wir: „Wenn die Alexanderkirche schon nicht steht, wie sieht das dann aus?!" Wir hatten uns vorher erkundigt, hatten gefragt: „Was ist in Wildeshausen losgewesen?" Konnte uns keiner etwas sagen. Dann haben wir vor Wildeshausen angehalten und gefragt: „Ja, die Polen haben geplündert!" Das stand dann so im Raum, aber den Zusammenhang wußten wir ja auch nicht, naja, und keiner wollte dann nach Hause hin. Wir kamen dann nach Wildeshausen 'rein und hier am Westertor, wo jetzt die Ampel ist, da stand der Baustoffhandel Twisterling, das war abgebrannt und wir haben sonst weit und breit auch nichts gesehen... dann sind wir erst nach Langhorst hin und da waren alle noch da. „Nö, nichts passiert," hieß es. Und bei uns war auch alles in Ordnung sonst. Am 10. Juli sind wir in Eger entlassen worden und am 15. am Montagmorgen waren wir in Wildeshausen.
Herr K, Jg. 1923, E.

405
Als ich am 15. Juli nach Wildeshausen zurückkam, mußte ich mich gleich am 17., Mittwochmorgen, melden. Um 7 Uhr früh mußte ich auf dem Marktplatz sein und mich da anmelden, zum Arbeitskommando nach Ahlhorn, auf dem Flugplatz, für die Engländer dort aufräumen. Da weiß ich noch, als ich dahin kam, hieß es: „Maurer links raus, Zimmerleute links raus usw." Dann habe ich überlegt: „Was machst Du? Maurer? Maurer!" Dann war ich Maurer!
Da kam ich in Ahlhorn zu einer Gruppe, da war so ein Polier aus Cloppenburg: „Was kannst du denn überhaupt?" Ich sagte: „Ich kann gar nichts!" – „Ja, dann

kannst du Wasser schleppen, hol' Du man das Wasser!" Und dann waren wir mit einer Gruppe von 7 oder 8 Mann, um 7 Uhr mußten wir antreten, um kurz vor 8 Uhr waren wir dann mit der Einteilung fertig und um 8 Uhr ging das mit der Arbeit los. „Du holst Sand, du holst Wasser, du machst dies. . .", so ging das dann immer. Und neben uns stand ein Tommy, Gewehr bei Fuß, mit Pistole. Der hatte sich hinterher aber nur noch amüsiert und wir konnten ja auch ein bißchen englisch, also das ging dann alles irgendwie so.

Herr K, Jg. 1923, E.

Beginn der Reparaturarbeiten am Alexanderkirchturm 1945. Fotoarchiv Panschar.

406

Wie ich aus dem Zweiten Weltkrieg wiederkam, da kam ich auf dem Rückweg von Rußland in Eutin/Schleswig-Holstein in die Gefangenschaft. Ja, und dann kamen wir mit 'm Laster hier nach Oldenburg zu den Engländern auf dem Pferdemarkt.

In Oldenburg hieß es: „Na, wer will denn heute hin nach Hause?" Und wir wollten ja alle, also stiegen wir wieder auf 'n Laster und dann fragten sie: „Wo wollt ihr hin?" – „Delmenhorst!" – "Wildeshausen!" Einer rief noch: „Dötlingen!" Jedenfalls, Delmenhorst hatte die Übermacht und wir fuhren nach Delmenhorst, die ganze Horde. Und in Delmenhorst wußte ich ja Bescheid. . . kurz vor Delmenhorst, da sah ich, ich hatte mich ins Führerhaus 'reingedrängelt: „Hier rechts ab, rechts ab!" – „Wieso, wo wollt ihr denn hin?" – „Nach Wildeshausen!" – „Wieso Wildeshausen?" Na, und der Engländer konnte auch nicht richtig deutsch und ist dann erstmal gefahren. . . und die Delmenhorster hinten, die schimpften. Ich sagte: „Ihr seid gleich zu Hause und ich muß noch so weit laufen, verdammt nochmal!"

Naja, dann fuhren wir weiter, so bis Hengsterholz, da stiegen wir aus: Ernst Heitzhausen, ein Schlömer und ich – wir waren mit drei von Wildeshausen auf dem Wagen. So, und nun mußten wir ja zu Fuß weiter. Der Engländer hatte da aber auch die Anderen 'rausgeschmissen, hatte wohl keine Lust mehr, jedenfalls: „So, jetzt ist Schluß!" sagte er und alle mußten 'raus. Das war auf einem Sonntag, da war ich genau 5 Jahre und 7 Tage Soldat gewesen.

Naja, wir haben uns erstmal in dem Graben hingesetzt, wir drei, und wir hatten noch ein bißchen Verpflegung und da waren Frauen, die haben Kühe gemolken und wir haben gefragt, ob wir auch ein bißchen Milch haben könnten, wir woll-

ten auch bezahlen. Die haben wir dann aber so gekriegt, weil die Engländer die Milch sowieso abgenommen hätten.
Dann kam ein Wagen mit zwei bekannten Frauen vom Mahlstedter Feld, die Schwarting und Frau Brinkmann, die kamen mit einem Pferdewagen. „Oh, können wir nicht mitfahren?“ – „Ja.“ Und dann sind wir mitgefahren bis zum Hölscher Holz und dort zu Fuß weiter.
Dann kommen wir bei der Huntebrücke in den Wiesen an, die Eisenbahnbrücke war gesprengt und die Holzbrücke, die war auch kaputt, nur die Balken waren noch da. Und so sind wir über die Balken ’rübergeklettert, wir beiden, der Schlömer ist vorher schon einen anderen Weg gegangen. Von hinten kamen wir dann hier auf den Hof.
Auf dem Weg, da stand alles voll Engländer, Wagen hinter Wagen, und die sehen uns ja kommen und dann kommen gleich zwei Mann mit Gewehr und ’rin in die Waschküche, das weiß ich noch, da kam auch unser Vater und ich sagte noch: „Da ist ja unser Vater!“ Naja, wir kriegten da jedenfalls so’n lila „Lappenzeug“, so ein „Abzeichen“ und ein Schein, daß wir entlassen waren... danach ließen die uns dann laufen. Also die Engländer waren ganz ordentlich, die schickten auch gleich Tabak und Ölsardinen ’rüber.
Herr M, Jg. 1899, E.

407

Als wir im Juni aus dem Krieg zurückkamen, wir hatten ja vorher schon gehört: „Schwere Kämpfe um Wildeshausen.“ Da hatten wir gedacht, daß da gar nichts mehr stehen würde, aber dann war das ja ganz gut. Also wenn man das vorher in anderen Städten gesehen hat, Bremen, da waren ja große Flächen bloß mit Trümmern, da war ja Wildeshausen Gold dagegen. Und dann sind wir also zurück nach Düngstrup und Heinrich Besuden sagte: „Erstmal ein vernünftiges Bier.“ Dann sind wir durch gefahren, haben uns erstmal in die Wirtschaft gesetzt und da ein Bier getrunken. Andere hatten uns schon gesehen und das zu Hause gesagt. Dann hieß es dort: „Wieso fährst du zuerst in die Wirtschaft und nicht gleich nach Hause?!“
Herr G, Jg. 1921, E.

408

Als die Engländer hier waren, wurde ja viel englisch gesprochen, also die bemühten sich eigentlich gar nicht deutsch zu sprechen, überhaupt nicht mal irgendwie mit uns, mit einem deutsch zu sprechen. Wir gingen dann gleich hin und erweiterten unsere Englischkenntnisse.
Da war so eine alte Lehrerin, die war im KZ gewesen und die wollte sich nun Geld verdienen mit Englischunterricht. Den haben wir dann bei ihr genommen, bei Frau Dr. Jehnke, aber die ist gar nicht so lange dagewesen, vielleicht ein Jahr und wir hatten dann unseren Kreis und trafen uns reihum bei jedem zu Haus. Auf jeden Fall: Wir wollten uns gleich so richtig anpassen!
Wir haben uns dann ganz gut mit denen verständigt, soweit wir das wollten, wir

hatten auch in der Schule sechs Jahre zwei Stunden in der Woche Englisch. Und mit der Frau sind wir auch ganz gut gefahren.

Frau L, Jg. 1923, G.

409

Es waren auch etliche Frauen, unverheiratete Wildeshauserinnen, die sich dann mit den Engländern zusammentaten und arrangierten. Und ich muß ganz ehrlich sagen: Das hat uns nicht gefallen, das fanden wir nicht so gut!

Ich will mal eben sagen, die Tochter von Stührmann's Hotel, da wo heute Selve ist, die ließ sich auch mit einem Engländer ein, schicker Mann, dann lagen die immer in der Badeanstalt mit einer Freundin, die hatte auch einen Engländer als Freund. Und diese Freundin, die bekam dann ein Kind und ging nach England. Die Hedwig von Stührmann's Hotel ließ auch nicht von dem Mann und der Mann nicht von ihr, die kriegte dann nachher auch ein Kind und ist mit dem Mann nach Hamburg gegangen. Also wir haben natürlich auch den Mut der Frau bewundert, daß die mit dem Mann zusammenblieb.

Heute sind die wieder in Wildeshausen und mit denen sind wir jetzt echt befreundet – das ist wirklich eine ganz tolle Familie!

Frau L, Jg. 1923, G.

410

Ich kann mich auch noch erinnern, daß an der Goldenstedter Straße ein großes Loch gemacht wurde, direkt an der Straße, und daß da alle Reste, die so gesammelt wurden bei den Aufräumarbeiten, Metallreste von den Granaten und Bomben, sonst allerlei, daß die da 'reingeschmissen wurden. Ich könnte Ihnen die Stelle wohl noch zeigen, aber wer weiß, was damit passiert ist, wo die Straße verbreitert wurde.

Frau H, Jg. 1927, E.

411

Nach den letzten Kriegsmonaten waren Engländer in der Holzhauser Schule und haben sich da breit gemacht und auch einiges kaputtgemacht ... als wir dann im Winter 45/46 mit dem Schuldienst wieder anfingen, war an eine Instandsetzung der Zentralheizung überhaupt nicht zu denken. Da hat man dann einen großen Ofen geholt und wir mußten sehen, daß wir Feuerung kriegten, da haben wir tatsächlich mit vereinten Kräften in den umliegenden Gegenden Feuerholz gesucht, damit wir also die Klassen warmkriegten.

Herr R, Jg. 1914, E.

412

Unser Haus war auch beschlagnahmt, wir konnten da auch gar nicht 'rein. Wir sind, glaube ich, im Mai erst wieder richtig 'reingekommen.

Und dann hatten die Engländer... also was auf den Boden gehörte, war im Keller und was in den Keller gehörte, war auf dem Boden... ein Durcheinander

Zur Beachtung!

1. Der Inhaber hat diesen Ausweis jederzeit bei sich zu tragen und auf Verlangen alliierter oder deutscher Dienststellen und ihrer Beauftragten sowie sonstiger dazu berechtigter Personen vorzuzeigen.

2. Der Inhaber ist für diesen Ausweis verantwortlich und darf ihn niemand anderem überlassen. Verlust, Vernichtung, Beschädigung oder Unkenntlichwerden des Ausweises ist umgehend der zuständigen Meldebehörde anzuzeigen.

3. Wer einen verlorenen Ausweis findet oder einen Ausweis besitzt, der nicht ihm selbst oder einer seiner Obhut unterstehenden Person gehört, hat ihn bei einer Meldebehörde oder einer Polizeibehörde abzuliefern.

4. Jeder Verstoss gegen diese Vorschriften ist strafbar.

BRITISCHE ZONE

PERSONAL AUSWEIS

LAUFENDE NUMMER

AE № 222912

KENNBUCHSTABEN DER

PEH

AUSSTELLENDEN BEHÖRDE

Personalausweis der britischen Zone von 1945.

in unserem Haus, also so etwas fürchterliches! Mein Bruder ist dann bei dem Bauern in Lüerte geblieben, wo wir vorher waren, der wollte gar nicht wieder zur Schule. Und meine Mutter und ich, wir haben uns nur das Wohnzimmer und die Küche wieder eingerichtet, das Andere hatten wir alles so durcheinander liegenlassen.

Dann kam von der Stadt jemand und sagte, wir müßten sofort wieder unser Haus räumen. Da kamen doch Flüchtlinge und wir müßten sofort wieder aus unserem Haus 'raus. Und dann haben die noch gesagt: „Aber das müßt ihr ganz wieder in Ordnung bringen." Das müßte alles sauber sein und in zwei Stunden kämen sie wieder und dann kommen hier Flüchtlinge 'rein.

Dann kam mein Bruder gerade vom Bauern und der hatte so eine Wut, der schmiß sämtliche Sandtüten, die hatten wir noch wegen Brandbomben, die schmiß er durch alle Zimmer. Extra noch auf den Teppich und überallhin, der ganze Sand lag da dann auch noch drauf.

Dann kamen die nach zwei Stunden wieder: Ob wir das Haus sauber hätten? „Nee." Das könnten wir ja angucken. Meine Mutter sagte: „Ich habe das Haus sauber verlassen und das so wieder vorgefunden. Ich denke nicht daran, das sauberzumachen."

Ja, in so einem dreckigen Haus könnten sie keine Flüchtlinge lassen. Dann sind sie davon abgekommen. Da ist es nicht wieder beschlagnahmt worden.

Frau A, Jg. 1923, G.

413
Es sind viele Häuser beschlagnahmt worden für die Flüchtlinge. Zum Teil haben die in Familien gewohnt und wurden dort aufgenommen und eigene Häuser haben die auch gekriegt.
Frau D, Jg. 1910, G.

414
Wie die ersten Flüchtlinge nach dem Krieg kamen, im Sommer, das weiß ich noch, die mußten dann mit der Bahn vor der Eisenbahnbrücke, vor der Hunte anhalten. Die Brücke war ja damals gesprengt. Dann wurden die also dahinten abgeholt.
Frau H, Jg. 1923, G.

415
Wir waren in der ersten Zeit nach dem Krieg mit 31 Personen bei uns auf dem Hof: Flüchtlinge, Ausgebombte aus Bremen. Das war damals ziemlich eng, mußte aber irgendwie gehen, das war nun mal so. Manche haben bei der Arbeit angefaßt, manche nicht – aber richtige Reibereien hat es gar nicht gegeben. Naja, die haben dann Kartoffeln usw. gekriegt, denn versorgen mußten wir die ja auch. Einige von denen sind in Wildeshausen geblieben, eine Familie ist nach Amerika gegangen, die anderen sind inzwischen verstorben.
Herr G, Jg. 1921, E.

416
Das war gar nicht so einfach! Wohnraum war sowieso knapp hier in der Gemeinde, alles alte Häuser und kleine Zimmer. . . und nun kamen die alle von auswärts. Schon vor der Besetzung und nach der Besetzung nun nochmehr. Die mußten und sollten untergebracht werden und sind untergebracht worden!
Und wenn ich da heute über nachdenke, wie die untergebracht worden sind, dann würde man heute sagen, daß ist unvorstellbar für die heutige Generation! Unvorstellbar! Das ging alles, ging alles, mußte gehen. Und die waren alle zufrieden.
Herr B, Jg. 1903, G.

417
Wie wir die Flüchtlinge aufnahmen, wir mußten ja, es war ja große Not. Die Wohnungen wurden einfach beschlagnahmt, wo ein Zimmer frei war, da wurde einfach zu den Leuten gegangen „Nun räum' mal ab hier“ und dann wurde das abgegeben. Nachher wurden ja am Friedhof noch die Baracken gebaut, da waren ja viele 'drin. Direkt an der Vogelstange, wo jetzt die Friedhofskapelle steht, da war früher ein großer Platz.
Frau E, Jg. 1908, G.

418
Die Kriegsgefangenenbaracken wurden ja sofort nach dem Kriege abgerissen und wurden wieder als Wohnbaracken für die Flüchtlinge aufgebaut. Die standen ja leer.
Herr B, Jg. 1903, G.

419
Die Baracken an der Vogelstange, die haben sie zum Teil auch selbst wieder abgebaut und umgesetzt, mitgenommen, da wo sie denn hinzogen und mit Steinen unter wieder aufgebaut. Viele waren ja am Ochsenbergweg, da haben viele Baracken nachher gestanden. Die setzten da alle Steine umzu und vergrößerten nachher immer weiter. Die meisten Flüchtlinge waren ja Handwerker oder Bauern, die doch mit der Hand umgehen konnten.
Herr S, Jg. 1922, E.

420
Wenn ein Wohnung frei war, kamen sofort die Leute aus der Baracke, die Kinder hatten und auch ein bißchen eng lebten. Aber es hat sich wirklich keiner beschwert, daß sie da nicht gerne wohnten. Die waren alle froh, daß sie ein Dach über dem Kopf hatten und daß sie eine Bleibe hatten.
Frau E, Jg. 1908, G.

421
Ich weiß heute noch, wie die Flüchtlinge mit Zügen zum Bahnhof kamen, da wurde gar nicht nach gefragt, „Hier, du nimmst den und den und den." Da wurde gar nicht nach gefragt. Die kamen mit Zügen, aber auch in Trecks. Also verschiedenen Leuten wurde dann Bescheid gesagt: „Ihr müßt welche nehmen." Und dann sind die zum Bahnhof gegangen und haben die abgeholt.
Herr N, Jg. 1909, E.

422
Wir hatten schon eine Frau und ihre Tochter bei uns und sollten noch welche aufnehmen. Ich habe die Räume aber abgelehnt und mußte da nach Oldenburg. Ich sagte: „Solange unser Bürgermeister Schröder, der hat ein Zimmer voll Zigarren, und solange dieses Zimmer nicht besetzt ist, gebe ich kein Zimmer her." Soweit war ich. Aber dann kam nichts mehr davon.
Herr C, Jg. 1901, G.

423
Es kam auch mal ein Zug aus Berlin mit Kindern. Dann standen die Kinder da und die Wildeshauser wurden wieder aufgerufen und die Kinder bei den Wildeshausern untergebracht. Da war so eine kleine, die hat vor meinem Mann gestanden und gesagt: „Kann ich nicht mit dir gehen?" Und dann kam er damit an. Die ist dann auch ein paar Jahre bei uns gewesen und stand mit ihrer Mutter in Verbindung. Nachher ist die nach Berlin zurückgegangen.

Also die wurden alle gut untergebracht. Wenn sich jemand weigerte, die unterzubringen, daß gab es gar nicht.

Frau E, Jg. 1908, G.

424

Diese Unterbringung war ja nicht kurzfristig... man wurde die gar nicht mehr los. Das war eine langfristige Geschichte. Das löste sich erst mit den Jahren allmählich auf.

Herr C, Jg. 1901, G.

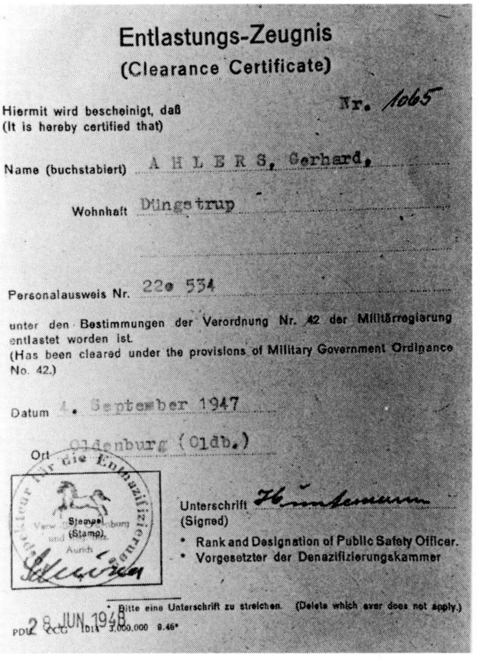

Entlastungs-Zeugnis
(Clearance Certificate)

Hiermit wird bescheinigt, daß
(It is hereby certified that)

Nr. 1065

Name (buchstabiert) A H L E R S, Gerhard,

Wohnhaft Düngstrup

Personalausweis Nr. 22e 534

unter den Bestimmungen der Verordnung Nr. 42 der Militärregierung entlastet worden ist.
(Has been cleared under the provisions of Military Government Ordinance No. 42.)

Datum 4. September 1947

Ort Oldenburg (Oldb.)

Stempel (Stamp)

Unterschrift
(Signed)

* Rank and Designation of Public Safety Officer.
* Vorgesetzter der Denazifizierungskammer

* Bitte eine Unterschrift zu streichen. (Delete which ever does not apply.)

28 JUN 1948

PDL CCG 1014 3,000,000 9.46*

Entlastungs-Zeugnis der Denazifizierungskammer vom 4. September 1947.

425

Untergebracht waren wir als Flüchtlinge, wir hatten zuerst so ein Stübchen, nebenan war Heu gelagert. Das war so ein kleines Stübchen, da standen die Betten, die Kinder schliefen einer mit dem Kopfende da und einer da, mit den Füßen mußten sie sich das so teilen. Mein Mann und ich, wir hatten einen Strohsack gestopft, den wir uns auch erst von Säcken zusammengenäht hatten. Bei Tag wurde der an die Wand gerollt und abends haben wir damit geschlafen. Aber wir waren so glückselig, daß wir erst einmal alleine waren – wir waren ja immer so Massenquartiere gewohnt.

So haben wir angefangen... ich habe dann auch überall gewirkt, wo ich konnte: Putzstellen gehabt, Hausschneiderin gemacht. Eine Nähmaschine habe ich mir erstmal geliehen und dann habe ich Stücke gearbeitet, daß ich mir die Arbeit zu Hause einteilen konnte und auch die Kinder so ein bißchen beobachten konnte.

Frau I, Jg. 1914, G.

426

Die erste Zeit nach 1945 war ja überhaupt totale Stromsperre. Zum Viehtränken nahm man dann Jauchewagen: Irgendwo am Teich wurde die Jauchepumpe aufgestellt, die mußte mit der Hand betätigt werden, daß man also Wasser bekam. Für die menschlichen Bedürfnisse, zum Kochen, Trinken usw. war hier in Düngstrup eine Pumpe auf dem Bahnhof. Dann war noch so ein Leierbrunnen mit Winde und Eimer zum Hochholen. Das waren die einzigen Wasserquellen, die so waren. Und 1945 war ja erst totale Ausgangssperre, da gingen dann immer die Frauen zum Wasserholen, die haben sie eher hingelassen.

Nachher mit dem Dreschen war tagsüber zwei/drei Stunden Strom, aber der Strom war so schwach, daß man gar keine großen Maschinen damit betreiben

konnte. Gedroschen wurde auch meistens nachts, so elf/zwölf Uhr, irgendwann kam der Strom und dann wurde aufgestanden, in die Scheune und dann war dreschen. Plötzlich wurde alles wieder dunkel und dann war Feierabend. Das war wirklich Glücksache, wenn Strom kam. Wir hatten immer das Licht angedreht, bevor wir ins Bett gingen und wenn es hell wurde, wenn Strom kam, ist man aufgewacht, hat sich gleich angezogen, Radau gemacht, „Aufstehen", die anderen zu wecken. Man mußte ja immer fünf/sechs Mann sein zum dreschen. So ging es hin und wenn es zwei Stunden gut ging, dann konnte man wieder zu Bett.
Die Energie war einfach knapp, es konnte nicht soviel Strom bereitgestellt werden wie gebraucht wurde. Das war damals ein großes Handicap, denn die Mühlen waren plombiert, da durfte man nicht 'ran. Einer hatte damals noch so ein Töff-töff mit Dieselmotor, da konnten wir dann tagsüber auch malen.
Nachher wurde das dann besser. 1948 mit der Währungsreform, also da lief alles, das wurde ja nach und nach besser.
Herr G, Jg. 1921, E.

427
Nach dem Krieg hatte jeder Bauernhof sein Ablieferungssoll. Das mußte erfüllt werden. Sicher, man hatte satt zu essen, aber verschieben oder Schwarzhandel, also da war nicht allzuviel 'drin. Was geerntet wurde, konnte man vorher ja ungefähr abschätzen. Das taten die natürlich auch und wenn dann einer mal total daneben haute, dann konnte ja irgendetwas nicht ganz stimmen. Also lieferte man alles ab.
Herr G, Jg. 1921, E.

428
Der Schwarzmarkt in Wildeshausen, der blühte ja. Es gab eine Frau, die hatte alles. Die „rote Hanne" sagten wir zu ihr, die wohnte bei der Wallschule gegenüber und hatte so rote Haare. Die hatte alles. Da konnte man hinkommen, wenn man 'was haben wollte und da war alles. Da ging man in die Stube 'rein und tat so, als wenn man sie besuchen wollte und dann wurde gekungelt. Da ging es gleich zur Sache, sie wußte ja auch, was man wollte.
Dann gab es noch die „schwarze Anna", die hatte schwarze Haare, und das waren Freundinnen.
Frau A, Jg. 1923, G.

429
Die Wildeshauser konnten nochmal ein Schwein nebenher schlachten, da wurde viel schwarz geschlachtet. Das war immer riskant, das wurde ja auch schon während des Krieges bestraft. Aber die Leute hielten dicht, die verrieten das nicht, wenn der Nachbar schlachtete. Und denn man ab. . . sie selbst wollten ja auch noch schwarz schlachten.
Herr J, Jg. 1908, E.

„Volkskapelle" 1947: Von links: Hans Ahlers, Siegfried Wendland, Georg Dierßen, Johann Siemer, Adolf Reiners, Hans Schuhmacher. Fotoarchiv Panschar.

430
Die Tommies haben sich, auch uns Kindern gegenüber, sehr großzügig verhalten. Wir kannten ja in der Zeit überhaupt keine Schokolade und nichts. . . aber ich vergesse nie wieder, da zog eine Truppe von Tommies wieder ab und Zigaretten waren ja damals mehr Wert als Gold – und die hatten dann ein Riesenpaket Zigaretten bei uns vergessen. Und meine Mutter und noch eine Frau aus dem Nachbarhaus, die fanden die und haben die natürlich sofort an sich genommen und versteckt. Eine halbe Stunde später kamen die Tommies und wollten die Zigaretten holen, die fuchtelten dann mit ihrer Pistole: „Ihr habt sie gehabt usw." – „Nein, wir haben keine Zigaretten gefunden."
Das hat uns in der Zeit unwahrscheinlich viel geholfen. Wir konnten unsere Fenster wieder, nicht mit Glas, aber mit Blech und Holz verkleiden, damit wir überhaupt wieder dichte Fenster hatten – und das wurde alles in Zigaretten bezahlt. Die Nachbarn, die dann geschlachtet hatten, oder wenn man mal Milch kriegen konnte, mit zwei Zigaretten kriegte man schon einen Liter Milch oder eine Mettwurst oder was.
Und dann, als neuneinhalb und zehnjährige Bengel, wir haben nur geklaut. Wir haben geklaut, was beim Tommy nicht niet- und nagelfest war, man konnte ja auch alles gebrauchen. Vom gefüllten Benzinkanister, über Autoreifen, Süßigkeiten, Zigaretten usw. Dann hatte man zwei Zigaretten und Zigarette kostete damals Reichsmark zehn Mark oder zwanzig Mark, je nachdem wie der Kurs stand. Ja, so hat das lange gedauert, bis sich das wieder normalisiert hat. Zur

Schule gingen wir ja nicht, Schule war nicht, in der Wallschule war ja Lazarett eine zeitlang und 1946 gingen wir dann wieder zur Schule. Den Herbst 1945 gingen wir zum Konfirmandensaal, nur, um uns Schularbeiten abzuholen, die mußten wir zu Hause erledigen und den andern Tag wieder vorzeigen. Ich glaube, der Schulbetrieb selbst hat erst 1946 begonnen.
Der kalte Winter von 1946 auf 1947, das war für uns einmal zu Hause schon eine schlechte Zeit, es gab ja nichts, kein Brennmaterial, kein gar nichts. Und wenn wir zur Schule kamen, wir mußten unsere Feuerung mitbringen. Da man ja zu Hause auch nichts hatte, waren auf dem Wege rund um die Schule sämtliche Gartenzäune abgebrochen, da war kein Holz mehr und unser Lehrer stand in der Tür: „Hast du ’was mitgebracht?“ Da war noch Kohlen-Haase, wo jetzt der Parkplatz von der Raiffeisenbank ist, da sind wir morgens hin, raffiniert, wie man schon mit zehn, elf Jahren war, zwei oder drei spielten vorne in der Düsternstraße und lenkten den alten Haase ab und wir gingen hinten auf den Hof und haben Kohlen und Brikett geklaut. Ich kann nur sagen, in dem Alter, welche Möglichkeiten man da ausschöpft, um in einer warmen Schulklasse zu sitzen.
Herr Q, Jg. 1935, E.

431
Franz Römer, Kunstmaler Römer, war ja eine Persönlichkeit hier in Wildeshausen – und Franz war ein alter Fischer. Der war auch mit meinem Vater bekannt, die kannten sich ja nun alle, auch mit meiner Mutter und seiner Frau usw. Dann kam eines guten Tages Franz zu mir und sagte: „Du, Vater, der hat doch Angelhaken. Ich brauche einen großen Drilling.“ Ich fragte: „Was willst du da denn mit?“ – „Brauchst du auch Stiefel oder brauchst du sonst noch ’was?“ fragte der mich nur. Ich fragte: „Wieso das denn?“ Da lagen bei Stegemanns Engländer – und in dem Schuppen an Kerns’ Seite, da war so ein langgestreckter Schuppen, da war teilweise das Dach kaputt und da hatten die Engländer ihre ganzen Klamotten drin. Da sagte Franz Römer: „Da kann ich ganz spielend leicht ein paar Stiefel rausholen. Brauchst du welche? Welche Größe hast du?“ Ich sagte: „Du Franz, da will ich nichts mit zu tun haben.“ Also das sind so Erinnerungen. . . es fing dann an, daß hin und her geschoben wurde. Also jeder sagte, das kriegt er, was er nicht mehr hatte. Franz Römer war sowieso gut raus, also der malte für die Engländer und konnte auch alles kriegen. Der hatte Zigaretten usw.
Herr K, Jg. 1923, G.

432
Wir haben auch bei den Tommies gearbeitet, so als zehnjährige. Und zwar Tellerwaschen, Eßtöpfe reinigen, die hatten so Benzinkocher. Erstmal war da immer noch ’was drin zum essen für uns und zum anderen haben die uns auch in Naturalien ’was mitgegeben. Und dann haben die uns, da sind wir einige Male auch mitgefahren, so aufs’ Land, dann haben die ja selbst gehamstert, die wollten frische Eier haben, das hatten die ja auch nicht. Und dann sind wir nach Düngstrup, Holzhausen gefahren und die konnten ja auch kein deutsch. Wir waren so zwei, drei Jungs, der eine konnte ein bißchen englisch. Und nicht, daß

Seifenkarte von 1949.

die Soldaten den Bauern das weggenommen haben, die haben denen dann auch Süßigkeiten, Tabak, Zigaretten usw. dafür gegeben.

Herr Q, Jg. 1935, E.

433

Auf dem Lande war man ja Selbstversorger, wir sind ja nicht losgezogen. Man hatte ja selber, jeder hatte Garten und noch ein Schwein, ein Stück Land, wo sie anbauten – die Ackerbürger. Wir hatten ja bis 1948 'rum noch so viele Kühe in der Stadt, daß hier ein Milchwagen fahren konnte. In der Stadt. Die, die keine Kühe hatten, hatten ja Ziegen. Aber nach 1950/55 hörte das auf, da haben sie alle aufgegeben. Kramer hat aufgegeben, da wurde das Geschäft größer, Friseur Niester, Tischler Plöger, die haben alle so aufgehört.
Aber von Bremen und Delmenhorst kamen nach dem Krieg viele mit dem Zug, die zum Bauern gingen und getauscht haben. Das ist wohl gewesen.

Herr S, Jg. 1922, E.

434

Wie das dann alles wieder so langsam anfing, da mußte man für Brot anstehen. . . da stand man vor dem einen Bäcker und dann vor dem anderen. Nachher kam dann schon die Zeit mit den Lebensmittelmarken, das ging dann noch lange weiter.

Frau H, Jg. 1927, E.

435

Wie der Krieg aus war, ging das mit meinen Kindern dann so mit den Bananen. Bei mir nach dem Ersten Weltkrieg war das die Schokolade, die ich vorher nicht kannte, und Tomaten, die ich das erste Mal in Bremen im Schaufenster sah. Da waren Tomaten ausgestellt und ich war da mit meiner Schwester, die war zehn Jahre älter, und ich sagte zu ihr: „Oh, guck mal, die roten Dinger da. Da will ich wohl mal 'reinbeißen.“ – „Ja“, sagte sie, „komm her, dann kaufen wir welche.“

Ach, und ich beiß' da auch gleich 'rein und dann war ich ja so enttäuscht! Die sahen so schön aus und schmeckten ja nirgends nach! Ich sagte: „Die mag ich nicht! Die kaufen wir aber nicht wieder!“

So ging es dann mit meinen Kindern, wie der Zweite Weltkrieg aus war. Da waren die Bananen das Erste, was die kriegten. Die hat die Banane genommen, hat einmal reingebissen und dann war das wie ein Rinnstein: „Die mag ich nicht!“ Die kannten das auch nicht.

Frau F, Jg. 1909, E.

436

Wir hatten ein Stück Gartenland und Heinemanns, die Familie von Julius Heinemann, hatten ihr Stück Gartenland hinter unserem. Der Heinemann kam bei uns vorher schon immer an und sagte: „Mensch, kauf' mir das ab, das muß ich ja doch abgeben, dann kriege ich das Geld wenigstens noch!“ Wir wollten das aber nicht haben und irgendwann wurde das tatsächlich zum Verkauf angeboten und die wollten einen Sportplatz davon machen... da haben wir gesagt: „Dann kaufen wir das weg!“ und haben das doch übernommen und gekauft, das wurde quittiert „Geld an Heinemann übergeben“.

Nach dem Krieg kommen vier Juden zu uns und fragten: „Sie haben das gekauft?“ – „Ja, haben wir!“ – „Aber das Geld hat Heinemann nie gekriegt!“ Ich sagte: „Hier ist die Quittung, da steht 'drauf: An Heinemann weitergegeben!“ – „Nein, hat er nicht gekriegt!“

Wir mußten das Land nochmal bezahlen. Das habe ich dann mit den Schwestern gemacht, die eine wohnte in Emden, die andere in New York.

Herr C, Jg. 1901, G.

437

Wo Du sagst, das mit dem Ausgleich da... also nach dem Kriege mußte Vater nach Bremen hin zum Amtsgericht – da hatte Julius Goldstein seinen Anspruch eingereicht und wollte Entschädigung haben, da mußte er alles angeben, was er vorher in Wildeshausen an Besitz hatte, Fahrzeuge usw. und Vater mußte nun auch irgendwie dafür aussagen. Was daraus geworden ist, weiß ich nicht.

Herr K, Jg. 1923, G.

438

Hermann Petermann ist auch in so einer Art Lager gewesen, ja, ich meine, der war in Eschwege interniert. Und ich muß ehrlich sagen, also als Hermann Peter-

Ausflug um 1950.

mann zurückkam, er war so eine richtige Nazigröße gewesen, das war er wirklich, man sah ihn auch viel in braun und er war ja auch Ortsgruppenleiter, aber korrekt! Und es war ihm keiner Gram, wirklich nicht! Nicht, daß wir jetzt gesagt hätten: „Mensch Hermann. . ." Er ist ja auch wieder Bürgermeister geworden und war anerkannt von hinten bis vorne.

Frau L, Jg. 1923, G.

439

Auf Anordnung der Militärregierung wurden die Parteien dann ins Leben berufen. Das war damals sehr schlecht, daß man überhaupt in die Partei 'reingehen wollte. Also ich hatte erstmal die Nase voll.

Herr B, Jg. 1903, G.

440

Ich weiß noch, daß nach dem Kriege, daß die KPD für den Stadtrat hier kandidiert hat. Dazu gehörte unter anderem Franz, der ja alles andere war als Kommunist, aber er war ein Exzentriker und hatte sich vielleicht gesagt: „Das mache ich aus Blödsinn mal so."

Und da fand hier, welche Zeit das war, weiß ich nicht, da war auf dem Marktplatz geplant, eine Veranstaltung der KPD. Mit Rednern aus Delmenhorst und Oldenburg und Bremen usw. Bloß, die sind nicht zum Zuge gekommen, die Wildeshauser Bürger sind aufgestanden und haben auf dem Marktplatz Randale gemacht, was man von Wildeshausen ja gar nicht kennt. Und ich hatte noch nie in meinem Leben, damals gab es ja bloß zwei Polizisten in Wildeshausen, soviel

Polizei auf dem Wildeshauser Marktplatz gesehen, wie an dem Abend. Da flogen nachher die Fensterscheiben oben, die hatten sich dann ins' Rathaus geflüchtet, in den Saal oben 'rein oder was weiß ich, wohin. Auf alle Fälle: Es war Randale auf dem Wildeshauser Marktplatz aus politischen Gründen.
Herr Q, Jg. 1935, E.

441
Hermann Petermann wollte damals in die CDU 'rein. Und dann ging das Tauziehen los. . . in der FDP ist er dann ja gewesen. Und es war also so, daß man sagte nachher: „Hermann Petermann hat sich in keiner Beziehung irgendwie vergangen. Er kann also in der Partei wieder politisch tätig werden.
Herr K, Jg. 1923, G.

442
Mein Vater kam erst Ende 1947 aus der Gefangenschaft wieder und mein Bruder erst 1948. Der war in Amerika und die ganzen Jahre vermißt gemeldet, da wußte keiner, wo der war, bis der auf einmal schrieb und dann wiederkam. Unsere Mutter war vorher die ganze Zeit mit uns Kindern alleine.
Frau H, Jg. 1927, E.

443
Auf Wildeshausen bin ich gekommen, weil mein Bruder entlassen wurde, aus dem Krieg und der kam hierher. Als mein Mann nach drei Jahren aus der Kriegsgefangenschaft kam, kam der auch hierher. Und auf dem Gut im Osten, wo ich nun noch war, war für meinen Mann keine Möglichkeit. Der war Tischler und da war keine Arbeit, also hätten wir müssen siedeln. Ich hatte wohl Ahnung von Landwirtschaft und hätte damit fertig werden können, aber mein Mann nicht. Deswegen blieb er hier und hat auch Arbeit als Tischler gefunden. Wir kamen dann auch hierher, 1948 sind wir hierher gekommen, ich mit den Kindern. Mein Mann hatte da ein Dachstübchen, mit so einem kleinen Fenster, das man nach oben schiebt. Ostern kamen wir dann und ich war riesig glücklich. Ich sehe die Frauen auch noch alle die Fenster putzen und ich sagte nur: „Ich brauche nicht zu putzen, bei mir putzt der Regen von oben."
Später kam dann auch noch meine Mutter. Als fremde Leute wurden wir hier auf der Straße immer so nett gegrüßt, das hat mir so gefallen, denn wir waren in Ostpreußen so gewohnt, man grüßte nur, wen man kannte und nicht die Fremden. Ich muß sagen, wir haben uns in der ersten Familie in der Kaiserstraße, wo wir waren, sehr wohl gefühlt. Wir wurden auch ein bißchen unterstützt. Wir waren schon glückselig.
Und wenn ich auf den Friedhof gegangen bin, habe ich gesagt: „Wildeshausen muß eine reiche Stadt sein, hier müssen reiche Leute wohnen. Der Friedhof sieht so gepflegt aus."
Unser Sohn entschied sich dann für Maler und ich sagte: „Wir müssen bauen, sonst macht uns unser Sohn einmal Vorwürfe." Es gab ja damals viel Kredit-

gelder. Und durch Eigenleistung, als Handwerker, haben wir dann sehr viel selber gemacht.
Frau I, Jg. 1914, G.

444
Da war der Heimkehrerverband, das war von den Kriegsheimkehrern. Und von der Kirche aus war ein Mütterkreis, so nannte sich das damals. Den hat Frau Pfarrer Hamann geleitet, das weiß ich noch, da ist meine Mutter noch mit hingegangen. Da wurde aus der Bibel vorgelesen und die Frau Pfarrer hat uns das so erzählt... die Frau Pfarrer Prochnow war auch so eine nette Pastorenfrau. Also die Pastorenfrauen hatten für uns so eine Anziehungskraft, wenn wir die nicht regelmäßig sahen, dann fehlte uns 'was. Durch die Begrüßung und den Mütterkreis, die begrüßten uns und es wurde gesungen, der Pfarrer sprach – also damals hatten wir sehr viel Halt durch die Pastorenfrauen.
Frau I, Jg. 1919, G.

445
1948 mit der Währung, da kam das langsam wieder in Ordnung. Lebensmittelkarten gab es zwar noch, aber die 40 Mark, das war was. Wir waren mit vier oder fünf Mann, nein, sechs, denn 240 Mark hatten wir insgesamt und ich sagte: „Das ist unser eisener Bestand, der wird nicht angefaßt!" Das Geschäft ging ja weiter, am ersten Tag nahmen wir 75 Pfennig ein und dann lief das so allmählich, jahrelang – da finde ich das Geld... wenn das nicht 240 Mark gewesen wären, hätte ich gar nicht gewußt, wo das herkam.
Herr C, Jg. 1901, G.

446
Nach der Währung, wie das richtige Geld kam, da waren auch wieder Kochtöpfe zu kriegen. Ich wollte vorher immer einen Kochtopf und habe keinen gekriegt.
Frau I, Jg. 1914, G.

447
Also jedenfalls haben wir hier angefangen und nach all den Jahren, stellen sie sich vor, es würde wieder Krieg kommen und es würde wieder heißen: „Wir müßen räumen, alles 'raus!" Da habe ich schon zu meinem Sohn gesagt: „Ich gehe nicht 'raus." Da müssen sie mich schon auf allen Vieren hier 'rausschleifen. Ich würde in den Keller kriechen und mich verstecken, um hier zu bleiben. Denn wenn man 'raus ist und muß 'raus, du hungerst und frierst ja gleich! Damals ist man noch jung gewesen und hat das alles verkraftet, aber wie würde das einem jetzt gehen. Also mich kriegt keiner 'raus.
Frau I, Jg. 1914, G.

448

Also das ist ja so, über diese Zeit ist man auch so hinweggegangen, man hat wieder gearbeitet und gesehen, daß man selbst wieder in Gang kam, man hat sich weniger umeinander gekümmert und wenn man gerade jetzt in diesen Erinnerungen hier 'was hört, der eine weiß dies, der andere das, dann kommt die Erinnerung wieder und dann gehört auch diese Zeit zu unserer Geschichte.

Herr C, Jg. 1901, G.

Stadtentwicklung

In den Erinnerungen der befragten Senioren war das vergangene Alltagsleben neben den zahlreichen politisch bedeutenden Ereignissen und Entwicklungen auch von einem wesentlichen wirtschaftlichen, sozialen und gesellschaftlichen Strukturwandel geprägt: Der Bahnanschluß 1898, eine zunehmende Motorisierung, wachsende Mobilität, die Elektrifizierung ab 1898, eine allmähliche Technisierung verschiedenster Lebensbereiche, der Bevölkerungszuwachs und die steigende Bebauungsdichte auch außerhalb des Stadtwalles sowie sich ändernde Arbeits- und Produktionsverhältnisse bewirkten den allmählichen Übergang von der agrarisch geprägten Ackerbürgerstadt zum „modernen" Wildeshausen.

Vielfach wurde in den Erzählungen die vermeintliche „Beschaulichkeit" früheren Lebens erinnert – zwar bestimmten einfache soziale, wirtschaftliche und technische Bedingungen den Alltag, aber in Kenntnis aller Neuerungen und Lebensumstände der heutigen Gesellschaft wurde dem Strukturwandel eine gewisse Vernachlässigung und die Aufgabe früherer Werte und Lebensinhalte angelastet.

449
Um die Jahrhundertwende war Wildeshausen eine bürgerliche Kleinstadt. Die Bürger waren Schuster, Loh- und Weißgerber, Böttcher, Schneider, Küper usw. Die Schuster hatten ihre Kundschaft in Bremen und holten die zu reparierenden Schuhe dort zu Fuß ab und brachten sie repariert dort wieder zu Fuß hin. Alle

Wildeshauser Brand von 1900. Fotoarchiv Aufderheide.

Wildeshauser Bahnhof um 1900. Fotoarchiv Aufderheide.

Bürger hatten ein kleines Fachwerkhaus mit etwas mehr oder weniger Landbesitz und einer oder zwei Kühen, von denen sie lebten. Die Kühe wurden im Sommer tagsüber von zwei Schäfern in die Welgenmarsch und Bauernmarsch getrieben. Die Welgen- und Bauernmarsch, die Wiekau und das Pestruper Moor waren Besitz der Stadt Wildeshausen, wurden aber später an die Grund- und Hauseigentümer der Stadt je nach Größe ihres Besitzes verteilt.
Der Krandel wurde mit Föhren angesät, bleibt aber im Besitz der Stadt.
Herr M, Jg. 1899, E.

450
Um die Jahrhundertwende wurde die Stadt durch zwei Brände fast ganz zerstört. Die Fachwerkhäuser brannten alle wie Stroh. Aber jetzt kam Leben in die Stadt, denn es kamen viele Handwerker nach Wildeshausen, um die Stadt wieder aufzubauen. Fritz Reuter, Hermann Frost, Robert Rang, Jöllenbeck, Hartlage, Öhlmann und viele mehr brachten fast alle kein Geld, aber einen gesunden Körper und Arbeitskraft mit in die Stadt.
Herr M, Jg. 1899, E.

451
Die Westerstraße hat 1895 und 1899 den Vorzug gehabt, daß die Häuser abgebrannt sind und dadurch neue Häuser entstanden sind. Wir an der Huntestraße hatten dann immer noch die Alten, alle mit den Schuppen hintendran – Nolte,

Kleine Straße und Rathaus 1904. Fotoarchiv Panschar.

Rigbers, Arkenau, das waren alles die alten Häuser... an der Westerstraße waren dann die Neuen.
Herr C, Jg. 1901, G.

452
Angefangen, daß Wildeshausen sich ausweitete, hat das nach den großen Bränden. 1895 und 1900, da brannte ja halb Wildeshausen ab, da fing das bei kleinem an. Die Heemstraße wurde ausgebaut, Brauereiweg und dahinten so diese Ecke... diese Häuser sind alle so um 1900 gebaut, die meisten. Nach 1900 ging man aus den Wällen.
Herr B, Jg. 1903, G.

453
Mein Elternhaus war an der Ahlhorner Straße neben der Knagge, das war damals schon weit aus der Stadt in Richtung Ahlhorn. Früher war das ja alles innerhalb des Walles, die Stadt, und die Tore waren dann die Eingänge, Westertor, Huntetor usw. – und die wurden abends um 22 Uhr geschlossen, dann konnte eigentlich niemand mehr 'rein in die Stadt. Und das andere machte die Hunte, da wollte ja auch keiner durch.
Und dann sind ja die furchtbaren Brände gewesen, 1895 und 1900, der letzte, große – ganze Stadtviertel wurden da niedergewalzt und der Speck ist während des Feuers geflogen. Damals hatte Wildeshausen wohl so 2000 Einwohner und durch die Brände kam es dann, daß die Leute langsam auch nach außerhalb des Walles zogen, die wollten ja gar nicht mehr in der Stadt Haus an Haus wohnen,

Huntestraße 1909. Fotoarchiv Aufderheide.

wenn alles auf einmal niederbrennen konnte, die haben alle Angst gehabt vor dem nächsten Brand. Wir sind ja auch 1890, also meine Eltern damals, an die Ahlhorner Straße gezogen.

Frau P, Jg. 1896, E.

454

Um 1900 'rum waren Pumpen an der Straße, aus denen die Bürger ihr Wasser holten. Das Schmutzwasser lief durch die Häusing auf die Straße, wo es versickerte. Kanalisation gab es nicht, aber Plumpsklosetts vor jedem Haus sowie ein Misthaufen mit Ratten. Der Fahrweg war mit Feldsteinen gepflastert und vor vielen Häusern waren Bäume. In den kleinsten Häusern war auch noch Platz für eine Kuh und ein Schwein. Schlafzimmer gab es nicht, aber Alkoven. Elektrisches Licht gab es nicht, aber Petroleumlampen. Holzschuhe wurden mehr als Lederschuhe getragen. Die Frauen brauchten nicht zum Friseur, die kämmten sich selbst. Aber die Männer gingen wöchentlich zum Friseur, um rasiert zu werden, das war die gute alte Zeit.

Herr M, Jg. 1899, E.

455

Die Elektrifizierung kam 1898 mit der Huntemühle und erstmal wurden die wichtigsten Betriebe mit Strom versorgt. Die Brauerei kriegte gleich als erstes. Ich weiß noch, die Leitungen waren ja oberhalb, und wenn es dann geschneit hat, kam Kessemeier mit einem Beil und hat gegen die Pfähle geschlagen, damit oben der Schnee von den Drähten 'runterkam.

Huntestraße / Ecke Westerstraße um 1929. Fotoarchiv Aufderheide.

Einmal, ich weiß aber nicht mehr, in welchem Jahr, da hat es am 8. April noch geschneit und der Schnee war naß und pappig, da sind die ganzen Telefonleitungen umgekippt.
Frau D, Jg. 1910, G.

456
Nach der Elektrifizierung 1898 war der Lindenhof der erste mit. Das hat mein Großvater immer erzählt. Der konnte gut mit Willi Dierßen und hat dann den ersten Strom mitgekriegt. Dierßen war ja der, der die Mühle hatte.
Frau D, Jg. 1910, G.

457
Die „Rampe" hat der Becker gebaut, der war Uhrmacher von Beruf und hatte gewohnt, wo jetzt Bäcker Schnittker ist. 1901 hat der das Haus verkauft und eine Chance gesehen, wie die Bahn gebaut wurde. Die Bahnhofsstraße war noch nicht fertig, aber die Leute mußten ja zum Bahnhof und gingen dann den Weg da 'runter. Da hat der das schnell gekauft.
Herr O, Jg. 1923, G.

458
Wir bekamen 1914, eben vor dem Kriege, elektrisches Licht. Ich glaube fast, als einzigste am Brauereiweg. Und unsere Nachbarin, Übernachbarin, Frau Hartmann, die sagte dann, wie das so üblich war: „Ich kann meine Lampe wohl noch putzen."
Dann kam der Krieg und dann war Sense: Kein Petroleum, kein gar nichts. Und da waren wir in der glücklichen Lage, daß wir nun elektrisch hatten.

Westerstraße um 1910. Fotoarchiv Panschar.

Das kam ja nur daher, daß die Brauerei da war. Dadurch konnten wir den Anschluß bekommen. Sonst hätten wir den Anschluß da auch noch nicht gehabt. Es wurden ja erstmal die Hauptleitungen gelegt: Zur Brauerei hin, zum Bahnhof usw. Und wer nun in der glücklichen Lage war und in der Nähe dieser Gebäude wohnte, der konnte schon eher mal Strom kriegen. Der ein bißchen weiter abseits wohnte, der hatte nach dem Ersten Kriege noch keinen Strom.
Herr B, Jg. 1903, G.

459
Die schweren Bierwagen von der Brauerei, die mußten ja an die Straße 'ran. Aber bis zur Ahlhorner Straße war Sandweg.
Dann wurde auch 1914, eben vor dem Kriege, mag auch 1913 gewesen sein, diese Ecke gepflastert, alles mit diesen Feldsteinen.
Herr B, Jg. 1903, G.

460
In Wildeshausen früher war ja nichts los, das war ja wirklich eine reine Ackerbürgerstadt. Die ganze Huntestraße, das waren ja nur Ställe, die Westerstraße genauso... die hatten alle große Hofeinfahrten und betrieben alle Ackerbau und Viehzucht. Was jetzt die Eisdiele ist bei Café Schnittker, das war eine Schmiede, die kamen gar nicht rein in den Hof.
Die ganze Struktur in Wildeshausen war aber schon gut entwickelt, in meinen Kinderjahren hatten die in der Westerstraße schon eine Kanalisation und die mündete hinter der Mühle, hinter der Dierßenmühle an der Alexanderkirche, da

Westerstraße und Marktplatz um 1930. Fotoarchiv Aufderheide.

kam so ein Rohr aus der Erde raus und dann lief das in die Hunte. Und nebenan, da war der Badestrand, da badeten wir als Kinder.

Herr N, Jg. 1909, E.

461

Die einzige Kanalisation war die in der Westerstraße und wir fegten das Wasser immer die Straße 'runter. Die Kanalisation lief dann hinter der Mühle 'raus, in die Hunte, und nebenan war der Badestrand. Aber das war nur ein Rinnsal, die hatten ja alle noch ihre eigenen Klos.
Wir gingen da sonst immer baden. Da war so Gestrüpp, da zogen wir uns um und dann 'rin in die Hunte.

Frau E, Jg. 1908, G.

462

Wildeshausen hatte früher ja noch die Pumpengemeinschaften und unsere in der Düsternstraße gab es seit 1712. Dazu ist dann von jedem Hausbesitzer das Pumpenbuch für ein Jahr geführt worden und das haben wir natürlich auch noch gemacht: Jeder mußte das Pumpenbuch mal führen, die Abgaben, Reparaturen usw. berechnen und eintragen. Ab der Schulstraße war aber die Grenze für unsere Pumpengemeinschaft, wir waren ja der „Bolzensack" und die vorne in der Düsternstraßee waren der „Kattenbüddel", die hatten eine eigene Pumpe. Ja, und so hatten wir auch sonst nicht viel miteinander zu tun und ich finde fast, daß diese Trennung zwischen „Kattenbüddel" und „Bolzensack" noch bis heute besteht.

Frau E, Jg. 1908, G.

Bauarbeiten in der Heemstraße 1930.

463

Es gab auch die Pumpengemeinschaften. Die Leute hatten keine eigenen Pumpen, die Pumpen standen an der Straße und heute stehen sie ja auch noch da. Wir holten da noch Wasser, als wir Kinder waren. Da hatten wir noch keine eigene Hauspumpe vor. Einer der Geld hatte, der fing schon mit einer eigenen Pumpe an. Erst nach und nach konnten sich die anderen das auch erlauben. Die Pumpengemeinschaften hatten einmal im Jahr ihre Versammlungen, da kamen die Männer zusammen und da wurde ordentlich einer gebechert dabei. Die fingen aber erst an zu trinken, wenn die halbe Arbeit erledigt war. Da wurde Pumpenwasser getrunken, aber alkoholisiertes! Für die Pumpengemeinschaften wurde jeweils einer für ein Jahr gewählt, der das Buch führte, der „Pumpenmeister“. Der war für die Unterhaltung der Pumpe verantwortlich.
In Zwischenbrücken war das Trinkwasser schlecht, die hatten auch ihre Pumpen, aber die holten alle ihr Wasser von diesen Pumpen. Da mußten die Frauen ganz schön schleppen!
An den Pumpen standen auch immer drei, vier Frauen und unterhielten sich über dieses und jenes. Der Konditor Muhle, wenn der ’was erzählte und wir fragten „Wer hat das gesagt?“ – dann antwortete der immer: „Die Frau bei der Pumpe!“ Das war so ein Schnack! Und wir dann auch, wenn wir nicht genau wußten, wer das gesagt hat: „Die Frau bei der Pumpe!“
Herr J, Jg. 1908, E.

Ausbau der Pestruper Straße um 1930.

464
Auf der Kreuzung hier an der Westerstraße mit der Visbeker Straße, da wo jetzt der viele Verkehr ist, da haben wir früher noch Verstecken und Kriegen gespielt – da kam damals nichts. Da kam höchstens mal ein Ochsengespann und sonst Betrieb, aber eigentlich war da gar nichts los.
Frau P, Jg. 1896, E.

465
Mein Vater, der machte früher oft einen Spaziergang bis nach Spasche und dann fragte meine Schwester einmal: „Vater, hast Du keine Angst?" Sagt der: „Angst? Mir läuft doch keine Maus über den Weg!" Und tatsächlich war da ja auch niemand. Keine Häuser, keine Menschen, außerhalb der Stadt war in dieser Richtung wirklich nur Natur.
Frau P, Jg. 1896, E.

466
Damals, wie wir geheiratet haben, haben wir erst am Kaiserdenkmal gewohnt und dann haben wir 1936 am Krandel gebaut. Als wir dort einzogen, sagten die Leute alle: „So, du willst aus Wildeshausen raus?!" Ja, so war das damals. Da war kein Licht im Dunkeln und dann ging das noch bergrunter. . . das war schon weit aus der Stadt am Krandel. Und unser Grundstück ist die „Bullenkuhle". Wir wohnen auf der „Bullenkuhle", das Grundstück heißt heute katasteramts-

Tankstelle Walsemann in der Westerstraße um 1954. Fotoarchiv Panschar.

mäßig noch so, da wurde ganz früher, als Wildeshausen noch Festung war, alles verendete Vieh eingegraben.

Herr N, Jg. 1909, E.

467

Wir waren ja nun hier an der Pestruper Straße hinten das erste Haus, das gebaut wurde, mein Vater hat hier als erstes gebaut und da musste ich zur Stadt und in die Schule immer eine ganze Ecke machen. Der alte Stöver, der Goldschmied, der sagte immer: „Sieh, da kommt das kleine Mädchen, die hat die Schlüssel von Wildeshausen!

Frau F, Jg. 1909, E.

468

Bahnhofstraße, Heemstraße und alles – das war ja alles Kopfsteinpflaster, die kleinen Feldsteine. Ich weiß noch, in der Heemstraße, da wurde doch dann die Mitte mit diesen blauen... die Blauköpfe, waren die glatt! Ich weiß noch, daß wir mit Pferd und Wagen da durch fuhren – das Pferd mußten wir ganz fest am Zügel halten, daß es nicht fiel.

Frau E, Jg. 1908, G.

469

Wildeshausen ist ja eine reiche Stadt geworden, reich aber hektisch. Früher war das alles viel geruhsamer, das konnte man schon an den Häusern sehen, jeder hatte sein eigenes Haus, Mieter gab es damals ja fast gar nicht, und die meisten

Bahnhofstraße um 1935. Fotoarchiv Panschar.

Düngstrup 1924. Fotoarchiv Panschar.

waren Ackerbürger, die Wildeshauser wurden ja auch die „Ackerbürger" genannt. In den Häusern hatten die Ackerbürger ihre großen Türen für den Ochsenwagen, da konnten sie dann gleich so 'rein und jeder hat geruhsame Arbeiten an seinem Haus und in Feld und Garten gemacht.
Mit dem Bauen und so weiter, das ging ja erst nach dem 2. Weltkrieg los.
Herr M, Jg. 1899, E.

470
In Wildeshausen, wenn ich da heute so durchgehe und sehe, wie die Straßen sich rauf und runter entwickelt haben, dann hat sich da ja allerhand getan. Die Apotheke mitten in der Stadt, die ist noch in Besitz von Jacobi, aber dann soweit alles nur fremde Gesichter – alles andere Eigentümer auf beiden Seiten. So schnell ändert sich das!
Früher, da standen vor den Häusern noch Bäume, vor den meisten jedenfalls, und 'ne grüne Bank . . . das Wasser lief so auf die Straße, wo das hinlief, weiß ich nicht, aber das lief so auf die Straße und in der Burgstraße waren sogar noch die Misthaufen vor den Häusern da.
Herr M, Jg. 1899, E.

471
Es ändert sich im Leben eben alles. . . wenn man zum Beispiel die Westerstraße betrachtet, da haben fast alle Hausbesitzer einen anderen Namen als vor 50 Jahren. Viele von den alten Namen sind ausgelöscht – es ist eben ein Kommen und Gehen und dadurch entwickelt sich die Welt weiter.
Herr M, Jg. 1899, E.

Literaturhinweis

Bimmer, Andreas (Hg.) u. a.: Alltagsleben im Krieg: Marburgerinnen erinnern sich an den Zweiten Weltkrieg. Marburg 1985.

Bimmer, Andreas: Familienforschung. In: Brednich, Rolf Wilhelm: Grundriss der Volkskunde. Einführung in die Forschungsfelder der Europäischen Ethnologie. Berlin 1988, 235-250.

Borscheid, Peter: Plädoyer für eine Geschichte des Alltäglichen. In: Ders./ Hans J. Teuteberg: Ehe, Liebe, Tod. Studien zur Geschichte des Alltags. Münster 1983, 1-14.

Brednich, Rolf Wilhelm: Zur Anwendung der biographischen Methode in der volkskundlichen Feldforschung. In: Jahrbuch für ostdeutsche Volkskunde 22 (1979) 279-329.

Brednich, Rolf Wilhelm/ Hannjost Lixfeld/ Dietz-Rüdiger Moser/ Lutz Röhrich: Lebenslauf und Lebenszusammenhang. Autobiographische Materialien in der volkskundlichen Forschung. Freiburg 1982.

Galinski, Dieter/ Ulrich Herbert/ Ulla Lachauer: Nazis und Nachbarn. Schüler erforschen den Alltag im Nationalsozialismus. Ergebnisse, Erfahrungen, Anregungen. Hamburg 1982.

Grube, Frank/ Gerhard Richter: Alltag im dritten Reich. So lebten die Deutschen 1933-1945. Hamburg 1982.

Guth, Klaus: Erinnern, Erzählen, Vergessen. Über den Umgang mit Erinnerungen an den jüdischen Alltag auf dem Land während des Dritten Reiches. In: Bönisch-Brednich, Brigitte/ Rolf Wilhelm Brednich/ Helge Gerndt: Erinnern und Vergessen. Vorträge des 27. Deutschen Volkskundekongresses Göttingen 1989. Göttingen 1991.

Fuchs, Werner: Biographische Forschung. Eine Einführung in Praxis und Methoden. Opladen 1984.

Friedrichs, Jürgen: Methoden empirischer Sozialforschung. Opladen 1980.

Grün, Max von der: Wie war das eigentlich? Kindheit und Jugend im Dritten Reich. Darmstadt; Neuwied 1979.

Herbert, Ulrich: Bilder vom Alltag im Dritten Reich. Lebten so die Deutschen? In: Journal für Geschichte 1/83. 8-15.

Jeggle, Utz (Hg.): Feldforschung. Qualitative Methoden in der Kulturanalyse. Tübingen 1984.

Kershaw, Ian: Alltägliches und Außeralltägliches: Ihre Bedeutung für die Volksmeinung 1933-1939. In: Detlev Peukert/ Jürgen Reulecke (Hg.): Die Reihen fast geschlossen. Beiträge zur Geschichte des Alltags unterm Nationalsozialismus. Wuppertal 1981, 273-292.

Kuntz, Andreas: „Entnazifizierungs-Geschichten". In: Alheit, Peter/ Erika Hoerning: Biographisches Wissen. Beiträge zu einer Theorie lebensgeschichtlicher Erfahrungen. Frankfurt 1989.

Lehmann, Albrecht: Erzählen eigener Erlebnisse im Alltag. Tatbestände, Situationen, Funktionen. In: Zeitschrift für Volkskunde 74 (1978) 198-215.

Lehmann, Albrecht: Autobiographische Methoden. Verfahren und Möglichkeiten. In: Ethnologia Europaea II (1979/80) 36-54.

Lehmann, Albrecht: Rechtfertigungsgeschichten. Über eine Funktion des Erzählens eigener Erlebnisse im Alltag. In: Fabula 21 (1980) 56-69.

Lübbing, Hermann/ Wolfgang Jäkel: Geschichte der Stadt Wildeshausen. Oldenburg 1970.

Meiners, Werner: Geschichte der Juden in Wildeshausen. Oldenburg 1988.

Meyer, Sibylle/ Eva Schulze: Von Liebe sprach damals keiner. Familienalltag in der Nachkriegszeit. München 1985.

Niemann-Witter, Dagmar (Hg.): „Also Langeweile gab es nicht": Kindheit und Jugend in Oldenburg 1900-1950. Oldenburg 1992.

Niethammer, Lutz (Hg.): Lebenserfahrung und kollektives Gedächtnis. Die Praxis der „Oral History". Frankfurt 1985.

Rosenthal, Gabriele (Hg.): Die Hitlerjugend-Generation. Biographische Thematisierung als Vergangenheitsbewältigung. Essen 1986.

Rosenthal, Gabriele: „. . .wenn alles in Scherben fällt. . .". Von Leben und Sinnwelt der Kriegsgeneration. Typen biographischer Wandlungen. Opladen 1987.

Ruhl, Klaus-Jörg: Brauner Alltag. 1933-1939 in Deutschland. Düsseldorf 1981.

Ruhl, Klaus-Jörg: Deutschland 1945. Alltag zwischen Krieg und Frieden in Berichten, Dokumenten und Bildern. Darmstadt; Neuwied 1984.

Ruhl, Klaus-Jörg: Unsere verlorenen Jahre. Frauenalltag in Kriegs- und Nachkriegszeit 1939-1949 in Berichten, Dokumenten und Bildern. Darmstadt; Neuwied 1985.

Steinbach, Lothar: Ein Volk, ein Reich, ein Glaube? Ehemalige Nationalsozialisten und Zeitzeugen berichten über ihr Leben im dritten Reich. Berlin; Bonn 1983.

Weber-Kellermann, Ingeborg: Die deutsche Familie. Versuch einer Sozialgeschichte. Frankfurt/M 1974.

Weber-Kellermann, Ingeborg: Die Kindheit. Frankfurt/M 1979.